“十二五”普通高等教育本科国家级规划教材

管理沟通

第三版

陈春花　曹洲涛　主编

华南理工大学出版社
SOUTH CHINA UNIVERSITY OF TECHNOLOGY PRESS
·广州·

图书在版编目（CIP）数据

管理沟通 / 陈春花，曹洲涛主编．—3 版．—广州：华南理工大学出版社，2020.3
“十二五”普通高等教育本科国家级规划教材
ISBN 978-7-5623-6130-5

Ⅰ.①管…　Ⅱ.①陈…②曹…　Ⅲ.①管理学－高等教育－教材　Ⅳ.①C93

中国版本图书馆 CIP 数据核字（2019）第 230879 号

Guanli Goutong
管 理 沟 通（第三版）
陈春花　曹洲涛主编

出 版 人： 卢家明
出版发行： 华南理工大学出版社
（广州五山华南理工大学 17 号楼，邮编 510640）
http://www.scutpress.com.cn　E-mail: scutc13@scut.edu.cn
营销部电话：020-87113487　87111048（传真）
策划编辑： 罗月花
责任编辑： 何丽云　杨小丽
印 刷 者： 广州商华彩印有限公司
开　　本： 787mm × 960mm　1/16　**印张：** 18.75　**字数：** 431 千
版　　次： 2020 年 3 月第 3 版
印　　次： 2020 年 3 月第 9 次印刷
印　　数： 17201~19200 册
定　　价： 68.00 元

前　言

沟通作为管理活动和管理行为最为重要的构成部分，是企业和其他一切管理者最为重要的职责之一，是人类行为的基础。在互联网技术的推动下，新的传播方式和新的传播媒介迅速崛起，使得沟通，无论从个体层面，还是从组织层面都发生了巨大的变化，也都带来了前所未有的新挑战。本版《管理沟通》，就是在这样的一个时代背景之下，修订出版的。

这是我们修订出版的第三版《管理沟通》，我们也很荣幸，作为本书的编撰团队，《管理沟通》被列为普通高等教育“十一五”“十二五”国家重点规划教材。也正因为如此，我们也要求自己必须确保这本教材与时俱进，能够梳理“沟通”领域的基础知识、核心理论以及创新特征。我们不断检查第一版、第二版的内容，感受最深的是，沟通是一个古老而又常新的话题，说它古老是因为沟通是人类永恒的话题，说它常新是因为沟通的手段、方式以及设计，甚至包括沟通的媒介、技术和内容呈现都需要不断创新，不断因应时代的改变。

美国著名的管理学家哈罗德·孔茨等人认为：“管理就是设计和保持一种良好环境，使人在群体里高效率地完成既定目标。”因此，对于企业家而言，如何提高沟通能力，是有着非常切实意义的重要课题。特别是随着技术的进步、知识经济时代的来临，人与人之间的生活方式、沟通方式发生了巨大的变化，如果我们不能够应对环境的变化，设计和保持一种有利于目标实现的环境，那么势必遭受挫折。

本教材的第一版，是在 2001 年撰写出版的，在国内同类教材中属于首批之一。该教材一经投放市场，获得良好的社会反响，多次重印，获得学生和企业管理者的好评。在第一版中我们着重搭建有关“管理沟通”的整体知识结构，从个体和组织两个维度展开，一方面系统介绍基于个体的沟通知识体系，另一方面创新性地介绍基于组织的沟通知识体系，弥补了管理沟通领域的教材更多侧重于个体沟通，而忽略组织沟通的不足。

随着环境和条件的改变，企业沟通的模式、人际沟通的模式和方法有了很大的改变，因此在第二版的修订中，我们做了一些调整和修正，体现在以下几方面：一是增加案例，管理沟通是实践应用性很强的课程，必须加大实际场景的模拟与分析。二是完善理论体系，在围绕组织沟通层面开展的基础上，增加和强化了微观沟通技巧部分。三是对于新技术所带来的沟通方式的变化进行论述。随着环境的变化，有许多创新性的沟通方式没有在原来的教材中体现，第三版增加了新技术和新的生活方式所带来的沟通的创新。四是该教材突出了作为本科专业课教材使用特征。该教材原本是作为 MBA 的教材出版的，后因缺乏本科管理沟通的教材，因此也有一部分用于工商管理与市场营销专业的本科生，但是存在局限性。作为本科教材，我们增补了有关管理沟通的理论基础部分及其发展史的部分，增补了相应的学习指引，注重没有实践经验的学生如何理解沟通的表达方式；另外，强调组织沟通和个体沟通相结合的结构，基于本科学生的自身特点展开，以便本科学生在学习过程中能够结合实际，利用亲验的方式学习该门课程。而管理沟通本身是一门艺术性非常强的课程，在理论的背后有许多隐含经验类知识，这类知识是无法完全通过教材与讲授来实现传递的，必须在理论学习的同时配合亲验式的学习方式才能真正领会其中的诀窍。

现在大家拿到的这本书是第三版。在这一版中，我们已经来到互联技术与数字技术的时代，这个时代最大的特征是“万物互联一体，个体独立存在”。这个特征导致人们在交互方式、信息对称、沟通渠道以及内容呈现等方面，发生了根本性的变化，甚至有人称之为“颠覆性创新”。这一切都为沟通带来巨大挑战，所以我们在保留前两版的核心内容、基础知识和结构框架的基础上，侧重于互联技术和数字技术对“沟通”带来的挑战及解决方案，侧重于用实践案例来帮助大家，了解变化以便能够应对变化。

本书只是希望能够在您的管理生涯中遇到两难选择的时候，提供第三种选择，即积极地进行沟通，以达成共识。沟通既是一门科学，也是一门艺术。沟通在今天信息量巨大的社会显得更加重要。如果要把自己培养成为现代的管理者，“管理沟通”就是你必修的一门课程。

本次修订具体分工如下：陈春花、曹洲涛确定了修订的总体思路与大纲；苏涛修订第 1 章、第 15 章；王甜修订第 2 章、第 10 章；王杏珊修订第 3 章、第 13 章；崔小雨修订第 4 章、第 9 章；田安冬修订第 5 章、第 8 章；李露修订第 7 章、第 12 章；张剑英修订第 6 章、第 11 章；杨瑞峰修订第 14 章。初稿出来后，曹洲涛进行了全面的修改、校对与统稿，陈春花对整个书稿做了最后的校对和审稿。

感谢华南理工大学工商管理学院 MBA、EMBA 的同学，正是他们的灵感使得我们得以进行本书的探讨。感谢华南理工大学出版社的领导和同事，正是你们的督促，使得我们能够进行新的探讨。感谢“十一五”“十二五”国家教材规划项目的推动，正是项目的远见，使得适合中国本土的管理理念得以传播。正是所有人的支持和帮助，我们才能够把第三版的《管理沟通》呈现给大家。本次修订是下一次完善的开始，每次进步的获得都离不开各位同行在教学经验的累积总结基础上的建议和帮助。恳请大家赐教。谢谢。

陈春花

2019 年 10 月 12 日

目　录

第五章　非语言沟通

第六章　全球化与沟通

第七章　互联网时代的人际沟通

第八章　组织内部信息沟通

第九章　会议沟通

第十章　变革沟通

第十一章　与客户沟通

第十二章　与公众沟通

第十三章 危机沟通

第十四章 网络时代的组织沟通

第十五章 新型组织的沟通

第一章

管理沟通概述

学习目标

⊙ 认识沟通的概念与意义；

⊙ 了解沟通过程的各个环节和要素；

⊙ 了解什么是管理沟通，管理与沟通的关系；

⊙ 掌握管理沟通的主要内容与原则；

⊙ 了解管理沟通的理论发展史。

关键概念

沟通　沟通过程　管理沟通

[案例 1-1]

“再来一次，我不会坐上引擎盖”

2019 年 2 月 25 日，陕西西安一女子在西安利之星汽车有限公司 4S 店签订了分期购车合同，支付 20 万元首付及 1.5 万元奔驰金融服务费购买进口奔驰 CLS300 款轿车。3 月 27 日，该客户去店内提车，距离签单提车仅过 5 分钟，新车还没开出经销店大门，就发现发动机漏油了。该客户发现车辆的发动机存在问题，马上打电话给 4S 店的销售人员说明情况，对方回应是发动机没油了，并要求女车主把车开回店里加油，但没对新车漏油具体原因和后续处理方案给出明确回复。之后的一个多月里，该客户持续与奔驰方进行了多次交涉：

第一次交涉，奔驰方同意退款，结果没退。

第二次交涉，奔驰方以退款不方便为由改为换车，该客户同意了，但没换。

第三次交涉，奔驰方以换车不方便为由改为补偿，该客户又同意了，奔驰方却再次失信。

第四次交涉，奔驰方表示按照国家三包规定，只能免费更换发动机。最终，该客户情绪爆发，直接坐在新车引擎盖上哭诉和痛斥奔驰。

随后，该“奔驰女车主哭诉维权”视频迅速在网络上热传，受到广泛关注，事件也因此持续发酵，西安市场监管局更是成立联合调查组调查此事，大众对该维权事件的热议程度更是见涨不见跌。其间，该客户在接受《南方周末》记者的采访时表示：“如果再来一次，我不会坐上引擎盖。”更表示，希望以后不会再有女孩子需要通过坐在引擎盖上哭来维护自己的权利，而是能够优雅地解决问题。

资料来源：节选及改编自微信公众号“壹学者”（微信号：my1xuezhe）2019年4月17日文章——“奔驰女车主：如果再来一次，我不会坐上引擎盖”以及“人民日报”（微信号：rmrbwx）2019年5月27日文章——“罚款100万元！奔驰女司机维权事件处理结果”。

第一节

沟通认知

一、沟通的概念

对于“沟通”（communication）概念的理解，可以说是众说纷纭，莫衷一是。十多年前，美国威斯康星大学的教授F.丹斯（F. Dance）就统计过，人们关于“沟通”的定义已达126种之多。

《大英百科全书》认为，沟通就是“运用任何方法来达到彼此交换信息的目的。即指一个人与另一个人之间以视觉、符号、电话、电报、收音机、电视或其他工具为媒介，实现信息交换的方法”。

《韦氏大辞典》认为，沟通就是“文字、文句或消息的交通，思想或意见的交换”。西蒙（H. A. Simon）认为，沟通“可视为任何一种程序，借此程序，组织中的一成员可以将其所决定的意见或前提传送给其他成员”。

从以上对“沟通”的解释可知，“沟通”既可以是通信工具之间、人与机器之间，也可以是组织之间，甚至是组织与个人、个人与个人之间的信息交流。为此，在通信科学技术、工程心理学、社会学与社会心理学等不同的学科领域，对它有不同的解释。

本书着重从管理学的角度，考察与研究组织背景下的信息沟通。

这类沟通是指为了实现预设目标，凭借一定的符号载体，在个人与群体间传达思想、交流情感与互通信息的过程；沟通也是一个人了解他人思想、感情、见解、价值观的一种途径。沟通的一个明显特点是该过程至少涉及两个人——一个是沟通者，一个是接受者。单独一个人是不可能进行信息沟通的。沟通的另一个特点是一定要有信息存在，并有一个转移信息的过程。打电话、写报告都是沟通的重要工具。但是如果打电话时对方听不懂，写的报告无人看，那么，可以认为沟通没有发生。因此，沟通的关键是接受者是否接受、理解信息，而不仅仅在于沟通者是否发出了信息。

这类沟通的信息内容至少包括四方面的基本要素：①事实；②情感；③价值取向；④意见观点。人们通常所讲的沟通能力，其实就是个人在这四方面有效地与他人交流的社会能力。沟通的信息内容并不限于传递事实、思想与情感的其中某一个方面，它可能同时涉及几个方面。例如“交给你的任务是否已完成？”这一简单的问句，由于其语调、眼神及手势不同，其可能表达的意义就不同，由此反映出问话者不同的基本价值与情感态度。如果以亲切平和的语调与关切的眼神询问，表明其对属下工作的关心与照顾；如果是以严肃的眼神、反问的语气甚至是强有力的手势去质问，即表明你的上司是一个相当有效率意识与时间观念的人，你就必须克服所遇到的一切困难按要求完成任务。

同时，沟通还必须包括两方面的含义，即信息的传递与被理解。我们知道，无论多伟大的思想，如果不传递给他人或被他人理解都是毫无意义的。犹如演唱家没有听众，电影明星没有观众，其沟通的目的是无法实现的。所以，要使沟通成功，信息不仅需要被传递，还需要被理解。在商务谈判中，如果双方都无法用自己的语言与对方交流，就无法在了解对方意思的基础上表达出自己的利益取向，更无法进行不断地协商与调节，谈判亦毫无意义。

可见，沟通并不一定要使对方完全接受自己的观念与价值，但一定要使对方完全明白你的观念与价值。这种传递与理解可以被看作一个过程或一个流程，并且这个沟通行为的过程是双向互动的。即使沟通的主要原因是为了提供对方怎样做或到哪去的建议，信息的接收者也能给传递者以反馈，这种反馈并非一定要通过语言表现出来，也可能是接收者通过其表情、目光或身体姿势这些信息反馈给传递者，从而使传递者判断对方是否接收与理解其所发出的信息，并了解对方的感觉。

二、沟通的意义

沟通首先是人存在的一种方式。纵观人类社会的发展史，实质上也是一部人类在不同历史时期不断进行各种沟通活动的历史，沟通伴随人类社会的产生而出现。当一个人呱呱坠地之时，只表示一个生物学意义上的人的诞生，而要真正成为社会学意义上的人，任何个体都必须以一定的社会关系作为自己存在的前提。因为在其出生之前，个体就先天地生存于前人所创造的一定社会文化、时代氛围和家庭关系之中，对于每个个体来说这是没有选择的选择。正是在这个不以个人意志为转移的社会前提下，个体开始通过各种活动和训练逐步锻炼和提高自己，成为一个接受社会与被社会接受的成员。

同时，人除了具有饮食男女的自然本能之外，还具有自我意识、合群交往以及创造和实现自身价值的精神需要，这是人类特有的本能。然而，这其实是人的社会本能。这不仅是由于社会的发展水平、文化积淀在一定意义上决定个体实现社会本能的可能性，而且个体选择什么、怎样选择及其方式与手段亦内在地与社会相联系，从这个角度而言，否定人的社会性等于使人与禽兽为伍，而承认人的社会性，就不能不承认沟通是体现人的社会性的基本方式。

雨果说："你要了解生活与生存的不同吗？动物生存，而人则要生活。"马斯洛（A. H. Maslow）的需要层次论揭示了人在生活的各个时期上的不同需求，而无论是人的生理需要、安全需要、文化需要还是人的尊重需要和自我实现的需要，都需要在沟通过程中才能获得。因为如果没有一定的沟通形式与他人联系且产生一定的作用，就无法体现个体在固有的社会网络中的交流范围、受尊重的程度与自我实现的标准；同时对于每个层次需要的满足亦必须通过自我意识和社会认同才能得以体现，而这种自我意识、社会认同与他人评价也都是通过沟通才能实现的。

综上所述，从人的社会性来看，沟通是人之所以作为人的首要条件，没有沟通，人便不能称之为人。从马斯洛的心理学角度考察，人的各种情绪亦需通过沟通来加以调节；从社会学与经济学的角度分析，沟通是人们为了满足各自需要，减少内部冲突，调节情绪，促进情感交流，促进相互理解。此外，良好的沟通不仅能交换信息，还能够互相交融、互相促进，从而产生创新的效果。"三个臭皮匠，赛过诸葛亮"，这其实存在一个隐性前提，那就是三个人之间有着良好的沟通。如果你有一种思想，我有一种思想，那么彼此交换后，我们每个人都有两种思想，两种思想发生碰撞，就可能产生出第三种甚至更多的思想。

此外，从组织角度看，沟通可以实现组织内部任务目标，使组织的行为协调一致，并通过信息的彼此交流实现高效率管理。吴仪曾说："人际关系也是生产力。"良好人际关系的前提是人际间有良好的沟通，良好的沟通能减少组织内的冲突与摩擦，促进员工间、员工与管理层间的和谐与信任，减少工作的重复和脱节，避免人力、物力、财力及时间等资源的浪费。良好的沟通还能提高员工的满意度，提升员工工作的质与量。

三、沟通过程

沟通过程就是信息的发讯者通过选定的渠道将信息传递给受讯者的过程。图 1–1 描述了沟通过程（communication process）所包括的 12 个要素：①信息发讯者；②编码；③信息 1；④传递；⑤通道；⑥接收；⑦信息 2；⑧译码；⑨受讯者；⑩反馈；⑪背景；⑫噪声。

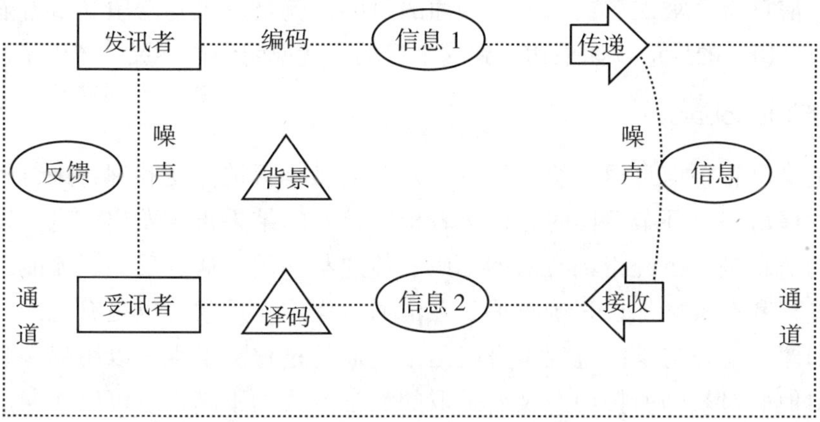

图 1–1 沟通过程模型图

1. 编码（encoding）

编码是将信息转换成可以传输的信号或符号的过程，这些信号或符号可以是文字、数字、图画、声音或身体语言。发讯者必须将信息编码成受讯者可以解码的信号。也就是说，发讯者发出的信息与受讯者接收的信息必须一致。信息在被编码的过程中将受到发讯者技能、态度、知识和社会文化程度的影响。如果编码的信号不清楚，将会影响受讯者对信息的理解，例如不适时宜地使用专业用语或在非正式的场合中使用过于正规的语言等。

2. 传递（transmit）

传递是将代表信息的信号或符号传送给受讯者的过程。

3. 通道（channel）

通道是由发讯者选择的、用来传递信息的媒介物。口头交流的通道是声波，书面交流的通道是纸张，如果面对面的交流，通道即是口头语言与身体语言的共同表现。通道的选择方式必须尽可能符合信息的性质和传递的有效性。如对于十分紧急和重要的信息，显然不宜采用备忘录的传递方式；而与人们切身利益有关的重要信息，如工资调整、税率变化等，若采用口头表达的形式，就易显失其严肃性与权威性。因此，正确选用恰当的通道对有效的沟通十分重要。然而，在各种方式的通道中，影响力最大的莫过于最原始的面对面的沟通方式，因为它可以最直接地发出信息及感受到彼此对信息的态度与情感，所以即使在通信技术高度发达的现代社会，为了调停巴尔干半岛的战火，俄罗斯政府代表仍不辞辛劳地多次飞往欧洲各国进行斡旋。

4. 译码（decoding）

译码是受讯者将获得的信息信号解译为可理解信息的过程。受讯者在译码的过程中，需与经验、知识与文化背景相结合，才能使获得的信号转换为正确的信息。如果解译错误，信息将会被误解或曲解。沟通的目的，就是发讯者希望受讯者能据其所发出的信息做出相应的反应，如果达不到这个目的，就说明沟通不灵，产生了沟通障碍。

5. 反馈（feedback）

反馈是受讯者将信息返回给发讯者，并对信息是否被接受和理解进行核实，它是沟通过程的最后一个环节。同时，发讯者根据核实的结果再次发出信息，以进一步确认所发出的信息是否已经得到有效的编码、传递与译码。通过反馈，才能真正使双方对沟通的过程和有效性加以正确把握。在沟通过程中，反馈可以是有意的，也可以是无意的，如课堂上教与学的过程本身就是个沟通的过程。学生可以用喝倒彩的方式有意地反馈出他们对教师所授内容及所采取的教学方式的不满，也可以在课堂上呈现出疲惫、精神不集中的状态，这种无意间的神情与表情的流露也可以反馈出他们对教师所授内容及所采取的教学方式的不感兴趣。为此，一个经验丰富的教师就会根据各种情形加以及时调整。

6. 背景（background）

背景是指沟通所面临的总体环境，这种环境可以是物质环境，也可以是非物质环境，而任何形式的沟通，都必然受到各种环境因素的影响。这些因素通常是指：A. 物理背景，如一个人把一则小道消息在嘈杂的市场上与以电话的方式告知对方的效果截然不同，前者常显示出其随意性，而后者却体现其神秘性；B. 心理背景，如对同一个信息，人们在不同的心情下往往反馈出不同的态度；C. 社会文化的背景，这反映在不同的社会角色及文化差异所导致的人们对同一信息的价值取向的不同，由此要求沟通的双方必须要站在对方的立场，尊重对方的民族习惯，不能超越社会角色与违背文化差异去进行沟通。

7. 噪声（noise）

噪声是指沟通过程中对信息传递和理解产生干扰的一切因素。噪声存在于沟通过程的各个环节，如难以辨认的字迹、沟通双方都较难听懂的语言、电话中的静电干扰以及生产场所中的设备噪音。固有的成见、身体的不适、对对方的反感等都可以成为沟通过程中的噪声。当噪声对编码产生干扰时，信息就会失真。

综上所述，可以以基恩·戴维斯（Keith Davis）的“沟通过程模式”来体现沟通的六个步骤（见图 1–2）。

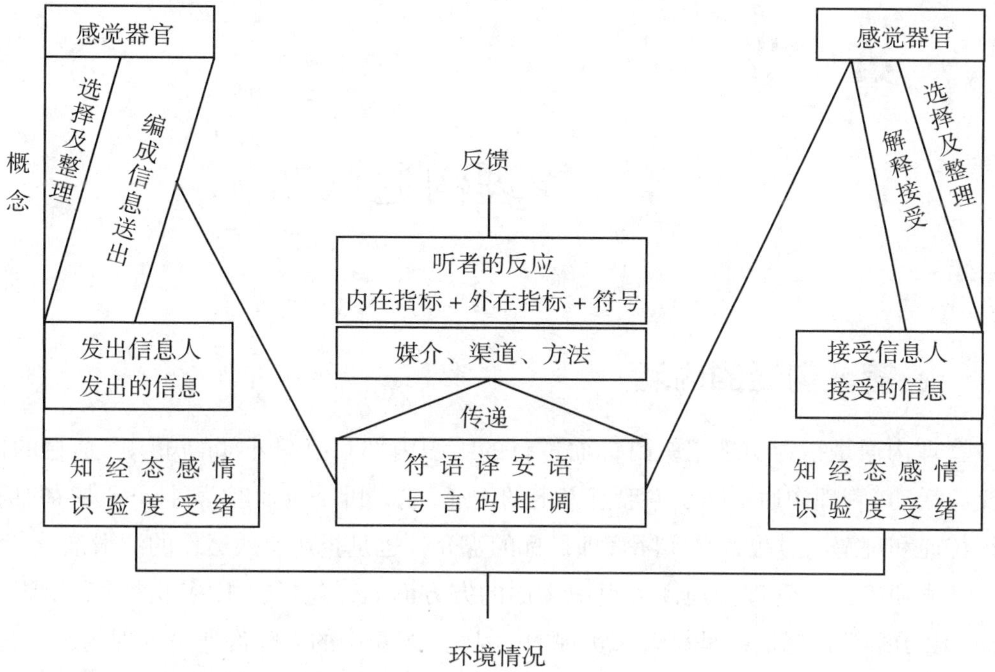

图 1–2 沟通过程模式

第一步，发讯者获得某些观点或事实，并且有了传送出去的意向，对于一个有效的沟通系统而言，这一点极为重要。一个不完整的意念或未经证实的事情，若被轻易地传递出去，可能会产生无法估计的差错。因此，戴维斯说：“对这一步骤，千万要记住，要直到你思考成熟后再开始说。”

第二步，发讯者将其观点、想法和所得的事实，以言词来描述，或以行动来表示，力求不使信息失真。

第三步，信息凭借某种通道传递。

第四步，受讯者由通道接收到信息符号。

第五步，受讯者将获得的信息译解，转化为其主观理解的意念。

第六步，受讯者根据他理解的意思加以判断，以采取不同的反应行为。

第七步，反馈。反馈传送是否成功以及传送的信息是否符合本意。

第二节

管理沟通认知

一、管理沟通的内涵

管理沟通是指为实现组织目标而进行的组织内部和组织外部的知识、信息的传递和交流活动。管理沟通不同于一般意义上的沟通，它是围绕企业经营目标而进行的信息、知识传递和理解的过程，是实际管理目标的媒介，也是企业有效运作的润滑剂。

从本质上讲，管理沟通涵盖组织沟通的方方面面，包括组织内部沟通和组织外部沟通。由于组织目标最终是靠人来实现的，因此，组织中的人际沟通是管理沟通的基础。正如著名管理沟通专家查尔斯·贝克（Charles Baker）在其《管理沟通——理论与实践的交融》一书中所阐述的，组织中任何形式的沟通都基于个体，作为人际沟通中基本单元的个体则成为管理沟通基础中的基础。

管理沟通可以宽泛地包括组织环境下的个体沟通、人际沟通和组织沟通三个方面的内容。个体沟通强调自知之明，培养自我沟通、战胜自我的能力；人际沟通强调掌握人与人之间沟通的技巧，其中包括倾听技巧、非语言沟通技巧、冲突处理技巧、口头沟通技巧、书面沟通技巧、压力沟通技巧和跨文化沟通技巧等；组织沟通则是自我沟通能力和人际沟通技能在组织特定沟通形式中的综合体现，这些特定沟通形式包括纵向沟通、横向沟通、群体和团队沟通、会议沟通、面谈以及危机沟通等。

二、管理与沟通的关系

纵观管理的各项职能和管理的各项具体活动，其中充满了沟通活动。管理和沟通有着十分紧密的内在联系，两者有许多相同、相似或共通之处，而两者的内涵和外延并非简单地完全相等，具有差异性。

管理与沟通的主要区别在于：其一，管理比较侧重于人和人、人和物等多种企业资源的组合及组合过程，强调的是管理者、管理对象的资源和全部过程，而沟通则比较侧重于管理活动中必不可少的信息交流行为过程，是管理活动中最重要的一部分；其二，管理的目的和结果是要企业输出更大产出，而沟通的目的和结果则是互相正确理解，但理解并不是一定能达成共识，从效果上讲有时并不一定能产生最大产出；其三，管理主要是针对组织来定义的，沟通却是针对整个人类社会来定义的，沟通发生的范围更大更广阔。

管理与沟通的主要联系：其一，所有的管理行为过程，绝大部分都是沟通行为过程。沟通是管理的实质和核心内容，也是管理得以实施的主要手段、方法和工具。如管理职能中的计划，计划必须以信息收集、整理和分析作为基础，信息收集处理的过程就是沟通的过程；其二，如果把沟通行为过程从人类社会大背景缩小到企业或组织内外部这一相对较小的范围来考察，从组织行为学的角度看，大量的沟通行为过程必然与企业或组织的管理相关或重叠，大部分沟通行为过程都是管理行为过程；其三，随着人类社会发展，信息化程度越来越高，在管理行为中，沟通行为具有了非同寻常的重要性。以信息为载体的知识、技术及信息本身，已经成为推动企业和社会经济发展的第一生产力，信息沟通的效果在很大程度上会决定企业整体经营管理的效果。在企业经营管理的资源要素中，劳动力、资本、土地等传统要素的作用虽然依旧巨大，但科技、知识、信息的作用更为突出，企业资源的整合主要依靠成功有效的沟通与组织。

著名管理大师彼得·德鲁克（Peter F. Drucker）指出：沟通是管理的一项基本职能。他强调激励与沟通在所有职能中的中心位置，图1–3可以比较直观地体现他的这一观点。可见，我们也可以从管理的职能来看管理沟通的性质和作用。

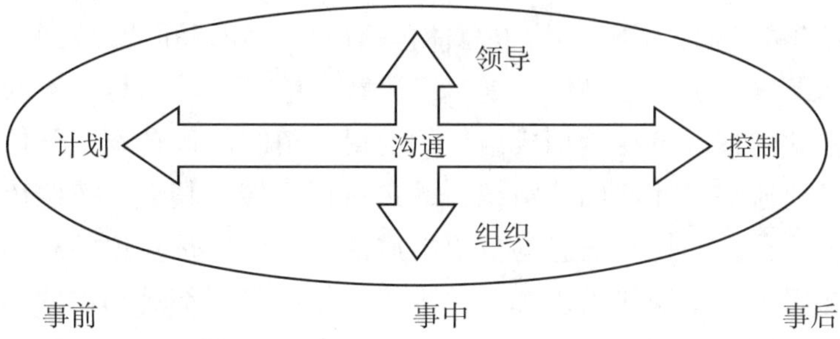

图 1–3 管理职能关联图

1. 计划

计划就是在设置目标的基础上，选择从现在所处的位置到达预期目标的最佳路径的过程。这个过程包含一系列的决策，如确定任务、在各种方案中选择未来的行动路径、确定如何配置现有的资源（员工、资金、设备、渠道或时间等）。要使组织成员充分了解计划，明白组织目标，在计划制定的前后，成员与同事、下级的沟通十分的重要。参与、授权都是从提高沟通效果角度来增大实现目标的机会。

2. 组织

组织职能是指管理者为实现目标而进行的资源配置，设立一个正式的职权分明的职位结构或职务结构。具体来说，在进行组织工作时，管理者设定职位框架，并从权利、责任和要求等方面描述每一个角色，同时根据人员的特点，进行人员与工作匹配，使人员结成一定的工作关系。管理沟通使组织的人力资源得到充分的利用和全面协调。

3. 领导

管理者必须借助管理沟通来展示自身的人格魅力、知识才华和远见卓识，淡化地位与权威，才能赢得追随与支持。许多事实表明：优秀的领导者同时必然是掌握娴熟沟通技巧的人。

4. 控制

控制职能是指衡量与纠正员工行为并促成计划完成的各种活动。控制与计划的成败密切相关。为了使员工的行为符合计划与规范要求，控制过程中要不断进行防错、查错和纠错等活动，这个过程有赖于管理沟通的正常展开，没有有效沟通提供的准确意见，就无法准确地监控和采取相应的纠错行动，最终导致没有实现目标的结果。

三、管理沟通的内容与原则

1. 管理沟通的内容

管理沟通是为实现组织目标而进行的信息传递和交流活动。根据沟通的总体流程和模型，管理沟通的内容是由沟通者发出的，以组织的运转和促进员工关系融洽为目的。根据组织运转的需要，管理沟通内容上总体包括信息、知识和情感三个方面。

首先，对于组织来讲，信息传递是组织运转的前提。从信息理论的角度看，组织是一个信息传递的过程，信息是构成组织的前提，组织的运转离不开信息，只有组织内信息能够顺畅地流动，才能确保组织按既定目标运转。其次，按照传统信息理论，知识和信息密不可分，知识是信息的重要组成部分，信息是知识的载体。不论是显性知识还是隐性知识，对于现代组织都至关重要。任何组织都是知识的集合体，尤其是当前社会已经进入知识经济时代，知识在组织中占有重要地位，甚至有人认为组织真正的核心能力就是知识。作为组织手段的沟通也必然为知识沟通服务。最后，组织是由人所构成的，情感是人类内心世界的表达方式，沟通过程不仅要进行具体的任务沟通，还包括心理上的情感沟通。对于现在提倡的“人本管理”，要求不仅要注重员工的全面发展，更应重视员工的情感沟通。这也表明，从本质上来说，管理沟通活动是组织管理的基础，人际沟通所采用的一切沟通形式，本身就为管理沟通提供了广泛的媒介。管理沟通是对人际沟通的应用与发展，它既研究组织沟通的规范性、程序性等科学内容，又结合个体和情景考察管理沟通的风格和模式。

管理沟通的内容还包括很多具体分类，以上三个方面的内容还可以具化为以下几类。

1）信息沟通

根据信息流动的特点，可以把信息沟通分为以下几类：

（1）任务信息的沟通

任务信息的沟通，主要是指在组织运转过程中各种协调工作的职能型沟通。任何组织都有其自身的任务，只有完成自身的任务才有存在的价值。因此，任务沟通对于任何组织来讲都是最重要的内容。弗朗西斯·赫瑞比（Frances Horibe）认为组织要传递任务的信息沟通主要包括以下几类：

①公司的目标和价值；

②重要的决策；

③组织主要的战略变化；

④组织预期的财务信息；

⑤人员变动情况。

（2）数据信息的传递

组织信息传递中除任务信息传递外，还包含大量的数据化信息，主要的数据信息包括：

①市场数据信息，如市场占有率、市场营销费用、顾客的信息等关于市场变化的数据；

②财务数据信息，如财务状况、现金流动、成本费用等情况；

③专业技术信息，如技术标准等专业知识。

组织在进行数据传递时应该注意数据的丰富性与有序性，保证信息技术的有效应用。企业应建立起适合自身的数据传输技术系统，保证数据的高质量传递，数据传输应有利于信息的挖掘和利用。

2）知识沟通

（1）知识沟通的类别

作为组织知识的内涵，德鲁克认为知识是一种能够改变某些事务的信息，这包括使信息成为行动基础的方式，以及通过多信息的使用使某个个体有能力改变或进行更为有效行为的方式。而按照 OEDD（office of education and development）的观点，企业知识可以包括以下类型：

①事实方面的知识，即“know-what”，这种知识最为简单和明显，通常被近似地称为信息；

②关于自然原理和规律方面的科学理论，即“know-why”，这类知识的生产是在专门研究机构完成的，如实验室和大学，可以通过学习科学知识获得；

③事情的能力与才能，即“know-how”，是做某些事情的技艺和能力，其典型是企业发展和保存于其内部的诀窍或专有技术；

④关于谁知道和谁知道如何做某些事的知识，即“know-who”，这在社会高度分工的经济中显得尤为重要，这类知识比其他任何种类的知识都更隐藏在企业内部。

组织的知识沟通可以按照类别进行各种划分：如显性知识和隐性知识、管理知识和技术知识、一般知识和创造性知识。

（2）知识沟通的特点

知识沟通的特点包括：沟通的频率较高，在企业日常的常规沟通多围绕知识创新进行；正式沟通与非正式沟通共存；知识沟通要求层次简单，结构扁平，渠道畅通，以实现知识共享。

3）情感沟通

情感按照不同标准有不同分类，一般来讲情感可以分为情绪（emotion）、感受（feeling）和情操（sentiment）。情感是员工全面发展的需求，情感的沟通和创造能给组织带来凝聚力。

①情绪，指员工的社会性情绪，包括愉快、痛苦、愤怒以及悲喜交加等；

②感受，是较为高级的感情现象，具有稳定持久、含蓄的特点，包括交往需要和尊重需要等；

③情操，是最为高级的感情现象，是人的社会性需求和社会价值观的结合，包括道德观、理智观和审美感等。

情感沟通具有动力支持和情绪调节的作用，并且可以使管理者了解员工对组织政策的好恶程度，培养员工对组织的热爱和忠诚感。

2. 管理沟通的原则

1）准确性原则

当信息沟通所用的语言和传递方式能被接收者所理解时，才能称之为准确的信息。准确性是指信息沟通能客观、正确地反映企业内部生产活动或外部经营环境的特点，这是对沟通的最基本要求。沟通的不准确、不真实会给管理工作造成极大的危害，可能导致管理者制定错误的决策或采取错误的控制措施。

为了保证沟通的准确性，在信息收集过程中，注意选择可靠的信息来源，用准确的语言或精确的数字客观地记录原始信息；在信息加工过程中，采用科学的方法，尽可能排除任何人为因素（如加工者的主观偏见、智力或技术水平的不足）对信息内容及其价值的客观性干扰。

2）完整性原则

完整性是指沟通信息的收集和加工不仅应全面、系统，而且应具有连续性。企业生产经营过程是由众多阶段和环节组成的，内部的许多部门和要素参与了这个过程，影响企业经营的外部环境因素也是多种多样。参与或影响企业经营的众多要素之间存在着广泛的联系。

企业只有全面地收集了能够反映这些部门、环节、环境及其相互关系的信息，才能够统一地指挥、协调和控制内部的活动，才可能使企业内部工作适应外部环境的要求。同时，不论是企业内部的生产，还是外部的经济或政治环境，都处在不断运动的过程，其特征是在不断变化的，从而不断发射出新的信息。只有对这些不断更新的信息连续地加以收集和加工，才能把握内外经营环境的动态变化。

3）及时性原则

在沟通的过程中，不论是上级主管人员向下沟通信息，还是下级主管人员或员工向上沟通信息以及横向沟通信息，除准确性、完整性原则外，还应注意及时性原则。这样可以使企业新近制定的政策、组织目标、人员配备等情况尽快得到下级主管人员或员工的理解和支持，同时可以使上级主管人员及时掌握下级人员的思想、情感和态度，从而提高管理水平。

在实际工作中，沟通的及时性要求是由信息的时效性特点所决定的。由于信息符号的价值随着时间的延续而减弱，因此，信息工作者应保证能将反映企业内外环境及目前特征的信息迅速地收集、加工并传递给有关的管理人员，以帮助管理者及时地制定决策，有效地利用机会、避开威胁，或及时地采取措施，最终保证计划目标的实现。

4）适用性原则

适用性是指企业内部的沟通应是对企业经营有用的信息。毫无疑义，反映企业内部情况的各种统计或会计资料和有关职工士气的专项调查等，对企业经营及其管理来说都是有用的。但是存在于企业外部的信息则不然。从广义上来说，企业外部存在的一切都是企业的环境：气候的变化、人口的增减、政策的变更、技术的进步、国家领导的更替、对外关系的恶化或改善，甚至在遥远国度发生的政治或军事冲突，无一不对企业经营产生某种程度的影响。但是，它们的影响程度是不同的，有些因素对本企业的影响要大些、直接些，有些则小些、间接些。由于企业能力（资金、人力等条件）的限制，沟通人员必须注意在反映环境状况的众多信息中识别出对企业经营有直接和重大影响的信息，并加以有效、及时地收集和加工。沟通过程的适用性原则，对企业信息工作者的判断能力提出了很高的要求。

5）非正式组织策略性运用原则

这一原则的性质就是，只有当主管人员使用非正式组织来补充正式组织的信息沟通时，才会产生最佳的沟通效果，非正式组织产生的原因就是由于一些信息不适合于由正式组织来传递。所以，在正式组织之外，应该鼓励非正式组织传达并接收信息，以辅助正式组织做好组织的协调工作，共同为达到组织目标作出努力。

一般说来，非正式渠道的消息对完成组织目标存在不利的潜在威胁。但是，小道消息盛行，却反映了正式渠道的不畅通。因而加强和疏通正式渠道，在不违背组织原则的前提下，尽可能通过各种渠道把信息传递给员工，是防止有些不利于或有碍于组织目标实现的小道消息传播的有效措施。

第三节

管理沟通的理论发展史

在蒸汽机、铁路和棉纺机出现之前，组织和沟通问题已经出现，因此，管理沟通的理论发展要从工业革命和古典组织理论说起。

一、古典组织理论

1. 工业革命和等级制

工业革命之前，人们从事的家庭式生产主要是为了满足自身的生活需要，人与人之间的关系是亲属关系，相互间的沟通比较简单。随着工厂规模的扩大和生产的程序化，必然要对众多的工人进行管理和监督，于是工厂主或工厂主委派的工头成了管理沟通的实施人。劳动分工的出现和等级制的诞生导致了雇主与雇员、上级与下级间的角色差异，使组织中人与人之间的关系变得复杂，极大地影响了组织沟通的方式和形态。

等级制组织中实行的是单一等级命令链，上级向下级传达命令，下级根据上级的指示采取行动，它是一种自上而下的由管理者主导的组织。

2. 科学管理理论

从1880年到1920年这段时期，管理历史上称“科学管理”时期，其主要代表人物是弗雷德里克·泰罗（Frederik W. Taylor）。在他的经典著作《科学管理的原则》（1913）中，泰罗的基本假设是：最佳的管理是一门有赖于明确界定的法则、规章和原则的科学。他基于对时间和动作的研究将工作任务细分为一系列标准动作，按照“熟练工人”完成标准动作所需时间来确定各个动作的劳动时间，借助劳动机械化和严格的制度化方法，使组织的效率得到了极大的提高。

科学管理理论以控制为导向，以生产为中心，工人常常被当作维持组织这台大机器顺利运作的零部件。尽管泰罗试图强调管理者和员工之间建立合作关系的重要性，但其冷酷无情的理性化科学管理思想在当时并没有对改善管理者和员工的关系做出任何的贡献。直到20世纪30年代，梅奥和巴纳德才真正从一个全新的视角来审视组织中管理者和员工的关系。

3. 组织官僚制

对多数工人而言，20世纪早期是十分残酷的年代，大量童工被廉价雇佣，工作环境极其恶劣，且没有任何安全保障。在当时以美国为主的一些西方国家中，只利于雇主和管理者的单一主义做法和工人遭遇的恶劣待遇引发了意识形态的问题，即一方面强调人人自由、人人平等，另一方面广大工人不得不屈从于地方警察和法律部门的权威。在两种意识形态相冲突的背景下，官僚制应运而生。有关官僚制组织的特征，马克斯·韦伯（Max Weber）是这样描述的：

①每个组织成员实行劳动分工，明确权力和责任；

②将各种职位按权力等级加以组织，形成一个等级链；

③设定一整套规章制度以约束组织成员的行为；

④管理者领取固定薪水，但没有企业的财产所有权；

⑤人员的选拔基于技术资格，平等对待所有员工；

⑥雇用被视为组织成员的终身职业，不能被任意不公平地解雇。

马克斯·韦伯认为，在组织沟通方面，这种理论方法强调的是对职权和规则的绝对服从，忽略了个体的情感因素。

二、人际关系理论

1929—1940年的经济大萧条，使上百万人陷入生活困境，大量贫困人口由农村涌入城市，劳动力过剩使就业竞争异常激烈，也让唯利是图的资本家得以压榨工人。与此同时，各个工厂纷纷成立工会为劳工争取人身权利，要求改善工作条件并促使资本家重视人际关系、调和劳资双方的矛盾。当时的一些学者开始从行为学等角度研究有关人们的行为问题，如人的工作动机、情绪、行为与工作时间的关系等。

1. 霍桑实验与梅奥（G. E. Mayo）的观点

1924年，梅奥主持了美国西方电气公司在霍桑工厂进行的一系列实验，即著名的“霍桑实验”。实验结果表明：改善组织内部的人际关系，满足工人作为“社会人”的需要，能够显著提高生产率。人际关系的参与者们根据梅奥的研究坚信冲突不是天生的，而是恶劣的管理导致的，并且主张通过改善对人的管理和协调人际关系，以提高企业的生产率。管理需要掌握新的领导力，通过与员工沟通了解他们的感情，增强他们的满意度，提高他们的士气，最终实现劳动生产率的提高。

2. 巴纳德（C. I. Barnard）的观点

巴纳德最著名的著作是《管理者的职能》（1938），他强调合作在组织中的重要性，因为组织本来就是一个协作型系统，合作的关键在于说服个体接受一个共同的目的。他认为管理的主要作用是沟通和劝说，有效的管理者通过鼓励的方法与工人进行沟通，以使其个人目标与组织目标趋于一致。

3. 赫兹伯格（F. Herzberg）的双因素理论

赫兹伯格提出人们具有两方面相对独立的需求，即保健因素和激励因素。他把有关企业的政策、管理行为、工作条件、人际关系、地位、安全和生活条件称为保健因素；

把工作成就感、工作成绩获得认可、富于挑战性的工作、承担责任性较大的工作以及有利于职业生涯发展的工作称为激励因素。他强调增加工资或改善工作条件能够减少不满意度，但未必能够增加满意度。改变工作设计使之更丰富、更有趣、更具挑战性，却能使员工获得成就感，增加满意度，进而提高生产率。

4. 菲德勒（Fred E. Fiedler）的权变理论

菲德勒认为不同的领导风格适合于不同的情形，当情形对于某个领导特别有利或特别不利时，他建议领导者采用任务导向风格；如果情形居中，他建议领导者采用人际导向风格。

5. 西蒙（H. A. Simon）的决策模型

西蒙认为个体在决策过程中并非是完全理性的，人们虽然希望做出最佳决策，但由于各种情形的不确定性以及人们处理信息的有限能力，最终只可能获得“足够好的”或“满意的”方案。任何一个组织的实质都是“一个人类群体当中的信息沟通与相互关系的复杂模式”。管理就是组织通过有效沟通对每个成员的决策施加影响，从而引导其做出决策的过程。因此组织应该设置传递决策所需信息的组织系统，以确保个体决策的合理性。

三、人力资源理论

1. 阿吉里斯（Argyris）的“不成熟——成熟理论”

阿吉里斯认为人是发展着的有机个体，其个性成长如同婴儿成长为成人一样，是一个从不成熟到成熟，即从被动到主动、从依赖到独立、从有限的行为方式到多样复杂的行为方式、从缺乏自觉到自愿的连续发展过程。在其经典著作《个性与组织》中，他对传统的组织管理体制和方式进行了猛烈地抨击。他指出：基于统一标准进行的管理模式只会使优秀员工成为白痴，官僚制模式只会挫伤员工的积极性。他极力主张改革组织设计，以更好地满足个体发展的需要，实现组织目标与个人目标的统一。

2. 马斯洛的需求层次理论

马斯洛在组织成长方面提出了著名的需求层次理论。他认为只有当人们首先满足了基本的需求（如生理和安全的需求）之后，才能朝自我实现以及潜能开发的方向努力。马斯洛的需求层次包括生理需求、安全需求、归属需求、尊重需求和自我实现需求。

3. 麦格雷戈（D. M. Mc Gregor）的“X–Y 理论”

X 理论接近于科学管理理论，认为每个员工都不喜欢工作，除非严加控制，否则他们便会懈怠责任，被称为“控制—官僚制管理风格”；Y 理论则认为员工具有极强的自我管理、自我控制能力和创新能力，并将员工视为宝贵的人力资源，被称为“参与—促进型管理风格”。

麦格雷戈认为管理的根本任务就是使员工通过实现组织目标来实现个人目标，他指出管理者应该改变思维方式和管理方式，相信员工可以被依赖并自我管理，并经常与员工进行沟通，营造主动参与的工作环境，这有助于开发员工的潜能，激发他们的积极性和创造性。

本章小结

沟通是指为了实现预设目标，凭借一定的符号载体，在个人与群体间传达思想、交流情感与互通信息的过程。沟通的内容至少应包括四方面的基本要素：①事实；②情感；③价值取向；④意见观点。

沟通过程就是信息的发讯者通过选定的渠道将信息传递给受讯者的过程。沟通过程包括12个要素：①信息发讯者；②编码；③信息1；④传递；⑤通道；⑥接收；⑦信息2；⑧译码；⑨受讯者；⑩反馈；⑪背景；⑫噪声。

管理沟通是指为实现组织目标而进行的组织内部和组织外部的知识、信息的传递和交流活动。管理的各项职能和管理的各项具体活动中充满了沟通，管理和沟通有着十分紧密的内在联系，两者有许多地方相同、相似及共通之处。

管理沟通理论的发展史主要包括古典组织理论、人际关系理论、人力资源理论。管理沟通的内容主要包括信息、知识和情感三个方面。管理沟通中必须遵循准确性、完整性、及时性、适用性和非正式组织策略性运用的五大原则。

课堂讨论

1. 举例说明你所了解的企业管理沟通的内容。

2. 你所在的班级或其他组织的管理沟通中存在哪些障碍，你认为应该如何克服？

[案例 1-2]

GE：最好的管理永远是沟通

如何确保员工与管理层之间的纵向沟通以及部门、员工之间的横向沟通，保证信息的畅通传递，对人力资源管理者来说是一个很重要的任务。GE同样十分重视沟通的作用，重视沟通渠道的建设。

GE董事长兼首席执行官杰夫·伊梅尔特（Jeffrey R. Immelt）认为，企业的领导人应该抓住每一个机会，利用每一种传播方式与员工进行沟通。从战略角度来讲，公司最高层认为，沟通是公司发展战略最重要的部分之一。伊梅尔特被问到刚刚上任就遇到“9·11”事件，最先想到的是什么，伊梅尔特说，他最先想到的就是“沟通”，他要把他的思想、公司的战略告诉GE全球的员工，员工的想法也可与他沟通，双方建立相互理解、为了共同目标携手努力的环境。当企业面临变革或危机时，最重要的事情就是与员工进行沟通。伊梅尔特花70%的时间进行沟通，把自己的想法及时告诉员工，并聆听员工的想法，这些最终都是为了使GE能够凝聚成一股力量，朝前发展。而GE的前任CEO杰克·韦尔奇（Jack Welch）提出的“无边界行为”，打破GE十三个业务集团的界限，使GE像“小公司”一样灵活，“无边界行为”已经成为GE非常重要的管理价值观。GE所有部门的所有员工都已接受了这种工作方式，相互之间有非常好的沟通环境和团队合作的氛围。“无边界行为”不但不会和有序的组织管理发生冲突，反而为GE创造了一种自由、轻松、平等的沟通环境。无论是从下到上、从上到下的纵向沟通，还是平行的横向沟通，沟通是GE文化与用人之道中非常重要的一部分。

1. GE 的沟通渠道

GE 有十三个相互独立的业务集团，加上公司不同的职能部门，如何保证高效的沟通，推动每一个项目的进展，推动公司的变革，确实不是一件易事，但对拥有价值观法宝的 GE 来讲，沟通却快捷而顺畅。

电子商务为日常的沟通带来了便捷，但传统的沟通渠道并没有因为科技手段的创新而落伍，在 GE，传统与现代的沟通渠道在这里互相交叉，同时运用。根据不同的交流内容，沟通的渠道也不同。网上交流、电话交流、面对面交流、便笺式交流……传统与现代的交流方式在GE共存，目的却只有一个，即保证信息和沟通的畅通。圆桌会议、全体员工会议、优秀员工座谈等这些集体的沟通方式也每天都在进行。Open Door 政策同样在 GE 实施，不流于形式，且得到真正的执行，使 GE 成为奉行 Open Door 政策最坚决、最彻底的公司。杰克·韦尔奇最“痛恨”的，就是那些平时摆出一副官僚主义、“经理架子”的人，他开创了一种坚决杜绝那些在公司“摆架子”的人，坚决将那些“摆经理架子”的人赶出公司的风气。所以，Open Door 政策得以在 GE 实施，成为员工上下级沟通的有效渠道。

2. 无边界的员工大会

GE 很大，有十三个业务集团，一千三百多亿美元的营业额，几十万员工。但 GE 要求员工不要认为 GE 很大，不为规模所累，而应该是一家反应敏捷的小公司。在“无边界行为”理念下，GE 打破十三个业务集团的界限，广泛地进行横向交流。按照人力资源、公共关系、销售、市场、财务等不同职能部门，建立许多松散的组织、协会，如人力资源协会等。这种职能上的协会经常横跨十三个业务集团开展相关的沟通活动，比如就激励方法进行畅谈，对价值观的感受进行交流。每一个业务集团也非常重视与员工的沟通，业务集团或地区总部会经常把公司最近的发展情况及时做总结，公布在公司的内部网络上，让员工及时了解。

GE定期举行员工大会，通过卫星直播、网上直播等方式进行。如网上直播，每隔一两个月就进行一次，针对不同的问题，在不同的地区或在全球范围进行。沟通是互动的，在GE内部，各种内部媒体与网络一起构成了沟通的平台，及时发布公司最新信息与管理层动态。这些渠道最终让GE全球30多万员工能够在第一时间及时了解GE领导人及高层的想法，了解公司的发展目标与政策调整的信息。公司的CEO、各级经理也定期与员工进行面对面的沟通。

除此之外，还经常召开不定期的员工大会。例如，GE全球的CEO或十三个业务集团的CEO以及其他高层领导到中国访问时，公司会特别安排员工与他们进行面对面的交流。这是一种很难得的沟通机会，员工可以把自己的想法直接告诉公司的高层。

3. CEO民意调查

CEO民意调查是GE的CEO了解全球员工想法的一种非常重要的沟通方式。该民意调查每年进行一次，通过第三方专业的咨询公司，设计专门的问卷，面向全球员工展开调查。调查问卷中包含是否喜欢GE的价值观、怎样看待正在实施的六个西格玛、对现在的工作是否满意等问题。

CEO民意调查在不记名的情况下进行，所有员工可以毫无顾忌地谈出自己的意见与建议。由专业的调查咨询公司对问卷进行统计，得出最后的数据结论。GE根据这个客观的调查结果做出专门的报告，根据报告提出解决问题的方法。通过这种调查，公司CEO会对全球员工的想法有一个非常客观的了解，了解员工对公司的满意程度，以及对公司的中肯建议。

4. GE的群策群力

杰克·韦尔奇受自己在克劳顿与学员的课堂交流方式的启发，决定在整个GE推行“群策群力”计划。“群策群力”的运作方式是员工的一种座谈会，GE邀请内部大约几十到一百不等的员工参加，聘请公司外部的专业人员，如大学教授来启发和引导员工进行讨论，而员工的上司不在场。在“群策群力”会议开始时，经理可能到场提出一个议题或安排一下议程，然后就离开。由外部人员启发与引导员工进行自由地讨论，员工可以把自己的问题列成清单，认真地对这些问题进行争论，然后准备在经理回来时反馈。外部的专业人员是经过GE高层慎重确定的，在外部专业人员的帮助下，员工和经理之间的这种交流变得容易得多。在“群策群力”会议上，GE要求经理必须对每一项意见都要当场做出决定。大部分问题必须当场给予明确的答复，若有的问题不能当场回答，对该问题的处理也要在约定好的时间内完成。任何经理都不能对员工提出的这些意见或建议置之不理，这对消除官僚主义起到了巨大的作用。

有了“群策群力”会议，许多技术与管理上的问题可能会在平等而热烈地争论中得以迅速解决。如今，GE几乎所有的员工都参加过“群策群力”会议。GE的一位中年工人评价“群策群力”的作用时说：“二十五年来，你们为我的双手支付工资，而实际上，你们本来还可以拥有我的大脑——而且不用支付任何工钱！”

“群策群力”计划为GE高层再次证实了他们的认识：距离工作最近的人最了解工作。通过“群策群力”计划，GE从员工那里得到了许多宝贵的意见和建议，为GE创建了一种能够平等交流与沟通的文化。通过这种沟通，每一名GE员工的想法都能得到重视，每一名员工都能够发挥各自的作用；而经理通过对员工教练式的指导，也最终取得了良好的领导效果。“群策群力”计划还有一个非常直接的作用不容忽视，那就是，通过“群策群力”计划，那些有官僚主义作风与倾向的人将无容身之地。

5. GE自上而下的沟通方式

CEO的电子邮件，得益于电子商务的便捷，GE的前任CEO杰克·韦尔奇和现任CEO杰夫·伊梅尔特，他们都会经常给全球员工发电子邮件，告诉全球员工公司业务的变化等情况，与员工分享他们的体验。GE的员工一点也不会感到与CEO之间有距离，每个人都有机会与CEO进行没有任何阻隔的交流。每位GE员工都曾为收到有韦尔奇电子签名的E-mail而惊喜，但后来会习惯，因为CEO会经常把他对公司的看法直接告诉GE的员工。在GE扁平化的公司架构中，有了这种开放式的管理与沟通方式，使得距离已经缩小到让CEO可以直接和普通员工交流沟通的程度。在没有E-mail的年代，对海外员工，杰克·韦尔奇的便条式管理通过传真来实现，在GE中国一位员工的办公室里，有杰克·韦尔奇亲笔签名的一张传真便条被复印后珍藏在墙上。

人们曾经一遍又一遍地问杰克·韦尔奇:“你是如何把GE的价值观移植到别处的？”杰克·韦尔奇告诉他们：“我们之所以能做到这一点，是因为它们本身都是极简单的价值观，那就是人的尊严和发言权。”

从杰克·韦尔奇决定再造克劳顿村时，他就把CEO为员工上课看作一种绝佳的沟通方式。二十年间，在克劳顿村举行的这种培训，共有280次，他只错过了一次，而当时他正在做心脏搭桥手术。通过克劳顿村，二十一年间，他得以与GE一万八千名经理进行了直接面对面的沟通。杰克·韦尔奇不喜欢发表演讲，而更愿意与员工进行公开、广泛的交流。与参加培训的员工交流之前，杰克·韦尔奇习惯提前将一份手写的便笺交给学员，上面写着准备讨论的一些问题，如“你遇到的最大挫折是什么……我能否给你提供帮助？”“你希望看到GE哪些方面发生变化？”“如果你被任命为GE的CEO，你将做些什么？”在克劳顿村的培训课程上，85%的授课教师都是GE的各级领导，克劳顿村成为GE员工进行思想交流的大舞台，成为沟通信息、激发激情与活力的中心。

这种沟通方式在GE已经成为传统，杰夫·伊梅尔特也继续与员工沟通，每个地区的CEO，每个业务部门的CEO，他们同样频繁地参加新员工的见面、员工培训、员工大会等活动，GE充分利用一切可以利用的机会与员工进行沟通与交流。

资料来源：根据微信公众号华夏基石e洞察（guanli3）2014年12月24日推送文章改编。

问题提示：

1. 大型企业集团管理沟通的难点主要体现在哪些地方?

2. 总结提炼 GE 实现有效管理沟通的途径。

复习思考题

1. 什么是完整的沟通定义？沟通的目的和作用是什么？
2. 沟通的过程是怎么样的？主要包括哪些要素？
3. 管理沟通需要遵循哪些原则？
4. 管理沟通存在哪些影响因素？

主要参考文献

[1] 康青 . 管理沟通 [M] .5 版 . 北京：中国人民大学出版社，2018.
[2] 魏江，严进 . 管理沟通：成功管理的基石 [M] .4 版 . 北京：机械工业出版社，2019.
[3] 谢玉华 . 管理沟通 [M] .3 版 . 沈阳：东北财经大学出版社，2017.
[4] 奥罗克 . 管理沟通——以案例分析为视角 [M] .5 版 . 北京：中国人民大学出版社，2018.
[5] 罗宾斯 . 管理学 [M] .11 版 . 北京：中国人民大学出版社，2010.
[6] 杜慕群，朱仁宏 . 管理沟通 [M] .3 版 . 北京：清华大学出版社，2018.
[7] 格兰兹 . 高效沟通的 399 条黄金法则 [M] . 哈尔滨：哈尔滨出版社，2005
[8] 王建民 . 管理沟通理论与实务 [M] .5 版 . 北京：中国人民大学出版社，2019.
[9] 刘爱华 . 如何进行有效沟通 [M] . 北京：北京大学出版社，2004.
[10] 科尔 . 沟通的技巧 [M] . 北京：团结出版社，1999.

第二章

人际沟通

学习目标

⊙ 熟知人际沟通的定义；

⊙ 了解人际沟通的行为准则；

⊙ 掌握人际沟通的过程；

⊙ 认识基于人际关系构建的沟通策略；

⊙ 认识人际冲突及其管理办法。

关键概念

人际沟通　互惠互利原则　人际冲突

[案例 2-1]

眼见并非为实

孔子被各地所聘授课，携众弟子讲学，但是迟迟不给工钱，当时，孔子生活拮据，当地村民给了他们一些米粮。孔子想，这个米饭让谁来煮我才放心呢？他想到了大弟子颜回，颜回平日忠厚老实，不贪图小便宜，于是他就把煮米饭的任务交给颜回，颜回欣然接受。过了一会儿，孔子忍受不了米饭香味的诱惑，便到厨房，刚到厨房门口，他看到颜回正手抓着米饭，大口地在吃，孔子十分地生气，自己最喜爱的好弟子，怎么会这样呢？孔子回到了书房，此时颜回把米饭也端进了书房请师傅吃，孔子心想，我要考验他一下，看看颜回是否真的不懂尊师重道呢？于是，孔子就对颜回说："我们难得吃一回米饭，先祭祭祖吧！"古时，祭祖必须是干净的食物，如果食物被沾染了肮脏的东西，那就是对祖先的大不敬。当时，颜回一听要祭祖，扑通一声给孔子跪了下来，说：“师傅不能祭祖，因为这些米饭已经被我抓过了，也吃过了。”孔子当时心中暗喜，想孺子还算可教，接着颜回说了一句让孔子非常震惊的话：“因为，厨房年久失修，又没有清理过，当我打开锅盖时，热气使棚上的灰掉到了锅里，米饭脏了，我想扔掉太可惜了，我把这些脏的吃掉，既可以让我吃饱，也可以让师傅您吃到干净的米饭，多好啊！”当时，孔子心中深深叹息，原来我亲眼看到的也不是真的。

资料来源：根据微信公众号（bz4006506565630）文章改编

第一节

人际沟通认知

一、人际沟通的定义

在解释什么是人际沟通之前，有必要探讨一下“沟通”一词的来源。英语“communication”这个词，语言学多译为“交际”，而心理学界和管理界多译为“沟通”。事实上，交际和沟通是有一段距离的。中国语言学家王宗炎教授认为，说了话，对方懂了，这是交际，也是沟通。说了话，对方莫名其妙，这不是沟通，只是交际——不产生效果或产生反效果的交际。比如，在中国南方一些地区，听见人家打喷嚏，有人会说：“吉星！吉星！”可是如果向一个英国人说这样的话，可能对方会毫无反应，因为英国人求助的不是星宿，而是上帝“God bless you！”这种沟通上的问题不仅存在于跨文化之中，在我们的日常生活中也是屡见不鲜的。由于个人的历史、背景、个性的差异，要做到人与人的充分沟通的确不是一件十分容易的事。那么，人际沟通究竟是什么呢？顾名思义，人际沟通指的就是人与人之间信息和情感的相互传递过程。这一概念有几个关键所在：

第一，人际沟通必须是互动的过程，也就是说是一个双向的过程，即在发出信息和情感的同时还要收到一定的信息和情感。人际沟通的实质是人与人之间的思想互动、行为互动及感情互动有机结合的互动过程。“人逢知己千杯少，话不投机半句多”，这句话所体现的正是人际交往的互动现象。互动是人际关系产生和发展的基本原因。企业里的员工若无互动，也就无所谓人际关系。互动是建立良好人际关系的基本方法，它还使人际关系处于不断变化之中。仇敌握手言和，好友反目成仇，都是互动带来的结果。由此可见，要有效地进行人际沟通，必须谨慎从事，不同的互动会有不同的结果：合作会形成融洽的人际关系，而对立则往往会使人际关系变得紧张和恶劣。

第二，人际沟通是一个信息和情感传递的过程。人际沟通的强度与效应，主要取决于以下几个因素：

1. 双方对信息的接受和理解程度

很多沟通的中断和冲突的发生，大都由于双方没有完全正确理解对方的动机、意图及目标等，甚至误解了对方而造成的。因此我们在沟通时，一方面要善于表达自己想要交流的内容，另一方面还要善于听取和理解对方所提供的信息。

2. 沟通中信息的性质和作用

人际沟通是以双方具有共同的语言、共同的思想情感为基础的。一个人的处世态度、世界观、价值观及行为方式等深刻地影响着沟通的性质和作用。所以我们在沟通的过程中应注意寻找双方的共同之处，并通过沟通不断吸收对方的长处，扩大沟通内容。

3. 沟通中的情境与个性特点的影响

双方信息交流在顺境和逆境中进行的效果是大相径庭的。如果双方是在互不信任、用词含糊、信息失真、存在对立情绪的情景中沟通，自然不会取得良好的效果。同时，一个人的个性和气质也影响着信息的交流和意见的沟通。例如，一个性格急躁的人，当他正生气时，如果你过去与他交流工作经验，他一定会很不耐烦地对待你。因此，我们在沟通的时候还必须注意沟通的时机。

4. 沟通的环节

信息传递的环节越多，越容易造成信息积压或流失，甚至增加失真的可能性，从而误会的可能性也就越大。

此外我们在人际沟通的过程中，还要注意情感与信息的统一，努力使自己的情感与输送的信息内容协调一致，以达到情感对信息内容的加强和深化。

二、人际沟通的过程

人际沟通的目的是建立、维持和发展人际关系，人际沟通的过程就是人际关系的动态过程。人际沟通的过程包括三个层次（信息层次、情感层次和行为层次）和四个阶段（定向阶段、探索情感交换阶段、情感交换阶段和稳定情感阶段），如表 2–1 所示。

表 2-1　人际沟通过程的四个阶段

层次	阶段	沟通内容
信息层次	定向阶段	人们根据自己的价值观、审美观、需求和动机的心理定式选择沟通对象，双方有接触的愿望，积极搜寻有关对方的信息。在这一阶段，彼此产生一定的认识，形成一定的印象。人们只作表面的或浅层的“自我暴露”，竭力掩饰自己的不足之处或可能被对方反感之处。如果双方互有好感，有继续相处的意愿，信息沟通就进入下一阶段
情感层次	探索情感交换阶段	在定向阶段的基础上，沟通双方对所交流信息的译码和对沟通对象的动机、需求、兴趣、性格、世界观、价值观、定势的感知，都伴随着情感体验。双方主动地、由浅入深地暴露自己个性，并都能够较自由地相互赞许或批评对方的行为
	情感交换阶段	
行为层次	稳定情感阶段	在前两个阶段的基础上，沟通双方信息互动高度频繁，信息量剧增，沟通方式丰富多彩，“自我暴露”彻底，这一阶段的外部行为表现为相亲相爱，近距离交往等。为了保持良好的关系，人们甚至也要根据沟通对象对自己的评价期望调整自己的行为

第二节

人际沟通的行为影响因素与准则

一、人际关系的基本类型

人际关系是指人们在社会生活中通过物质交往和精神交往而发生和建立起来的人与人之间的关系。不论是组织还是个人，都有一种对和谐的人际关系的需求。维系人与人之间的情谊，得到别人的认可和肯定，受到他人的尊重和称赞是人的共性。忽视人际关系的重要性，甚至将各种关系置之度外，都将可能成为管理工作和人生发展的巨大障碍。《富爸爸，穷爸爸》的作者罗伯特·清崎（Robert Toru Kiyosak）曾说过：“我富有的父亲说：如果你想做一名成功的生意人，人际关系是你最重要的技巧。他还说：如果你想在生意中成功，你应该不懈地学习和提高自己的人际关系技巧。”因此，人际关系其实是每个人职业生涯中最为重要的课题，良好的人际关系是管理者开展高效管理工作的必要条件。人际沟通的核心就是强调要以和谐为最高原则来处理各种人际关系。

对于一个职业人士，人际关系主要包括工作关系及工作之外的人际关系，具体体现如下：

（一）工作关系

①组织内部。组织内部的人际关系特点是：沟通方处在同一个工作环境中，彼此相互认识，关系比较亲近。对一个职业人士来说，组织内部的人际沟通是其沟通的最重要组成部分。组织内的人际沟通一般包括与上级的沟通、与下级的沟通及与同级人员的沟通。在组织内部人际沟通过程中，态度要端正，眼光要长远。若一个人过于急躁、暴躁，没有长远眼光，将很难与同事相处，从而很难长久地在单位里呆下去。

②组织外部。组织外部的人际关系范围较广，主要包括：①有固定工作关系的，如与主管部门、政府部门的人际沟通以及与固定客户的人际沟通；②初次交往的，沟通对象带有随机性。对于组织外部的人际沟通，说话、做事要有分寸，要积极主动、热情大方，双赢是这类人际沟通的基点。

（二）工作之外的人际关系

①家庭成员。这种人际关系的特点是亲情。典型的家庭人际沟通指与上辈、同辈、下辈三个层次的沟通。这种人际沟通利益成分很少，更多的是要注意体现亲情，实现亲情。注意细节和持久是这类人际沟通的关键所在。

②亲戚及朋友间。这种人际关系特点是有一定的亲情，又有相当程度的友情。利益关系虽不是其主要成分，但又不可避免地要加以考虑，如强调礼尚往来，就是这个道理。

二、人际沟通的行为影响因素

（一）人际沟通中的自我状态

著名的心理学家艾瑞克·佰思（Eric Berne）在其首创并加以发展的处理分析理论中指出，每个人在沟通行为中具有三种不同的自我状态，而且在不同的情景下会不由自主地应用不同的自我状态来进行沟通。人在沟通中的这三种自我状态分别是父母自我状态、成人自我状态和儿童自我状态。

1. 父母自我状态

父母自我状态含有某种权力、某种权威和某种力量。这一部分性格特征关系会影响着个人在沟通中关心或控制他人、领导他人、确定规则和程序等的沟通风格。人际沟通过程中，处在父母自我状态的人，其行为表现常常是统治人、训斥人，呈现权威式、命令式、家长式的作风；其待人处事的态度为主观臆断、独断专行、滥用权力；其说话的语气常常是“你应该……”“你必须……”“你不能……”等强制命令的口气。父母自我状态可进一步分为批判型的父母之心（CP）和保护型的父母之心（NP）。

2. 成人自我状态

成人自我状态的功能在于解决问题、做出估计并产生策略，并且充分考虑自身行为所引起的外界反应。处在成人自我状态的个体，表现为沟通中目标明确，主动性强，具有理智性和逻辑性，能运用过去的经验和知识来预测要实施的行为的可能性，能理智地传播信息和接收信息，能客观冷静地分析问题和解决问题，能控制感情，遇事不会失态，也不会对人盲目服从或滥下命令。人际沟通过程中，这种状态下使用的语言符号带有推断、商议的色彩，自尊、自信、自主意识强烈，如“我个人的看法是”“也许应该”“你考虑考虑……”等商量讨论的口气，所使用的非语言符号显得矜持、有节制。

3. 儿童自我状态

父母自我状态是关于外部事件的记忆，而儿童自我状态则是关于情感、感觉和反应等内部事件的记忆。儿童自我状态指个体在人际沟通中处于儿童的自我状态之中，情感的流露与自我冲动性均缺乏理智控制，自觉或不自觉中表现得像一个爱冲动的孩子。儿童自我状态表现为寻求保护，寻求积极肯定，处在一种任人指挥和摆布的状态。处在儿童自我状态的人，沟通过程中有时表现为服从、毕恭毕敬，有时又表现为不服从、情绪化、喜怒无常。儿童自我状态的特征是行为非常不成熟，这种状态下所使用的语言符号常常是祈使与探寻性词语，非语言符号动作夸张、幼稚，与本身年龄有距离。另外，虽然随着年龄的增长，每个人都会失去童年时代，但儿童自我状态不会随着成长而丧失。

我们每一个人都具有这三种自我状态，但对每个人来说，这些自我状态又具有独特的个性。首先，这三种自我状态都是个人经历的一种反应，对于每个人而言，每种自我状态所标志的经历是不同的。其次，我们每个人都具有不同的父母、成人和儿童之间的工作安排和相互关系，而正是我们每个人与个人自我状态之间的关系和性质，影响着我们的沟通行为和社会交互作用方式。

由上可知，当两个人进行沟通时，每个人都有三种自我状态可以选择，两人之间便可能发生九种不同处理状态。因此，就可能出现在对等的自我状态下的人际沟通及在相互交叉的自我状态下进行沟通的不同情况。如父母—父母、成人—成人便是对等的自我状态，而父母—儿童、父母—成人、儿童—成人则是属于相互交叉的自我状态。

在人际沟通过程中，处在相同人格状态的沟通主体双方是比较正常的人际沟通类型，但在这几种状态中，真正能持久稳定地维持沟通关系的是“成人—成人”的人格状态。这种沟通类型有利于信息传递的顺利进行，可以获取真实的、不带偏激感情的反馈信息。

相反，主体双方处在交叉性人格状态下进行人际沟通时，便属于一种不正常的人际沟通状态。由于人格状态的差异，信息传播过程可能会被中断，甚至可能产生争吵、打骂等恶劣后果。这种沟通主要表现为相处态度不正确，其中一方或者处于训斥式的父母状态，或者处于冲动式的儿童状态。

然而，在实际的人际沟通过程中，沟通主体之间并非仅仅处在单一的自我状态，而是双方都同时显示两种或多种人格状态，真正的信息不是显而易见地表现出来，而是隐含在另一种双方心照不宣的信息中。这种状态也被称为隐含性自我状态下的人际沟通。所谓指桑骂槐、含沙射影等都是隐含性信息传播。这时的沟通就需要双方格外认真小心，尤其在这个日益复杂的社会当中，沟通者需要更高的技巧才能加以应对。

（二）人际沟通中的自我披露程度

自我披露是指人在沟通过程中将自己的情况、思想乃至自己的个性特征，有意无意地告知别人的过程，也称为自我暴露或自我展示。自我披露不仅会给对方一些有用的信息，而且可以从对方的批评与反馈中获得有利于促进沟通的信息，从而促进双方的了解，便于有效地沟通。

20 世纪 50 年代，美国社会心理学家乔瑟夫·勒夫（Joseph Luft）和哈里·英格拉姆（Harry Ingham）根据自己对自己的了解和他人对自己的了解将信息披露程度分为四个区间，被称为卓哈里视窗（Johari Window），如图 2-1 所示。人际沟通是一个由区域一向区域二、区域三、区域四辐射并寻求反馈的过程。

	自己了解	自己不了解
他人了解	区域一 开放的自我	区域二 盲目的自我
他人不了解	区域三 隐藏的自我	区域四 未知的自我

图 2-1　卓哈里视窗

自我披露要循序渐进，过快或过慢都会拉大人际的心理距离。而且，人的自我开放区域与人的交往关系成正比，但也与“关系危险度”成正比。

三、人际沟通的行为准则

人际沟通的行为准则有两种功能。首先，它为提供和获得社会支撑创造了条件，为人际沟通提供了基础；其次，它是一种调节行为，可以减少可能导致关系破裂的消极因素，旨在维持关系的过程中达到个人的目标。

社会交换理论的创始者乔治·霍曼斯（George Homans）认为，人与人之间的交往基本上是一种利益交换的过程。这不仅是物质商品的交换，而且更重要的是诸如赞许或声望符号之类的非物质商品的交换,包括能使对方心理需要得到满足的精神报偿。“交换论”者认为，社会过程实际上是付出和酬赏的相抵过程。付出包括维持交往互动关系的金钱、时间和劳动；酬赏包括物质和精神的报酬。按照这种观点，人与人之间的正常交往和沟通，必须是各自的付出与酬赏刚好相抵，也即是人们总是试图保持“账目”的收支平衡，以维持和发展社会的互动关系。虽然社会交换论包含了某种“斤斤计较”的利益谋划理论，但是这种理论无疑有一定的合理性。无论是资本主义社会还是社会主义社会，人与人的关系基本上是一种利益关系。这种利益关系，是基于一定生产关系之上的人与人、企业与企业之间在利益方面相互依存、相互矛盾的关系。协调这种利益关系的方针就是人际交往的基本行为原则：互惠互利。当然，这个原则不应该看成仅仅是物质的等价交易性质，高尚的道德观、人情和友谊同样是交往中重要的交换砝码。

人际沟通的“互惠互利”原则有三个特点：首先，这种互酬常常是不同步的，不能要求你在物质上帮了我，我就马上给予酬答，而常常是铭记情义，在适当的时候给予答谢。其次，这种互酬常常是不等量的，不是你给我几分好处，我马上也就还你几分好处。再次，现实生活的交往中不仅仅存在作为一般等价物的货币形式，其他的报偿形式也同样存在。实际上，人们会根据不同的对象用不同的报偿形式。按照一般规律，人们总是希望在精神上得到朋友的支持和鼓励，而把需要在生活环境与工作环境得到实际帮助的愿望寄托在邻居关系与同事关系上。

对于同事、邻居、职业与服务等非亲密关系，其报偿行为可以表现在：

●在对方需要时，乐意主动提供帮助；

●在对方患病时，帮助照看病人和孩子；

●即使对方不在场，也应考虑到他的利益；

●提供感情上和精神上的帮助；

●提供建议、鼓励和指导，也愿意听取对方的意见；

●对对方的友好与帮助应回以报酬行为；

●必要时为对方的利益而努力；

●关心重视对方的个人问题。

对于婚姻、家庭、朋友等亲密关系，其报偿行为可以表现为：

●对对方的活动表现出关心和兴趣；

●为对方的成功感到高兴；

●对对方的信任；

●注意节日和特殊日子的问候；

●在相互接触中力图使对方愉快；

●邀请对方参加家庭聚会和其他亲密的活动；

●力图使对方让别人喜欢；

●向对方表露自己爱慕的情感；

●与对方交流隐没在心灵深处的思想。

除了互惠互利原则，人际交往还应遵守诚信原则、相容原则、发展原则。

诚信原则主要有两层含义：一是沟通中要讲真话，不说假话，做到“言必信”；二是遵守诺言，实现诺言，说到做到。行失于言将有损形象，要尽量避免它。

相容原则就是交往者首先要有一颗包容的心，要有一颗爱心，要有一颗尊重别人的心。爱人者必被人所爱，人与人之间就会产生一种“亲和力”。有了爱心，就有理解。爱心越大，就越具有忍耐性和宽容性。因此，要实现宽容原则首先要理解、体谅别人，常以“将心比心”的态度设身处地地对待和处理问题。其次，大事清楚，小事糊涂，不在琐碎小事上与人计较。最后是严于律己，宽以待人，即使对方错了，也以宽厚之心给予谅解。

发展原则就是沟通双方要意识到世界在变动发展之中。因此在人际沟通的过程中，切记不可以不变的观点看待对方，对人的思想、行为的变化都应持客观、公正的态度。

第三节

人际冲突及管理

由于冲突在生活中无处不在，经常又是很棘手的一个问题，因此有效的冲突管理已成为人际沟通中的一项重要内容。当沟通者使用策略性的沟通技巧，相信存在解决冲突的双赢策略并遵循正确的行动方式时，就可以产生解决冲突的建设性办法。

一、人际冲突

在人类社会组织中，人与人、人与群体、群体与群体之间必然会发生这样或那样的交往和互动关系，在这些错综复杂的交往与互动过程中，人们会因为各种各样的原因而产生意见分歧、争论、竞争和对抗，从而使彼此之间的关系出现不同程度、不同表现形式的紧张状态。这种紧张状态为交往和互动双方所意识到时，就会发生组织行为学称之为“冲突”的现象。

从人际传播学的角度，弗罗斯特（Frost）与威尔莫特（Willmott）给人际冲突下的定义是“相互依赖的两方或两方以上之间的公开争斗，他们发现彼此的目标不一，他们之间的关系回报不大，或者在实现目标时受到对方的干扰。”总之，当人们发现彼此的行为与各自利益相左，而无法取得回报时，他们之间就出现了冲突。

我们可以通过博弈论上一个经典的例子——“囚徒困境”来解释这种冲突。

两名嫌疑人被分别关押起来，当地的检察官知道他们犯有某种罪，却没有确凿证据判定他们有罪。在检察官面前，这两名嫌疑人必须做出选择：要么招供，要么不招供。现在的情况是：如果他俩谁都不招供的话，将被指控为犯有类似小偷小摸或非法拥有枪支等罪，两人所受的惩处都不会太重。如果他俩都招供的话，那么两人都将依法受到严惩。如果一个人招供，另一个人不招供，招供者轻判，不招供者重判（具体量刑情况见表 2–2）。这两名嫌疑人作案前曾商定都守口如瓶，这样他们所受到的惩处最轻。但是，被逮捕后，他俩左思右想，越想心里越不踏实：万一对方招供了，自己不招供不就会被重判了吗？于是，最终的结果是：两人都招供了，并都被判 6 年监禁。

表 2–2　嫌疑人的选择与结局

甲的选择	乙的选择	甲的结局	乙的结局
招供	招供	判 6 年监禁	判 6 年监禁
招供	不招供	判 1 年监禁	判 10 年监禁
不招供	招供	判 10 年监禁	判 1 年监禁
不招供	不招供	判 3 年监禁	判 3 年监禁

有关冲突的定义多种多样，我们可以从以下几个方面理解其内涵。

其一，冲突是不同主体或主体的不同取向之间由于对特定客体处置方式存在分歧，而产生的行为、心理的对立或矛盾的相互作用状态。前者主要表现为行为主体之间的行为对立状态，后者主要表现为个体内部心理矛盾状态。

其二，管理冲突是行为层面的人际冲突与心理层面的心理冲突的复合。客观存在的人际冲突必须经过人们去感知，内心去体验，当人们通过对不同主体行为比较而真正意识到其内在冲突、内心矛盾后，才能知觉到冲突。因此，冲突是否存在不仅是一个客观性问题，也是一个主观的知觉问题。

其三，冲突的主体可以是组织、群体或个人；冲突的客体可以是利益、权力、资源、目标、方法、意见、价值观、感情、程序、信息、关系等。

其四，冲突是一个过程，它是从人与人、人与群体、人与组织、群体与群体、群体与组织、组织与组织之间的相互关系和相互作用过程中发展而来，它反映了冲突主体之间交往的状况、背景和历史。

二、人际冲突管理

冲突或摩擦是日常生活及工作中常见的现象。有时冲突太少，工作、生活可能会单调枯燥。而冲突太多，工作会面临太大的压力，生活会变得十分紧张。个体及整个组织的绩效并不取决于是否有冲突，而是取决于冲突行为的适度性及冲突结果的有效性。

（一）人际冲突产生的原因

人际冲突产生的原因通常是人们对于同一个问题存在不同的看法。另外，人们在为实现自己的目标努力奋斗时，往往会因侵犯他人的利益而产生冲突。最近关于管理者的一项调查表明，工作中产生冲突的主要原因有：误解、个性差异、观念差异、工作方式与方法的差异、缺乏合作精神、工作中的失败、追求目标的差异、欠佳的绩效表现、对有限资源的争夺、文化及价值观的差异、工作职责方面的问题，以及没有很好地执行有关的规章制度。这项调查还表明，许多管理者将 1/4 的工作时间用于处理各种矛盾与冲突。

在实际的工作中，在与上级、下属的交往中，人际冲突产生的根本原因是观念的差异。 观念是客观世界在人们头脑中的理性反映，即人们对客观世界的理性认识。观念作为人们对客观世界的看法，是对事物的一种相对稳定的高度抽象，一旦在人们头脑中形成就不会轻易改变。

由于人们的成长环境、受教育程度、工作经历、年龄等不同，因此形成的观念也形色各异。导致观念差异的主要因素包括个体的成长经历、对话语的理解、对情感的反应和固有的偏见。

根深蒂固的观念往往会使我们在人际交往中急于下结论，变得武断，混淆观点与事实。因此，要有效处理人际冲突，首先应该了解自己的观念，保持清醒的头脑，以便对事物做出正确的判断。

然而，辩证地说，无论对于个体还是组织，冲突都既有消极作用，也有积极作用。我们当然欢迎冲突的积极作用，同时希望尽力避免冲突的消极作用，如果不能避免，就要考虑采取适当措施来化解冲突。

充分了解工作中冲突的性质及其产生原因，并且采取恰当的方法避免或解决冲突，对于任何管理者或组织成员来说都非常重要。

（二）人际冲突的过程

日常组织生活中充满着各种关系的冲突。那么如何有效地解决冲突呢？我们可以将冲突想象成一个过程，并通过了解这个过程来分析某个特定的冲突。冲突过程大致分为五个阶段，如图 2–2 所示。

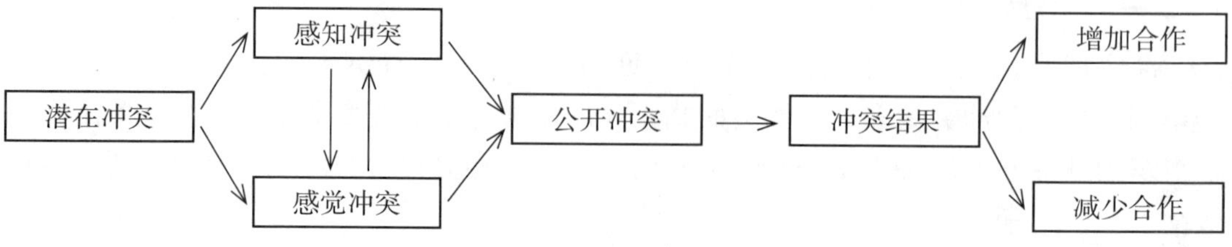

图 2–2　冲突的五个阶段

1. 潜在冲突

潜在冲突是指在组织和个体关系所处的特定环境中潜伏但尚未凸显的冲突，大多出现在责任与权利的分配、目标控制和追求目标时的行为等方面，这些因素对组织的运作非常重要，但是，组织很少能在所有成员都同意的情况下做出这些决议。换言之，组织的日常运作会引起意见分歧和冲突。潜在冲突包括以下三个方面。

（1）沟通方面

语义理解困难、误解、相互间缺乏沟通或沟通过于频繁，以及在沟通渠道中的噪音等，都会引起冲突。

（2）组织方面

分配给小组成员的任务大小、小组的工作目标、领导的风格、奖励制度以及小组的独立性等都会引起冲突。

（3）个体因素

个人价值观的不同也会引起冲突。例如，当马陆成为保险公司索赔部的新任经理时，另外两个有资格的竞争者吴豪和苏丽可以被认为是潜在的冲突因素。马陆、吴豪和苏丽在部门中承担多项任务，这些任务可能带来不可调和的矛盾，又是潜在的冲突因素。又如，一个上级可能对其下属的错误持宽容态度，而这个上级可能正在为一个对错误持批评态度且对那些错误制造者的处理很严厉的上级工作，这其中也隐含着潜在的冲突。

2. 感知冲突

我们知道，大多数组织即使在日常决策中也存在意见不一致的现象，例如，谁将得到提升？什么方法是达到销售目标的捷径？怎样评价员工的业绩？当个体和小组开始意识到这些差异存在的时候，他们就到了感知冲突阶段。在这一阶段，冲突的双方可能只有一方意识到了这种潜在的冲突，如当上级看到下属没有做好工作时，上级和下属之间的问题就出现了。类似地，当上级认为额外的沟通没有必要时，下属可能认为上级的反馈太少了，这些感知差异主要表现在心理上，这是感知冲突阶段的特点。

明确感知冲突阶段的特点，并设身处地地加以分析是很重要的。当你意识到自己与某人在一些问题的认识上出现差异时，要分析这些差异反映了什么问题，对方是否也意识到了这些差异的存在，他对这种情形的感知是否与你相似。之所以要分析这些问题，是因为人们在感知方面的差异直接影响着感觉冲突的形成。

3. 感觉冲突

与感知冲突阶段密切相关的是感觉冲突。感觉冲突是可感知的冲突对潜在冲突的参与者情感的影响，主要体现在生理层面。这一阶段发生在实际冲突行为出现之前，并对冲突行为产生影响，因为它反映了我们的感知与情感。在这个阶段，我们对实际冲突可能产生的后果加以概念化，并由此产生剧烈的情绪变化，如焦虑、紧张、敌意及挫败感等。

4. 公开冲突

公开冲突阶段称为冲突的“行动阶段”，这一阶段包括冲突行为、解决问题、公开对抗、转换行动或者其他可能的行为。

真正的冲突行为——公开冲突，决定了冲突的结果以及冲突相关者相互作用的方式。

5. 冲突结果

冲突结果指由潜在、感知、感觉和公开冲突相互作用的结果。冲突既具有消极的影响，也具有积极的作用。

（1）冲突的消极影响

我们知道，冲突会造成严重的消极影响，导致组织无法达到既定目标；冲突会消耗资源，尤其是时间和金钱；严重的冲突会影响员工的身心健康；抵触的想法、观点以及信仰会导致憎恨、紧张和焦虑，这些情绪的产生是因为冲突对其个人目标和信仰造成了威胁。在较长的一段时间内，冲突会使组织内原本相互支持、相互信任的关系变得紧张，从而影响人际关系和群体间的关系。许多人在和谐的状态下能够有效地进行沟通，但是由于冲突中的沟通能力差异，导致丧失影响他人的能力，错失果断决策的良机。调查显示，个体在组织中的冲突经历会影响组织成员的积极性。作为一名出色的管理者，即使在冲突条件下也应具备较强的沟通能力，无论是为自己还是为组织，都必须为达成组织目标而努力。

（2）冲突的积极作用

由于冲突的消极作用，许多人都害怕冲突，因而在实际工作中总是设法回避冲突。实际上，冲突有时也能带来正面的影响。沟通学家布朗特·鲁宾（Bront Ruben）指出，冲突不仅有助于现有系统的发展，而且能防止系统的停滞及消亡。同样，组织内的冲突也可以成为一种积极的因素：冲突的产生和解决常会导致问题的有效解决；解决冲突的愿望会迫使人们改变做事的方法。通常，人们认为冲突的价值在于带来创新和变革。在与他人发生冲突时，人们不得不对问题做出评价。当冲突有效解决后，它能够引进竞争机制，增强创新意识。例如，每个人都有一定的做事模式，只有当某人向他们的模式提出挑战时，他们才会考虑新的做事方法。有效的冲突能够使人们远离常规。在组织中，冲突处理的过程会促进积极的变革和创新。

在决策过程中有意识地引入冲突机制对组织来说将是有益的。比如，在小组决策的过程中，当小组的一致愿望与小组提出的不同解决方案发生冲突时，小组成员就要进行思考和讨论，力求找出一个最佳方案。

（三）人际沟通的处理方式

1. 回避

有些人在实现既定目标的过程中，一旦遇到即将出现的冲突，往往采取回避的方式，因为冲突使他们感到不舒服或非常害怕。虽然回避者很想实现自己的目标，但他们并不能以一种积极的方式来对待冲突。

这一冲突处理方式属于不自信且不合作型。人们运用这一方式来远离冲突，对不同意见者置之不理或保持中立。这种做法或者是为了让冲突自行发展，或者是为了避免紧张或挫败。虽然有时采取回避方式有利于避免冲突的升级，然而对于重要问题采取置之不理的方式是不明智的。过多地运用这种方式，会导致他人对其做出不太好的评价。

2. 对抗

有些人在面对冲突时，采用针锋相对的处理方式。他们往往看重自己的目标或需求，并不考虑冲突中其他人的目标或需求。

对抗者通常将冲突看成是一场胜负较量，并且总认为自己应该是赢家。这种想法可能不利于较好地解决问题，但也有相反的情况：当对抗一方陷入绝境时，另一方通常会认为他们应当做出决策，并为这个决策负责。如果他们有能力解决这个问题，这种方法可能非常有效。

这一冲突处理方式属于自信但不合作型。它是人际冲突中的“赢—输”处理模式。采用这一策略的人往往致力于实现自己的目标，而不顾他人的利益。对抗策略常涉及强权和支配因素。采取这一策略的人认为一方必须赢，而根据需要，另一方必须输。这种策略虽然有时能够帮助达成个人目标，但与回避方式一样，这种方式也会导致他人对其做出不太好的评价。

这种方式有可能被误用，也有可能正是组织所需要的，所以对这种对抗方式的结果应有明确的预见性。占优势的对抗者会排斥其他较好的方案，或者对他人进行人身攻击以维护胜利者的地位，但他们可能会为此而感到内疚。当对抗双方意见相左时，如果其中一方是对抗型的而另一方是回避型的，则采取对抗方式者很容易获胜。但只有在获胜的一方正确的前提下，这种胜利才会对组织有利。

3. 妥协

妥协者倾向于将人们对任务的不同观点加以平衡，同时采用对谈判有利的方式来解决冲突。在妥协过程中，由于各方可以将他们的损失减少到最低限度，同时又能够有所收获，因而妥协方法能够奏效。通常，许多组织鼓励采取折中的办法解决问题，而且在许多决策群体中妥协已经成为一种倾向。

这一冲突处理方式属于基本合作和较自信型，它涉及谈判和让步。妥协在冲突处理中被广泛运用，对他人妥协的人往往会得到好评。妥协得到好评的理由是：

①它可以被视作一种合作的举动。

②它是解决冲突比较实用的准则。

③它可以帮助维持相互间良好的关系。

相比合作方式，妥协方式不追求双方的最佳满意度，而是取得各方适中的、部分的满足。在竞争过程中，对妥协的偏好应该与具体情况相适应。倾向于妥协的人能够帮助组织在不同的冲突中做出决策，但是如果这种决策不能真正解决问题，还会导致问题再次出现，那么这种妥协导向就应当避免。

4. 迎合

许多希望被他人喜欢并有较高合群需要的人以及那些真正关心他人需要的人宁愿采取迎合方式来解决冲突。这种策略的特点是把对方的需求放在高于自己的位置，以求维持和谐的人际关系。换言之，这种迎合方式是以牺牲个人目标为代价来保持友谊的，能够为已经做出困难决策的组织提供重要的支持。但迎合型的人在其他人表示不赞同时，容易放弃自己的观点。

这一冲突处理方式属于合作但不自信型。迎合表明了一种无私的行为，它是对他人愿望的一种服从，是一种与他人长期合作的策略。迎合方式往往会赢得他人的好评，当冲突问题不太重要，或需要以暂时的退让换取长久的信任时，可以考虑采取此策略。不过，如果遇事一味地迎合，则可能被视为软弱和顺从。

5. 合作

以合作的姿态来处理冲突是一种十分理想的冲突处理方式。但是相对于其他冲突处理方式，合作在应用中却是最难的。对于倾向于合作的人来说，只有在其他人也采取合作方式并且拥有足够的完成任务所必需的信息时，才能采用合作方式。

这一冲突处理方式属于合作且自信型，是人际冲突中的双赢冲突处理模式，因此合作方式表现出将冲突带来的积极作用提升到最大限度的愿望。采用这种方式的人往往被认为是精干的，而且得到的评价比较高。采用合作方式的人或群体往往具有以下特点：

①是较成功的管理者或者是业绩出色的组织。

②将冲突视作自然现象，具有积极作用，如果处理得当，甚至可以带来开创性的结果。

③表现出相互间的信任和坦诚。

④充分看到对方的长处，对自己的绩效及能力进行恰当地评价。

⑤期望每个人在解决冲突的过程中扮演同样的角色，同时每个人的观点都同样合理。

⑥不会仅仅为了局部利益而牺牲整体的利益。

三、人力资源管理中的人际冲突

对人际冲突的管理可以融入人力资源开发与管理的每一个流程，人力资源管理部门对人际冲突的管理可以分为以下三个阶段：

（一）预防

从人际冲突的起因与过程来看，对人际冲突的管理要充分考虑造成人际冲突的原因与潜在的条件。在人力资源规划的过程中，要注意到员工们的个人因素即个人处事风格，对员工的工作匹配要设计得尽可能完善。在招聘时，人力资源管理部门的人员不仅要审视申请人员的专业能力，还要审查申请人员的个人背景包括性格、爱好、特长、价值等方面的内容。在设计激励政策、福利政策与绩效考评时，一定要公平、平等、不歧视，因为员工的不公平待遇是人际冲突的最根本的原因。

（二）提供解决条件

随着相处时间的加长和了解的加深，人们也会越来越意识到彼此的不一致。这样就会使员工之间发生冲突的可能性增强，但是，这时双方只是意识到而没有明显的行为表现。在这个阶段，人力资源管理部门可以为人际冲突的个人解决创造条件。例如，通过组织一些娱乐活动或一起工作的机会来加强员工之间的沟通。

（三）人际冲突的解决

这一阶段是对具有明显行为的人际冲突的管理阶段，是人际冲突管理的重要操作阶段。在人际冲突的过程中，由于个人解决冲突的失败，其中一方会采取公开的冲突形式。人力资源管理部门对这种形式的人际冲突的管理应根据人际冲突的原因与程度采取不同的管理办法。

①如果企业人际冲突的产生是由于企业可利用资源的缺乏或分配不公，这时人际冲突的解决可以由人力资源部门协同工会和仲裁机构来执行，让冲突双方直接会晤，通过坦率真诚的讨论来确定问题并寻找解决问题的途径。随后，人力资源管理部门可以通过与其他部门的沟通与协调来开发资源以消除人际冲突的根源。

②如果企业人际冲突的产生是由于员工个人的处事风格与沟通能力造成的，人力资源管理部门可以通过专门的人际关系培训来提高企业员工的人际交往能力，改变造成人际冲突的态度和行为。假如通过一段时间的人际关系培训仍不能解决人际冲突，人力资源部门则可以考虑通过工作的重新设计、工作调动等改变组织结构的方式加以解决。

③如果引起企业人际冲突的原因是由于员工企业外的社会关系造成，并且在企业内部并没有造成影响，人力资源部门可以对此采取回避或缓和的态度。

④如果通过以上几种方法仍不能解决企业的人际冲突，并且这种冲突的危害在不断地扩大，这时人力资源部门可以拟订由最高管理层下达命令，要求结束冲突的方案。

如果冲突双方继续冲突则可以采取一定的经济处罚或行政处罚措施，或者解雇冲突双方，以中止和结束冲突，从而使管理秩序正常化。

本章小结

人际沟通指的就是人与人之间信息和情感的相互传递过程。人际沟通的过程有三层次和四阶段。三层次是指信息层次、情感层次和行为层次，四阶段是指定向阶段、探索情感交换阶段、情感交换阶段和稳定情感阶段。

要进行良好的人际沟通，必须要遵循的准则有“互惠互利”“诚信原则”“相容原则”和“发展原则”。

人际冲突在生活中无处不在，有效的冲突管理已成为人际沟通中的一项重要内容。在人力资源管理中，解决人际冲突包括预防、提供解决条件和采取各种方法化解等阶段。

课堂讨论

人物：王局长（简称王）　52岁　刘校长（简称刘）　38岁

地点：教育局局长办公室

王：“小刘，你升校长后，书记的人选我考虑了一下，想调局办主任老张到你们学院任书记，你有什么意见？”

刘：“我觉得张主任不合适，年纪太大了，而且不熟悉我们学校的情况。”

王（不高兴）：“刘校长，你别瞧不起他喔！张主任和我共事多年，当你们学校的校长他都绰绰有余，更别说书记了。正因为他年纪大，才让他当书记。”

刘：“我们那里的关系复杂，你要给张主任提级，在其他机关给他一个闲职就行了。放到我们单位只怕要累坏他的，这个问题您还要三思才是。”

王：“你是不是有什么人选啦？”

刘：“我推荐我们学校分管党务工作的小李。他比张主任年轻，身体条件好。而且他管党务多年，比老张更熟悉我们学校的情况，人熟好管理，我看他更适合这个职位……”

王（生气）：“好了，好了。小李我不知道，但老张的情况我比你更了解……”

刘：“王局长，既然书记要和我一起共事，当然最好是我了解的人，今后合作起来更愉快。”

王（不耐烦）：“好吧。这件事我们交党委讨论，让党委决定吧。”

问题提示：

1. 王局长推荐的人选是谁，理由是什么？

2. 刘校长心中的人选是谁，理由是什么？

3. 王局长与刘校长的这次分歧对他们二人今后的关系有影响吗？沟通双方应该如何做才能化解冲突？

[案例 2-2]

朱丽的蜕变

朱丽是个富有魅力、精明能干的人，唯一的缺点就是总爱拿周围的人和自己相比，总希望受到大家的关注。她在一家大型制造业公司的财务部担任行政助理，每次她遇到一个长得漂亮或者说话特别聪明的人，总要在背后挑人家的毛病，要么说人家不懂装懂，要么就说人家爱出风头。

如果朱丽要和公司里的同事共同完成一个项目，她必定会对别人的工作指手画脚，同时向他们鼓吹自己的方法。为了改变别人的处理方式，她往往会寻找一种看似有所帮助的方法，但如果对方不同意，她就会让对方不得安宁。因此，这些同事既想和她一起工作，又怕和她一起工作。如果通常的工作程序中突然出现了充满压力的变化，例如电脑更新换代、客户提出了新要求等，朱丽的恶习就会变得更加严重。在这种时候，所有的员工都要费尽力气改变自己以往的工作方式，以求解决新的问题，而朱丽却偏偏加倍固执地坚持自己那一套，这就让大家更加心烦意乱。

朱丽的女性朋友都是缺乏主见的人，无论遇上什么事都让她做主，她替她们决定要去做什么、要去哪里、穿什么衣服，还替她们判断最后会出现什么结果。朱丽是她们的代言人和造型师，她开始滔滔不绝、指手画脚的时候，她们往往会退居被动状态，任她发挥。她喜欢把自己的统治欲当作办事能力与领导能力的标志。然而，当其他人对她的话做出回应时，朱丽会打断她们，旁若无人地继续往下说，而不会耐心听取别人的意见并做出合理的回复。

当朱丽身边只有一两个朋友或同事时，她会用微妙的方式批评不在场的人。她会说："你有没有注意到琼那天穿的衣服？她那副打扮与我们的工作可不怎么相称啊。"或是"阿曼达总是向老板让步，你不觉得奇怪吗？她可能没什么自信吧。"但是，她所批评的并不仅仅是一两个人，而是所有的朋友和同事，只要他们不在场就都逃不过她的毒舌。

无论朱丽表现得多么突出，许多人仍然对她敬而远之，令她十分苦恼，尽管她认为这是人家的过错而非自己的责任。在办公室里，她的同事都不愿和她做朋友，并且千方百计回避她强加于人的"帮助"，尽量独立完成工作。

时间一年一年地流逝，尽管朱丽认为自己为了帮助别人进步付出了大量的努力，心里却感到越来越孤独。

周五中午，朱丽与同事一起吃饭时，知道了一件让她伤心欲绝的事：阿曼达与几位同事联名上书总裁不要提拔她当总监。

上周公司老总决定提拔一名总监，朱丽一直盯着这个职位，并认为自己百分之百能够得到这个职位。她和与她同一级别的另三位管理人员竞争这个职位。阿曼达不在竞争者之列，因为她没有研究生文凭，但是阿曼达的意见被认为在高层有很大的影响力。朱丽的资历比其他的竞争者要浅，但是她一直觉得自己能力很强，没人能比得上，而且高层领导多次对她进行褒奖，她觉得她与同事的关系也很好，每次对同事都是笑脸相迎。她相信，若阿曼达好好推荐的话，她能得到这个职位。

但马德最后得到了提升。朱丽十分失望。她未能得到提升就已经够糟的了，但她更无法忍受的是选中的竟然是马德。她和阿曼达曾戏称马德为“讨厌先生”。朱丽觉得马德的中选对自己来说是一个侮辱，当传言证实了她的猜测——阿曼达和同事对决策的制定施加了重大影响，她更是感到崩溃。

领导找她谈话，告诉她要与同事搞好关系。她开始反思，反思为什么会这样……

她终于认识到了自己一直在暗中和别人竞争。她开始意识到单位同事之间本应该保持互相支持的关系，假如其中一方不断被另一方“盖过去”，必然会感到不满，正是这个原因，别人起初往往受她吸引，后来都开始回避她。

她开始倾听别人的发言，引用他们的建议，并克制自吹自擂的冲动。

她试着欣赏别人的才干并加以帮助，而不是将其视做自己的心腹大患。

她在工作上的人际关系也发生了变化，不但与同事之间合作更加紧密，而且能够更加有效地实现整个部门的目标。

最终朱丽被提拔为副总裁。

资料来源：根据在线文档平台（DOC88.COM）人际沟通案例改编

问题提示：

1. 朱丽在人际关系方面前后的变化？
2. 良好的人际关系沟通有何意义？
3. 本案例对如何处理人际关系有何启发？

复习思考题

1. 什么是人际沟通？为什么说人际沟通是一个互动的过程？
2. 人际沟通的过程是什么？对你在建立人际关系过程中有何启示？
3. 在进行人际沟通的过程中我们应遵循什么样的准则？
4. 如何有效协调人际冲突？
5. 除了文中的这些人际沟通的技巧，你认为还有什么技巧在人际沟通中也是很关键的？

主要参考文献

[1] 谢玉华 . 管理沟通 [M] .3 版 . 大连：东北财经大学出版社，2017.
[2] 康青 . 管理沟通 [M] .5 版 . 北京：中国人民大学出版社，2018.
[3] 丰塔娜 . 实用社交技巧 [M] . 北京：三联书店，1996.
[4] 凡禹 . 现代社交入门 [M] . 北京：民主与建设出版社，1999.
[5] 罗锐韧 . 管理沟通 [M] . 北京：红旗出版社，1997.
[6] 潘肖珏，卞权 . 公关语言艺术 [M] . 上海：同济大学出版社，1998.
[7] 苏勇 . 管理沟通 [M] . 上海：复旦大学出版社，2014.
[8] 王磊 . 管理沟通 [M] . 北京：石油工业出版社，2001.
[9] 向春 . 企业人际沟通智慧修炼 [M] . 广州：广州出版社，2001.
[10] 佚名 . 怎样说话与演讲 [M] . 北京：团结出版社，1999.

第三章 团队沟通

学习目标

⊙ 了解团队的要素及其特征；

⊙ 认识团队沟通及其重要性；

⊙ 熟知团队沟通的影响因素；

⊙ 掌握团队沟通的基本流程和技巧；

⊙ 了解团队冲突管理。

关键概念

团队　团队沟通　团队冲突

[案例 3–1]

阿里巴巴直言“有讳”的团队沟通

工作中异议肯定是存在的，同事之间争论有时非常激烈，有时相当情绪化。但争论不应该影响到员工对公司发展的信心，更不应该挫伤相关同事的工作积极性。

马云曾经说：“湖畔花园创业那段时间，我们争论的东西太多了。有的时候争论过了头，个人情绪化的问题都爆发了出来。所以我们提出了一个价值观叫做‘简易’，要非常简单。我对你有意见，我就应该找你到门口谈两个小时，要么打一场，要么闹一场，我们俩把问题解决掉。如果你对我有意见，你不来找我，而是去找第三方的话，你就应该退出这个团队。”

马云在这里提出的简易，后来成为阿里巴巴九大价值观（即“独孤九剑”）之一。

简易后来又引申出：直言有讳。

“直言”是阿里巴巴从一开始就提倡的文化。在同事之间、团队之间，提倡开诚布公，提倡有话直说，提倡面对面解决问题，提倡用男人的方式解决问题。不搞阴谋，不搞小动作，不搞背后串联，不搞拉帮结派，不搞小集团、小宗派、小山头。

“有讳”就是说话时要有所顾忌，要客观、冷静，不要情绪化，不要感情用事，归根结底就是不要伤害同事。

马云提出的这种“男人的方式”或曰“男子汉的方式”，在以后的阿里巴巴团队中被屡屡使用，回回灵验，慢慢演变为团队的习惯和风格，最后沉淀为企业文化。在之后的华星时代的创始人风波，孙彤宇和程小咚风波……都是用这种方式解决的。

简单、开放价值观的提出和确立，对于阿里巴巴的团队建设至关重要。它使阿里巴巴基本上杜绝了“办公室政治”，大大减少了交流沟通成本和内耗，大大增强了团队的凝聚力和战斗力。

第一节 团队沟通认知

一、团队特征

所谓团队，是指按照一定的目的，由两个或两个以上的人员所组成的工作小组。任何团队都包含五个要素，简称为“5P”，即目标（Purpose）、定位（Place）、职权（Power）、计划（Plan）、人员（People）。目标是把工作上相互联系、相互依存的人们组成一个群体，使之能够以更加有效的合作方式完成某项任务；定位是将团队结合到现有的组织结构中，创造出新的组织形式；职权是指团队负有的职责和应享有的权限；计划是指团队具体分配和行使组织赋予的职责和权限的规划；人员指团队实现目标所需要的人员构成情况，它是团队能否成功的关键因素。

需要说明的是，团队不同于“群体”。群体是为了实现某个特定目标，由两个或两个以上相互作用、相互依赖的个体组成的组合。根据成员互动关系的结构化程度的不同，群体可以分为正式群体和非正式群体。而团队是一种特定的正式群体。团队源于群体，但是又更强调团队成员通过积极协作产生协同作用，使团队绩效大于个体投入的总和。团队成员往往拥有高度一致的目标，具有强烈的归属感，内部沟通渠道通畅，成员对决策的参与非常充分。总的来说，高效的团队应具备以下几个特征：

1. 共同的愿景和目标

共同的愿景说明了团队之所以存在的主观原因，而共同的目标是共同愿景在客观环境中的具体化，并随着环境的变化而有所调整。共同的愿景和目标包容了个人愿景与个人目标，充分体现了个人意志与利益，它们是鼓舞成员斗志、协调成员行为的核心力量，具有强大的凝聚力和吸引力，使团队中的每个成员都愿意为之而努力、奋斗。

2. 技能互补，综合平衡

一个成功的团队不仅注重个人的技能和价值，而且更加注重团队成员之间的技能互补，更加看重具有不同技能的人的价值。团队的主要职责就在于将不同特质的人结合在一起，并使他们互相协作，尽可能有效地完成团队的任务。一般认为，一个高效的团队至少应具备三方面的能力，即技术性的能力、解决问题和决策的能力、处理人际关系的能力。

3. 卓有成效的团队领导

中国学者陈惠湘在他的《企业团队修炼》中，对高效领导打了一个非常精辟的比喻，他认为："企业如同一部机器，它有很多很多齿轮需要咬合，然后一同转动。总裁就是最核心的那个齿轮，他通过会议及其他方式让离自己最近的那些齿轮与自己一同转起来。然后，这些齿轮又把离它们最近的齿轮带动起来，于是企业就前进。"因此，卓有成效的团队领导懂得使用各种途径，带动自己身边的齿轮。这要求领导者不但在知识、素质、能力上有突出的表现，而且必须处理好人际关系，赢得团队成员的充分信任，并能够把活力和热忱传播到整个团队中。

4. 顺畅的团队沟通

团队共同打造一个便于沟通的环境，并拥有全方位的、正式和非正式的沟通渠道，信息沟通畅通高效，团队气氛开放坦诚。团队成员能够充分表达自己的观点，也能接纳他人意见，互相之间也能够及时反馈意见。

5. 成员具有强烈的团队意识

团队意识主要表现为团队成员对团队的责任感、满足感、自豪感和归属感。这种意识能凝聚人心、鼓舞斗志，吸引团队成员自觉地实现团队目标，自愿地为团队做贡献。同时，团队成员相互信任，并肩共事，会用语言和行动相互支持。

6. 共同分享团队成果

团队有明确的工作目标及工作成果，并根据个人的工作贡献进行评估和激励。由于成员的个人目标与团队目标是紧密关联的，所以有利于团队取得更好的团队绩效，而团队成员也能够分享团队努力的成果。

二、团队沟通

所谓团队沟通，是指团队以创造高绩效为目的，成员之间进行信息共享、解决问题、做出有效决策的互动过程。团队管理是否成功以及团队在组织中的作用如何，其重要影响因素之一就是团队能否进行有效沟通。可以说，团队的有效沟通是团队建设和管理的重要保障。团队沟通具有下述特点：

1. 平等的沟通网络

团队成员之间的关系是平等的，是一种任务的协作和分工，而不是管理与被管理的关系。根据这一特点，团队形成了内部平等的沟通网络，团队成员之间是平等的沟通关系。另外，在团队内部既有正式的沟通渠道又有非正式的沟通渠道，信息传递高效直接，中间环节少。

2. 规范的沟通

与非正式团队相比，由于团队是一种工作的协作方式，团队成员为着同一个目的工作，有共同的目标，团队中的每个成员共同对团队所要达到的目的负责，同样也对团队采用的工作方法负责，所以在这种情况下，团队的沟通是以任务为导向的，有一定的群体规范和路径。

3. 沟通气氛融洽

团队内充满着健康、坦诚的沟通气氛，成员彼此间不仅能有效地进行工作任务方面的沟通，而且能进行情感上的沟通。不仅如此，团队成员还具有很高的情商，在各种沟通情景下能够做到有效倾听他人的意见，并清楚地表达自己的观点。

4. 外部沟通频繁

团队要有效地实现自己的目标，必须处理好与其他团队的关系。例如，团队要处理好与组织内的处于垂直关系的团队之间的关系，以使信息和资金流动通畅；要处理好与水平层次上其他团队或部门之间的关系，以获得其他部门的技术支持和帮助；此外，团队还要处理好与外部顾客的关系，与社会公众的关系以及团队制度、作风、文化与整个组织制度、作风、文化之间的关系等。处理好这些关系，才能实现团队与其他团队之间的配合与协作，并最终更好地实现团队目标。

三、团队沟通的重要性

沟通对团队建设至关重要。如果说纪律对于团队来说是螺丝钉，领导者可以用它把团队成员紧固在一起，那么沟通就是润滑剂，它可以使团队这部机器高效运转。沟通对于一个团队来说至少有以下三层意义。

第一，沟通有助于在队员之间形成凝聚力。一个团队往往包括了组织中许多不同层次的人员，上下沟通可以使队员感觉到自己受到上级的关注，同时，领导能够尊重每位成员所作的贡献，而不管他们在组织中的地位如何。而团队成员之间进行有效的沟通的好处不仅仅是消除等级障碍，更重要的是，它可以使团队成员分享彼此的感受，包括成就带来的自豪感、失败带来的忧虑感及未能按时完成工作所带来的焦虑感等。他们很愿意互相帮助，克服困难。这些都有助于团队保持一种凝聚力。

第二，沟通是驾驭团队的可靠保证。一项调查显示，绩效的高低往往与领导花在沟通上面的时间成正比。许多成功团队的领导者花在沟通方面的时间高达50%以上，有部分人更高达90%。有一位信息业的总经理就曾直言不讳地指出沟通的重要性："……当我开始学会沟通技巧时，也是我事业正式起飞，踏上成功大道的关键时刻。现在我每天要花掉平均约70%的时间，和员工面对面开会沟通，当然，我也必须和外界的供应商、经销商、大顾客、政府机构等有利害关系的人们进行沟通，总之，我现在每天都重复不断要做的唯一大事，就是沟通。"

成功的领袖，除了拥有丰富的专业知识，还必须拥有一套愿意与团队成员不断进行沟通的管理哲学。因为身为领导者，往往很难靠一己之力来恪尽职守，必须依赖他人的大力支持和合作，才能成功地完成使命。梭伦在《团队统御》一书中总结了沟通的好处：

●可以充分利用"集体"智慧，从中产生最佳决策；

●成功地以新的角度来检讨、改善自己的管理风格；

●为摇摇欲坠、面临困境的团队找到一条可以重振生机的明路；

●对成员的想法、感受有更充分的了解，能快速地与员工们建立更亲密、和谐的关系；

●团队所有成员都以团队的成就为喜，以团队的失败为悲；

●每位团队成员都很清楚地看到自己和别人的目标、位置，能够做更好的联系与互动，贡献自己；

●使合作关系更能够生根、成长、开花、结果；

●下情上达、上情下达，促进彼此间的了解；

●更有利于组织间工作的协调，从而增强团队的活力；

●创造出一个员工可以激励自己的工作环境。

第三，沟通是维护团队完整的软性措施。在团队中，沟通比纪律更重要。团队队员执行纪律、遵守制度应该说是一种最基本的素质要求，要做到这一点并不困难，困难的是如何通过有效的沟通来实现思想上的统一。团队的成员都是有思想的人，每个人都有自己的主张和见解，要使每位成员从被动地接受制度到主动的自觉行为，其关键在于沟通。此外，在知识经济的时代，每一位团队队员必须创造性地工作于团队，才能使团队富有竞争力，而这很大程度上取决于思想上的沟通。

四、团队沟通的影响因素

沟通是一种强有力的催化剂，团队成员之间的和谐关系有利于团队任务的完成，而他们之间的沟通则有利于关系的建立和维持，促使团队达到既定目标。那么，有效的团队沟通是什么样的呢？有效的团队沟通一定是：

- 全方位的——向上的、向下的、侧面的、交叉的；
- 客观的——表达问题的各个方面；
- 综合的——在问题的宽度上和内容的深度上；
- 相关的——表述有意义的争论；
- 可信的——由知者讲述；
- 有吸引力的——便于理解；
- 诚实的——真实的、实际的、无错误的；
- 开放的——公平的、开放的观点交换，有好也有坏；
- 彻底的——包括更多的信息；
- 及时的——这样成员就不必为了得到信息而另外找信息源；
- 一致的——言行一致；
- 经常的——定期沟通；
- 协调的——与其他沟通因素协调一致；
- 参与性的——包括所有成员。

影响团队沟通的因素很多，主要包括：

1. 成员关系

成员关系指团队成员在项目期间建立起来的个人关系和凝聚力。它至少包括三方面的内容：相互信任、相互理解及社会联系。相互信任是指成员之间彼此相信、相互依赖；相互理解是指团队成员对彼此的社会规范、价值观及个人背景相互理解；社会联系是指团队成员之间分享个人经历，从而产生团结良好的个人关系。团队成员的关系主要通过成员之间的非正式沟通来建立。一个团队的沟通力是指成员之间互相吸引的程度。如果团队成员关系越紧密，沟通力越强。

2. 团队目标

团队目标是影响团队沟通的另外一个因素。团队目标是将每个成员“粘”在一起的“胶合剂”。如果一个团队缺乏一致的目标，沟通就会漫无目的。相反，当所有成员都忠诚于团队以及团队的愿景目标，并努力为团队目标的实现而奋斗时，团队内部的沟通就会产生一种协同力，从而使得团队能够成为一个真正的团队。目标的另外一层含义是指团队成员必须愿意结合局部或个人目标来达到整体目标，目标之间的相互依存度越高，团队沟通获得成功的可能性就越大。

3. 团队成员的角色分担

每个团队都有若干个成员组成，这些成员在团队成立到解体期间都扮演着不同的角色。我们按照团队成员扮演的角色对团队工作起到的作用，将角色分成两大类：积极角色和消极角色。积极的角色包括：

●领导者——能确定团队目标任务并激励下级完成的成员；

●创始者——能为团队工作设想出最初的方案的成员。其行为包括明确问题、为解决问题提出新思想、新建议；

●信息搜寻者——能为团队工作不断澄清事实、证据提供相关信息的成员；

●协调员——能协调团队活动、整合团队成员不同思想或建议并能减轻工作压力、解决团队内分歧的成员；

●评估者——分析方案、计划的成员；

●激励者——起到保持团队凝聚力作用的成员；

●追随者——按计划实施的成员；

●旁观者——能以局外人的眼光评判团队工作并给出建设性意见的成员。

消极的角色包括：

●绊脚石——固执己见，办事消极的成员；

●自我标榜者——总想通过自吹自擂、夸大其词寻求他人认可的成员；

●支配者——试图操纵团队，干扰他人工作以便提高自己地位的成员；

●逃避者——总是跟他人保持距离，对工作消极应付的成员。

团队中一个成员可能同时扮演着几个角色，也有可能几个成员扮演着同一个角色。另外，各成员所扮演的角色不是一成不变的。

4. 团队领导

领导者角色在团队沟通中的作用举足轻重。领导者个人的性格特征、管理风格与团队沟通是否有效密切相关。正如前文所述，一个成功的高效的团队，其内部沟通必然是畅达充分的。所以，如果团队领导者是专制型的，或是放任自流型的，那么团队沟通就会低效或无效。前者压制了来自团队成员的新思想、新建议，后者则会使团队沟通显得漫无目的或鲜有发生。

5. 沟通渠道

沟通渠道是影响团队沟通的又一关键因素。由于团队的任务、信息和团队目标相对复杂，因此沟通渠道的畅通非常重要。不同的任务或信息要求不同的传送渠道。譬如，某项目经理可能无法对有关决定做详细的解释，这时他就必须用书面的形式来传递信息；有时团队成员较为分散，但情况又特别紧急，需要即刻予以答复，这时口头渠道如打电话、语音信箱留言、召开电视会议就是有效的方式。团队沟通渠道的另外一层含义是团队成员可以根据任务、目标、信息的不同而选择正式或非正式沟通形式。正式渠道具有典型的条理性特征，它经常要求对方做出严肃负责的反馈，而非正式的渠道指“私下传播”的方式。

团队沟通的影响因素为改善团队沟通提供了方向，团队领导者在促进团队沟通的同时，应该注意团队成员间关系的敏感性，并通过多种途径鼓励成员间发展良好的关系，及时沟通。这些措施包括制定明确的沟通规范和沟通指南、通过多种途径培养成员间的信任、提供了解成员个人背景和价值观的平台、积极制止破坏人际关系的行为、促使团队成员对于项目整体的目标、任务及成果达成共识，并使局部符合项目的整体目标、保持沟通渠道的畅通等。

第二节 团队沟通过程

团队任务完成的过程中，需要利用团队资源群策群力，产生出创造性的构想或有效的方案。团队沟通的需求伴随着整个任务完成的过程，而高效的沟通过程经历了互相了解情况、明确组织对团队承担的责任、明确团队应承担的责任、设定团队目标、建立信息反馈机制、培养团队精神、维护关系和履行任务的环节。

一、相互了解情况

相互了解情况是团队沟通的前提和基础，它不仅影响团队内部的人际关系，同时也决定着团队工作的效果和效率。任何成功的团队都必须是紧密配合、协调一致的团队，而配合协作的关键在于成员之间和谐、融洽的关系。因此，要营造和谐、融洽的团队氛围，就必须在团队正式执行任务之前让成员们相互了解与交流，包括了解团队成员的姓名、专业特长、性格特点、兴趣爱好、工作方式、生活习惯以及在研究、分析、组织、写作方面所具有的技能等，既要了解团队成员各自的优点，也要正确看待团队成员各自的缺点和不足。团队成员只有进行广泛的对话与交流，才能相互认识、熟悉进而建立起良好的人际关系。

二、明确组织对团队承担的责任

组织决定采用团队这种工作方式，这就意味着它有责任帮助和引导团队实现既定目标。因而，组织必须对团队承担起必要的责任，这些责任包括四方面：第一，组织必须对团队成员进行培训，并给予团队自主权；第二，明确团队的任务和完成任务的时限；第三，对团队的自然环境、社会环境予以控制与协调，为团队的有效运营提供必要的保障；第四，帮助团队选择完成任务的流程并加以评估检验。如果组织能够对团队承担起这方面的责任，那么团队的业绩可能得到提升。当团队获得组织的有力支持时，成员会主动承担责任，他们往往会变得更富有创造性、更有活力，将工作做得更好。

三、明确团队应承担的责任

在明确了组织对团队承担的责任之后，团队还必须明确自己应承担的责任，这些责任包括四个方面：

1. 营造分享式的管理氛围

团队是一个规模较小的组织，团队的每个成员既是团队目标的具体落实者，同时也是目标的领导者。这就要求团队成员必须具有主动意识、领导意识，要从全局的角度来明确团队的任务、所追求的目标等，以便统筹安排自己的工作，并不断主动与其他成员进行沟通。

2. 制定时间进度规则

团队从一开始就必须在时间、工作方式等细节方面达成一致意见，如每人每天、每周、每月能够花费多少时间开会，应花多少时间做准备工作。必须考虑其他人在时间方面可能会存在哪些问题，每个人愿意贡献出的时间有多少，团队工作时间是多少。团队应能做到在时间和工作要求方面形成统一意见，如准时到会、开会不缺席、必须在最后期限内完成任务等等。

3. 建立双向沟通机制

团队在维持关系和完成任务的过程中应保证双向沟通，保证做出的决策符合伦理准则。团队建立时要考虑如何在成员之间进行沟通，如何让迟到或缺席的人了解信息。为了让团队成员能够相互沟通了解，增强凝聚力，团队成员应该互相交换电话号码，了解各自的日程安排，并确定团队可以聚在一起开会的时间。在团队协作期间应确定具体开会的时间和次数，并且保证每个人都很清楚既定的时间安排。

4. 及时向组织汇报工作进展情况

团队既要有相对的独立性，同时又要在组织的支持下开展工作，这就要求团队应保持和组织的互动，随时向组织报告工作进展情况，以得到组织的信任和支持。

四、设定团队目标

团队一旦组建起来，就必须制定明确的目标。在实现目标过程中，还应根据环境变化及时对目标进行调整。一般来说，明确目标的过程包括下述步骤：

1. 了解组建团队的原因

了解组建团队的原因即了解组织为了什么目的而组建团队、组建团队的背景如何以及团队有可能面临哪些困难。

2. 明确组织对团队的要求

明确组织对团队的要求即明确组织希望团队解决什么问题，达到什么目的，解决这些问题需要哪些条件，需要组织提供哪些方面的支持和条件，需要其他部门给予什么配合与协助。

3. 了解团队成员的想法和愿望

在设立团队目标之前，不妨借用一些技术手段，了解团队成员对团队目标的投入程度和他们在完成团队目标时愿意付出多少时间和精力。这并不是要求每个人发誓竭尽全力，因为每个人都有自己的需求和行事风格，不可能要求所有成员完全一致。这里强调的是通过了解团队成员的想法和愿望，使团队成员能够更好地为了实现目标而同舟共济。随着团队绩效的取得，团队成员对团队的忠诚度会逐渐得到提高。当他们在合作过程中体会到成功的滋味时，他们会更加积极，更愿意为团队目标的实现投入精力和时间。

4. 制定团队目标

团队应根据自身的优势和劣势以及组织对团队的需求制定出切实可行的目标。需要注意的是，在制定目标时，一定要讲求实际，不能把目标定得过高或过低。如果目标定得过高，力所不及，不仅会给团队带来不利的影响，而且也会失去组织对团队的信任和支持；如果目标定得过低，唾手可得，目标也就失去了意义。可行的目标应该是既具有挑战性，又具有可行性。

5. 制定行动方案

在明确目标以后，需要制定出具体的行动步骤。首先，应根据团队的目标、任务等情况设计调查问卷，要求每位团队成员根据自己对本团队目标、任务的理解制定团队的具体行动方案；然后，通过综合分析团队成员对团队目标和任务的理解情况，进一步制定出有效的团队行动方案。最后，将团队行动方案变成工作计划，并制定相关的措施来保证工作计划的实施。

五、建立信息反馈机制

在团队动作过程中，需要收集各方面信息。一个有经验的团队有自己的信息反馈渠道，其主要从所属组织或团队成员以及其他相关源头获得信息。团队成员可以通过履行团队任务或与团队其他成员交流获得反馈信息。一般来说，团队对于反馈信息来源的管理，可以通过如下途径达成。

1. 运用反馈表

反馈表的内容可以围绕团队的任何方面，如个人的、相互交往的或团队任务的。团队成员通过定期填写有关问卷，分析问卷，可以从中获得有关的反馈信息。

2. 对团队动作流程进行观察和诊断

可以邀请团队以外的专业人员观察和分析团队工作，帮助成员分析观察结果，设计出提高质量和效率的办法。

3. 制作录像带或录音带

将一段工作经历录制下来，然后进行回放。通过这种手段，团队成员能够了解他们在一起是如何工作的。这样，团队成员对协作过程中的优点和缺点就会一目了然。

4. 应用计算机系统

应用计算机软件不仅能够改善团队的工作流程和效率，而且能够为团队的信息反馈提供强大的技术支持。

5. 对反馈系统进行讨论

讨论的重点在于弄清楚以下问题：反馈是有效的吗？收集的反馈信息是否客观、全面？得到的信息是否和团队自身拥有的其他知识相一致？它是否能给团队达成有效协作提供真知灼见？讨论这些问题能使团队信息反馈机制更加健全和完善。

六、培养团队精神

团队精神是团队得以成功的灵魂，具有团队精神，团队就能够成为一个有机的整体，取得骄人的业绩；缺乏团队精神，团队则如同一盘散沙，一事无成。所谓团队精神，是指团队成员为了实现团队的利益和目标而相互协作、尽心尽力的意愿和作风。概括而言，团队精神主要表现在两个方面：

1. 强烈的归属感和一体感

在团队与其成员的关系上，团队精神表现为团队成员对团队有强烈的归属感和一体感。团队成员强烈地感受到自己是团队的一员，并且由衷地把自己的前途与团队的命运联系在一起，愿意为团队利益和目标的实现尽心尽力。团队成员表现出对团队绝对的忠诚，一旦成为团队一员，他们便准备同甘共苦、同舟共济。不仅如此，团队成员对团队还具有很强的荣誉感，他们绝不允许有损害团队形象和利益的事情发生，会为团队的成功而骄傲，为团队的困境而担忧。在对待团队的任务上，团队成员会尽心尽力，全方位地投入。他们衷心地将团队的事视为自己的事，做事积极、主动、认真、充满热情。在处理个人利益和团队利益的冲突时，团队成员会将团队利益放在第一位，个人服从团队，宁愿牺牲自己的利益而顾全团队的利益。团队成员对团队的这种强烈的归属感和一体感，主要来自于团队目标与成员目标的高度一致。也就是说，团队目标既符合团队的利益，又符合绝大多数成员的利益，是一个集体和个人共赢的目标。通过一系列的制度保障团队与其成员结成一个高度牢靠的统一体，并通过持久而强大的宣传及教育活动潜移默化地培养成员对团队的共存共荣意识以及深厚的感情。

2. 运作上的默契

在团队成员之间的关系上，团队精神表现为成员之间创造出的一种“运作上的默契”。

正如在一流的球队中队员既有自我发挥的空间又能与其他成员协调一致，杰出的团体也会发展出“运作上的默契”，即每一位成员都非常留意其他成员的工作状态，而且人人都会采取相互配合、协调一致的方式。这主要表现为三方面：一是团队成员视自己为团队大家庭中的一员，大家同舟共济、相互依存；二是成员之间相互信任，能够互相容纳各自的差异性，真诚相处；三是团队成员在工作中相互帮助，共同前进。

七、维护关系和履行任务

团队成员之间必须相互配合、相互沟通才能顺利地实现目标，而实现目标的关键在于营造团队中和谐的人际关系，保证成员之间彼此理解、精诚合作，并都能全力以赴地投入时间和精力去履行任务。因此，维护关系和履行任务就成为团队实现目标的关键和重点。事实上，团队成员在相互交往的同时也在履行着各种不同的任务。一般来说，维护关系是指团队成员之间通过充分的信息传递和交流形成良好的人际关系的过程。维护关系所交流的信息既包括个人方面的信息，也包括团队及团队任务方面的信息。可以说，团队成员正是通过语言及非语言的沟通手段来实现团队成员之间以及团队成员与团队之间的和谐互动。履行任务是指团队成员明确自己的职责，全身心地完成工作的过程。这个过程包括收集整理信息、分析问题、找到解决问题的方案并加以论证和实施。在这个过程中，团队成员的主要作用在于出色地履行职责，圆满地完成各自承担的任务。

第三节

团队沟通技巧

尽管每个人都能够意识到团队沟通的重要性，但很多团队沟通不畅或不和谐的情况时有发生。这是因为沟通是一种能力，并不是一种本能。在团队任务的压力下，团队沟通技巧是需要团队成员去努力学习和经营的。

一、团队总体沟通技巧

1. 营造良好的沟通氛围

善意、宽容、信任、平等、坦率、公开、分享这七个要素构成了良好的沟通氛围。其中，最基础的要素是善意和宽容。在善意和宽容的团队环境下，团队成员会感到自在和信任，才有平等的人格，每个成员才有充分的发言权，能够坦率交流和分享自己的想法和意见。因此，相互信任和平等是坦率沟通的基础，坦率沟通才能保证信息公开和信息分享。

2. 积极倾听

积极倾听，是指在思维上参与会话，给予非语言反馈，同时在大脑中对信息进行分析，提出疑问。在团队中，言谈是最直接、最重要和最常见的一种沟通途径，有效的言谈沟通很大程度上取决于倾听。具有良好倾听技能的人往往可以在工作中自如地与他人沟通。

3. 有效诉说

沟通是双向的，除了积极倾听以外，有效诉说也是必不可少的。诉说即陈述和说服，陈述事实和观点，影响听者，是诉说的主要目的。有效诉说要做到：适应倾听者的特点，考虑沟通对象的接受能力、情感需要和已有的相关经验；分析沟通情境，使诉说内容和沟通方式能够适应情境因素；明确沟通目的，寻找自己的目的与沟通对象的目的的一致性和差别性，在其中寻求平衡点和共赢；开场白设法激发听者的兴趣；使用简练的语言表达最核心的观点，加深听者的印象；用充足的论据支持观点；简短清晰地总结主要观点和事实。

必要时，诉说者可以使用一些辅助性技巧。例如使用视觉辅助工具，鲜明生动的视觉刺激可使抽象概念得到直观的表达，使人们更容易理解。

二、不同阶段的团队沟通

团队的形成和发展大致可分为四个阶段：初创阶段、初见成效阶段、持续发展阶段和成熟阶段，不同的团队阶段具有不同的沟通技巧。

1. 初创阶段的团队沟通

新形成的团队表现出高度的不稳定性，团队没有统一的愿景，缺乏运作规范，通常也没有明确的领导职责。从本质上讲，新形成的团队缺少组织文化，所以成员缺少对团队的认同。

这个阶段的团队成员或者表现出谨小慎微，即通过评价其他成员的态度和能力来决定自己该怎样做，他们对团队的归属是暂时性的；或者表现出很强的个人主义意识，甚至表现出对其他组织而非本团队的忠诚。这个阶段团队工作的效率很低，因为成员之间需要时间相互适应。

2. 初见成效阶段的团队沟通

这一时期的团队沟通表现为相互竞争型。一旦确立了统一的愿景，团队便开始完成组织授予的任务。在这一阶段，尽管团队成员提出了有关团队使命、目标、运作规范及领导者等问题，但团队本身依然只是名义上的。因为尚未形成团队文化，其成员还是没有明确的团队意识，但是初见成效阶段相对于初创阶段多了一些活力和协调。这个阶段处于初创阶段与持续发展阶段之间，团队成员表现出或者为了其在组织中的地位或影响力而力求突出，或者对组织中的事情更加漠不关心。成员之间可能会相互竞争，在目标和主导性问题上发生争执，并且想方设法争取领导权。与此同时，团队成员对彼此的知识和技术能力有所认识。

由于团队成员的经历不同，团队从初创阶段发展到初见成效阶段的时间也不相同。如果团队中的相当一部分人过去曾在一个紧密协作的团队中工作过，这一过程可能会短一些；如果团队是由那些第一次参加团队的人员组成，且领导者试图将一支处于僵局的团队改变成一支具有同一目标的团队，则可能需要更长的时间。然而，有些团队在这一阶段可能会陷入困境，无法在操作程序和优先权的问题上达成共识，甚至有时连应对常规问题都有困难，更不用说如何去面对那些新的难题了。

另外，由于团队成员存在个性差异，因此在团队工作过程中，一些成员的性格会显得与其他人格格不入。在这个阶段陷入困境的团队，很可能从初见成效变为功能失调。

3. 持续发展期的团队沟通

这一时期的团队沟通表现为和谐融洽型。当团队度过竞争阶段时，建立了大家认可的正式或非正式的团队运作规则和工作程序，团队成员之间的合作显得比竞争更重要，他们能够像一个整体一样发挥作用。尽管成员在有关新方法或职位等问题上仍会存在分歧，但是这一阶段的团队成员对不一致持开放态度，认为团队中的每个成员都可以发表不同的观点，提出不同的意见。

4. 成熟期的团队沟通

这一阶段的团队沟通表现为协作进取型。进入成熟期的团队能够紧密协调地合作，因为团队成员已将团队文化完全消化吸收，进而融为自我意识的一部分。团队成员了解团队对每个成员的期望，因此会将时间和精力花在实质性问题而非一些程序问题上。和谐的团队通常为自己制定很高的标准，因为他们了解自己的能力，并且相信每个人都能够履行自己的职责。团队成员以自己是团队的一员而自豪，也以自己能为团队的成功做出贡献而感到骄傲。

三、团队沟通技巧实例

1. BS 制度

日本丰田汽车公司为了使各团队互助互动，发起了 BS 制度。B 是兄弟（brother）、S 是姐妹（sister）。该公司要求在同一工作岗位工作一年以上的成员要同新参加工作的人结成一对“兄弟”或“姐妹”，在工作和日常生活方面为新成员提供帮助。此外，为了加强队员间的文化和心灵生活沟通，丰田还根据籍贯、毕业学校、兴趣爱好、职务等条件组成各种不同的“亲睦团体”，推出了一系列的“社团活动”，包括公司内的团体活动、丰田俱乐部活动等。同时公司对住宿员工采用“故乡通信”方法，即组长每月轮流给队员家长的父母写信，并寄送公司的画报及团队小组的活动照片，以联络感情。

2. “蓝色托盘”活动

美国微软公司职能部门的经理们把每日的午餐时间作为学习交流的时间，如程序经理们就是在自助餐的午餐时间定期会晤，他们一边托着蓝色的餐具进食，一边就一些特定的项目交流经验，沟通信息，在轻松自由的气氛中不知不觉得到了收获。这种被称为“蓝色托盘”的活动受到总公司的赞赏，公司专门派人录像后，将活动进一步推广。

3. 合作从“管闲事”开始

美国影印机市场的“超级巨人”——施乐公司，为了塑造团队精神，鼓励全公司员工“互管闲事”。对于队员在业务方面的困难，其他成员不能等闲视之，应该全力给予帮助。施乐认为合作精神不是自然发生的，“管闲事”正是在制造合作的机会。为此，施乐经常指派那些销售业绩良好的人去帮助在销售指标线上苦苦挣扎的人。施乐有三句口号可以用来阐述这种“管闲事”的精神：第一，把每个人之间的墙推倒；第二，让互相帮助成为一件自然而然的事；第三，合作从管“闲事”开始。

4. 要对每一件事情设定指标并进行检查

在STAR电子公司，高层团队管理成员会检查每月、每周、甚至每天的运营指标。他们宣称“要对每一件事情设定指标并予以检查”，在实际工作中，他们每周都对订货量、工作进度、现金、残次品的工作保持关注，他们每个月都生成更多的指标以使他们对公司的实际运行状况具有更为深入的认识。正如一名管理者指出的：“我们保持着强有力的控制。”

公司的管理团队也依赖那些反映外部环境状况的事实。例如，有一名高级主管负责检测竞争者在产品生产、价格调整、广告策略等方面的举动；另一位高层管理者负责通过他在大学和其他公司建立起来的关系网跟踪最新的技术发展。掌握了充分的数据，公司的管理者就能够深入掌握公司经营活动的细节，使得他们能够集中精力讨论关键问题，避免团队成员由于不了解情况而进行无谓的争论。

5. 决策总是在讨论之后

英特尔有一种比较独特的会议，叫作“激荡型”会议。这种会议的主要目的是集思广益，凭借大家的头脑风暴来得出最佳方案。英特尔有一句名言“决策总是在讨论之后”，与会者不分等级职务，畅所欲言，即使尖锐的责难与疑虑都会得到领导的高度重视。后来，这种会议形成的开放性风气被英特尔推广到企业内部管理，鼓励员工及领导之间一方直言不讳，另一方广纳良言，防止“一言堂”的出现。

6. “过程审计”活动

“过程审计”是微软公司引导各团队学习、交流和反馈的重要活动。1993 年该公司开发部主任实施了 5 次审计，每次都会集中力量并花费一周时间。在这一周的时间内，他会查看那些已得的项目和质量方面的资料，尽可能多地和项目组的成员谈话，并试图鉴定他们什么地方表现不错及哪些地方可以做得更好，进而找出一个过程典范以促进团队的工作更为成功，引导团队朝着更好的做法迈进。因为微软公司的项目开发是高科技性质，项目在进行过程中难免会遇上各种困难，这种过程审计活动极有利于上下层的沟通，达到团队学习的功效，提高了团队工作的效率。

7. 工厂内的电子信箱

美国的米勒酿酒公司的传顿工厂为了确保团队沟通的顺利进行，专门在工厂内为每个团队建立了内部网及电子信箱。不久之后，电子信箱就成为传递基本信息与生产质量数据的最受欢迎的方式。

8. 信任“五角星”

在有些以团队为基础的公司，一些管理工作如安全、保养、后勤、培训、质量采取轮换制。公司采用五角星的系统来轮换职位。团队成员负责处于五角星端点的工作，通常是四个月到一年内进行轮换。有些公司的技术报酬是以掌握五角星端点的工作为标准的，其他公司则把这一“五角星”系统作为建立高效整合团队的一种方式。各团队的负责人每月聚一次，以交流心得，并制定政策。

9. “休假会”活动

从 20 世纪 80 年代起，微软公司就开始对其成员每年至少组织一次休假会，目的之一就是促使不同团队就手头的工作交换信息，并共商大计以对付工作中出现的各种困难，如怎样才能在特别产品领域进行更有效的竞争。1983 年的休假会就是围绕着对新的 EXCEL 产品的明确界定而展开的。休假会也讨论诸如如何提高开发产品和获得客户支持的一些技巧，同时交流其他方面的心得。微软公司坚持每年就不同的问题召开休假会，这种方式使得各团队之间的工作得到了相互沟通。

第四节

团队冲突管理

团队冲突是团队成员因某一个或几个问题的分歧所引起的矛盾。在管理团队中，成员们相互质疑对方的观点，这有助于深化成员对问题的理解程度，创造更为丰富的备选方案，从而做出更好的决策。但不幸的是，有时建设性冲突很快就会转变成破坏性的冲突。一个实际上是比较客观的评论可能被解释为一种个人攻击。选择困难所产生的焦虑感和挫折感可能会演变成直接针对同事的愤怒。因此，问题的关键在于如何避免将问题的冲突演变成具有破坏性的人际冲突。以下就是一些较为有效的团队冲突管理策略。

一、团队冲突管理策略

1. 让数据说话

对事实的了解能够使人们更快地把握一项战略决策的核心问题，决策者也不会陷入关于事实应该是怎样这种问题的无休止的争论中。如果缺乏充分的数据，团队成员就会更多地依赖一时的冲动和主观猜测，讨论的主观性很大。更重要的是，依据现实使得战略讨论能够建立在实际情况的基础上，例如目前的销售额、市场份额、研发费用、竞争者行为、生产产出等实际情况，由于它们不掺杂任何个人的偏好、猜测、自利性的目的，从而使得讨论更为客观。

2. 创造共同的目标

当管理者缺乏共同的目标时，他们会变得思想封闭，更容易误解别人的意图和指责对方。许多对群体决策和团队间冲突的研究证明，共同目标能够把所有团队成员各自的利益融入争论的结果中，使团队结合起来。当团队成员为一个共同的目标工作时，他们就更少地将自己看作个人的胜者或负者，而更多地学会正确地接受别人的观点并从中获益。但是创造共同的目标并不意味着大家的想法必须完全一致，正如斯蒂夫·乔布斯（Steve Jobs）曾经提出的“当大家都想去旧金山（San Francisco）时，花费大量时间争论走哪条路去是值得的。但如果其中有一个人想去旧金山，而另一个人想去圣地亚哥（San Diego）时，花时间争论这个问题就是浪费时间了。”

3. 运用幽默

幽默作为一种保护性机制，能够舒缓人们制定战略决策时通常会出现的压力和威胁。

幽默通常是通过反语的运用，将这些压力和威胁置于更宽广的生活背景中，帮助人们保持心理上的宽松感。幽默本身的含混性也能够弱化消极信息的破坏力。以正常的方式讲述有可能被别人理解为带有攻击性的信息，讲话者可以通过开玩笑的方式表达。因为这样的信息半真半假，倾听者也能接受这种较为轻松的方式所表达的重要内容，他感觉保住了面子。其结果就是，本来较为困难的信息沟通以一种更为圆滑、不具个人威胁性的方式顺利实现了。

幽默也能有效地影响人的情绪，促使决策成为一个合作而非竞争的过程。根据大量的研究表明，处于乐观情绪中的人表现得更为开朗，更容易原谅别人，在解决问题时更具创造性。乐观的情绪有助于放松人们的防御心理，使得他们能够更有效地倾听，所以，保持情绪的乐观能促使人们更准确地识别别人的争论。实际上，所有降低人际冲突的团队都善于运用幽默的方式。Bravo 微系统公司的管理者们就常常在办公室开玩笑。在 Star 电子公司，使公司成为“一个有趣的场所”是团队高层管理者的一个明确目标，实际工作中的小玩笑在办公室很普遍，会议中也总是充满了欢笑。

4. 平衡权力结构

当人们认为决策程序是不公正的时候，心中的不平很容易发展成为人际冲突。所以，疏导人际冲突的另外一项策略就是通过在管理团队中平衡权力而创造公平的价值观。创造平衡权力结构，就是使团队成员掌握着相当的权利，特别是在他们明确负责的领域之内。在平衡权利结构中，所有的管理者都参与战略决策。首席执行官的工作主要是“挑选合适的人员并让他们进行运作”。

5. 让大家把想法都提出来

一项对程序公平的研究结果表明，程序的公平对大多数的人来说极为重要。如果人们相信产生结果的程序是公平的，那么即使自己并不喜欢这一结果，他们也愿意接受这一结果。但大多数的人都希望自己的观点被认真地考虑，虽然他们也乐意承认自己的观点并不被大家认同。因此，鼓励每个人把意见提出来，然后清楚地说明决策是如何制定的，这将是一个公平、平等的决策程序，有利于团队成员就某些问题达成共识。

本章小结

理想的团队应该是一个有着共同目标和愿景，技能互补，高效领导，信息沟通畅通、开放的团体。

团队沟通是指按照团队成员之间以创造高绩效为目的，进行信息共享、解决问题、做出有效决策的互动过程。影响团队沟通的因素包括：①成员关系；②团队目标；③团队成员的角色分担；④团队领导；⑤沟通渠道。

团队沟通的流程包括相互了解情况、明确组织对团队承担的责任、明确团队应承担的责任、设定团队目标、建立信息反馈机制、培养团队精神、维护关系和履行任务等。

处理团队冲突的关键在于如何避免将问题的冲突演变成具有破坏性的人际冲突。解决这一问题的关键有：让数据说话、创造共同的目标、运用幽默、平衡权力结构、让大家把想法都提出来等。

课堂讨论

一封邮件如何使谷歌新人融入团队的效率提升25%

布拉德福D.斯马特（Bradford D.Smart）在《顶级评级法》（*Topgrading*）一书中发现：半数的高级雇员在开始一项新工作的前18个月表现得都很差。在招聘的另一端，咨询师奥特姆·克劳斯（Autumn Claus）发现半数的小时工在120天内都会换一份新工作。

谷歌也发现新聘用员工会有损公司价值。假设有一名销售人员伊凡，年薪为60 000美元。那么，直到伊凡有销售业绩为止，他每个月要耗费公司5 000美元；而即便他开始做出销售业绩了，也还是要过一段时间才能实现产出超过他的成本。此外，他还要占用培训资源，不断叨扰周围的同事寻求建议，耗费同事的时间。使这项工作变得更困难的是，谷歌经理们本身就已经非常忙碌，他们会采用各种不同的方式使员工适应新团队，而到底哪一种方法更好，所有人都莫衷一是。

谷歌人力资源部决定给经理们一点小提示，提醒他们只需微小的举动便能给谷歌新人们带来巨大的影响，由此他们宝贵的时间投入就能得到最高的回报。在试验阶段，经理们在新的招聘流程启动前的周日恰好收到了电子邮件。这封邮件中举出5项行动，内容简单得几乎让他们尴尬：①进行一次角色与责任讨论；②将新谷歌人与一位同事组成互帮互助组；③帮助谷歌新人建立社交网络；④谷歌新人来公司的前6个月，每月进行一次上岗情况检查；⑤鼓励畅所欲言。

采用了电子邮件中给出的行动建议的经理，他们手下的谷歌新人达到全效工作的状态比同伴快25%，省下了整整一个月的学习时间。这些行动能带来如此深远的影响着实令众人大吃一惊。简单的一封电子邮件怎么可能带来这么大的影响？

其实，简单地将这5个步骤发给公司的经理们是不够的。必须在恰当的时间发送这份检查清单，使其有意义，易于施行。谷歌是在启动工作前一天晚上发送的，此时经理可能正在忧心该如何带新人，因而这封电子邮件发送的时机得当。而要使检查清单易于施行则是一件更复杂的工作。首先，谷歌必须确认数据可靠，因此谷歌援引了学术资料、内部研究结果以及这封电子邮件背后的潜在数据。而后，谷歌需要确保经理有清晰的可循步骤，提供明晰的指示而不是要求经理们从无到有地创造一些方法或内化一种新行为，以此降低经理们的认知负担，同时还可以避免额外的步骤导致经理们的不履行行为。

下面是谷歌建议经理在第一次关键交流时做的事情：①目标和主要成果是什么，你手下的谷歌新人在第一季度的OKRs（objectives & key results）应该怎么设定？②你手下谷歌新人的角色和谷歌的商业目标如何联系在一起？与团队的目标呢？③他/她的第一次绩效沟通将在何时进行，他/她的绩效考评结果该如何决定？

余下的四项行动也采用同样的格式。这些问题帮助谷歌新人建立起支持网络，培养出清晰交流的习惯。

资料来源：改编自《重新定义团队：谷歌如何工作》

问题提示：

请分别从经理和新人的角度分析这样的沟通工作的成本和效益。

[案例 3-2]

挑刺员工

当员工对问题都闭口不提甚至刻意粉饰时，公司离危险也就不远了。而当员工说出真话时，又会产生冲突，影响组织绩效。“听”好组织内部刺耳的“真话”，对管理冲突尤为重要。

“挑刺”的新员工

Sala是北京大学毕业的一名“90后”，在宝洁中国公司的面试中过关斩将，经过5个多月的努力，终于成为宝洁中国公司的一名管培生。在试用期间，Sala需被派到各个部门去轮岗。

第一个月，Sala被分配的岗位是前台，此外还有另外一个管培生Lisa也被分配到前台和她一起工作。她们都在前台的岗位上兢兢业业地工作。一个月后，HRD召开例行的周会，每个管培生都要提交一份自己的工作报告。其中Lisa提交的报告主要是对一个月的工作进行总结，并表示自己在这个过程中对公司、岗位都有了更进一步的了解，多方面的能力也得到了提升。Lisa的工作报告谦逊而友好，赢得了同事的掌声。与Lisa的谦逊友好方式不同，Sala则在报告中表示：“通过一个月的工作，认为前台工作的安排存在不足，包括沟通模式（接通投诉电话先说英文再说中文）不符合中国国情，以及存在人力资源的浪费（两个人在前台值岗）。”听完Sala的汇报，行政主管觉得自己的工作权威受到了挑战，给Sala的测评分比较低，其他同事也觉得Sala喜欢挑事，不给主管留颜面等，表现出排斥Sala的行为。

一个月的前台轮岗结束后，Sala被分配到了仓库工作。在仓库工作完一个月后Sala提交的工作报告中又对自己认为仓库管理中存在的一些问题进行罗列：仓库的员工管理存在问题，工作流程有问题，并对仓库的改造提出了自己的意见。Sala的这份工作报告提交之后，库管部门的主管被总经理批评，而Sala也因为直接点名揭发同事的不良行为而遭到同事的排挤，认为她太爱出风头，管得太宽了。

第三个月，几乎没有部门欢迎Sala，她被硬性分配到了培训部。和之前一样，Sala在工作中嫌弃培训教材上的人脸图不够漂亮，便私自利用业余时间把所有的教材图重新画了一遍，更把她觉得不够好的讲义也都按照她的逻辑修改了一遍。培训部经理Lewis知道后很生气，直接向公司投诉：Sala擅作主张，自行其是，不尊重团队和领导，无法管理，更是直接放话“这种人留在公司必伤团队，她不走我走”。Sala知道被投诉后也不服气，当着领导的面指责Lewis作为高级管理干事不检讨自己的不足，反而质问她为部门做的积极贡献。

接着，Sala又去了销售部工作，她的当月业绩做到了第一，且超过第二名业绩很多。然而尽管Sala的工作业绩很突出，同事却始终对她充满争议。

资料来源：节选及改编自MBA中国网“公司新来了一个前台叫Sala”

问题提示：

1. 如何看待宝洁中国公司新员工Sala的“挑刺”行为及Sala和同事之间的不和？
2. 如何改善Sala与团队成员之间的关系？
3. 如果您是Sala的直接上级，您会如何做？

复习思考题

1. 有效的团队有何特征？
2. 沟通对团队建设有何意义？
3. 团队沟通的影响因素是什么？
4. 团队沟通的流程？有什么技巧？
5. 如何才能有效应对团队冲突？

主要参考文献

[1] 黑贝尔斯 . 有效沟通 [M] .11 版 . 北京：电子工业出版社，2016.
[2] 博克 . 重新定义团队：谷歌如何工作 [M] . 北京：中信出版社，2015.
[3] 陈惠湘 . 企业团队修炼 [M] . 北京：当代中国出版社，1999.
[4] 杜克立 . 巅峰 [M] . 北京：九州出版社，2000.
[5] 贾砚林，颜寒松 . 团队精神 [M] . 上海：上海财经大学出版社，1999.
[6] 建立良好的人际关系，http：//news.hr.com.cn/detail.php？ id=2487，2004 年 4 月 22 日。
[7] 海因斯 . 管理沟通策略与运用 [M] . 北京：北京大学出版社，2005.
[8] 姬南 . 主持会议 [M] . 深圳：海天出版社，1998.
[9] 尼科尔斯 . 有效沟通 [M] . 北京：中国人民大学出版社，2001.
[10] 梭伦 . 团队统御 [M] . 北京：中国纺织出版社，2001.
[11] 威廉斯 . 团队管理 [M] . 北京：中信出版社，1999.

第四章 语言沟通

学习目标

⊙ 明确什么是倾听，掌握倾听的技巧；

⊙ 了解并掌握会谈和演讲的技巧；

⊙ 了解管理阅读的多种方式和方法，掌握提高阅读效率的方式；

⊙ 掌握写作技巧和写作方式。

关键概念

倾听　演讲　会谈　阅读　写作

[案例 4–1]

52 型飞机的悲剧

1990 年 1 月 25 日晚上 7 点 40 分，Avianca 航空公司一架 52 型飞机在距离南新泽西海岸上空 37000 英尺的高空巡航。这架飞机上的燃油足够维持将近两小时的飞行，而它到要降落的纽约肯尼迪机场的飞行时间不到半小时。但就是在这种情况下，飞机经历了一系列降落延误：最初，在 8 点钟，肯尼迪机场地面交通控制人员告诉 52 型飞机的飞行员，因为机场拥挤，必须在上空盘旋等待降落。到 8 点 45 分，Avianca 飞机上的副驾驶员告诉肯尼迪机场地面交通控制人员，他们“正在燃油缺乏的情况下飞行”。肯尼迪机场地面交通人员做了应答。但是，这架飞机能否在 9 点 24 分之前降落还不清楚，在这段时间内，Avianca 飞机的机组成员没有给肯尼迪机场燃油紧急、十分危险的信息，只是互相焦急地议论着燃油逐渐减少的问题。

52型飞机试图在9点24分着陆失败了。这架飞机越飞越低，而且视线也越来越差，使得安全着陆十分渺茫。当肯尼迪机场地面交通控制人员向飞行员发出第二次着陆的指令时，机组成员再次指出他们在燃油短缺的情况下飞行，但是飞行员告诉地面交通控制人员，在新指定的机场跑道上也可以降落。9点32分，52型飞机的两个引擎不转了。一分钟后，另外两个也停止了转动。没有燃油的飞机于9点34分在长岛海滩坠毁，机上73人全部遇难。

当调查人员检查飞机上的黑匣子并与当时的地面交通控制人员谈话时，他们发现是沟通的障碍导致了这场悲剧。仔细分析那天晚上发生的事件，飞行员一直在说他们在“缺乏燃油的情况下飞行”。交通控制中心的人员告诉事故调查人员，这是“飞行员常讲的一句话”，在耽搁的那段时间内，地面交通控制人员假设每架飞机都有燃油缺乏的问题。但是，如果52型飞机上的飞行员急促地用“燃料紧急，十分紧急”这样的字眼，地面交通控制人员就有责任让这架飞机先于其他飞机降落。正如一位控制人员指出的：“如果飞行员宣称‘情况紧急’，我们就会不顾所有的规章制度，而让他尽快降落在机场。”不幸的是，52型飞机上的飞行员从未使用“危急”这个字眼，所以，肯尼迪机场的工作人员从未了解飞行员当时的真实情况。

此外，52型飞机上飞行员的说话语调也没有表现出燃油缺乏问题的严重性和紧迫性。这些地面交通控制人员接受过培训，可以在此类情况下辨析飞行员语调的微妙不同。尽管52型飞机机组成员之间非常不安地讨论着燃油的问题，但是他们与肯尼迪机场工作人员沟通时的语调却十分冷静和正常。最后，飞行员和机场管理部门的文化习惯使得52型飞机上的飞行员不愿说明飞机的危急状况。飞行员具备飞行的专业知识，他们对于自己的工作也十分自豪，这导致了上述危险情况的产生，因为提供一次正常的危急请求需要飞行员完成大量的书面报告，而且，如果一个飞行员被发现忽略了一次飞行所需要燃料的计算，联邦航空管理机构就会吊销他的飞机驾驶执照。这些不利的后果强烈地阻止了飞行员进行呼救。

第一节

倾听

一、倾听的内涵

所谓倾听，就是用耳聆听，用眼观察，用嘴提问，用脑思考，用心灵感受。根据这一定义，倾听不仅仅是听，它更应该是一种积极的听觉活动。

然而，“倾听”往往被认为等同于“听见”，这是一种危险的误解，会导致“有效倾听是一种与生俱来的本能”的错误看法。其结果是，管理者很少致力于发展倾听技巧，不知不觉地就忽略了这一重要的交流功能。殊不知倾听与听见是有明显差异的，根据《美国传统字典》的解释，将二者定义为：

倾听：不及物动词，将自己投入到听见什么中；给予关注；留心听。

听见：及物动词，用耳朵听见（声音）。

我们从以上的解释中可以看到，听见是一个生理过程，取决于耳朵如何对震动波作出反应。相反，倾听是一个集中注意力于所听见的声音的有意识的行为。通过倾听不仅可获得信息，而且还能了解情感。

注意力高度集中的个体能有效地排斥掉环境中分散其注意力的各种噪音。所以当我们专注于一件事情时，我们可能生理上听见了另一个声音，但却没有意识到。有效倾听的缺乏往往导致错失良机，产生误解、冲突和制定拙劣的决策，或因问题没有及时被发现或被重视而导致危机的出现。

二、倾听的重要性

很多人以为铿锵有力和权威性的发言别人才会听，这种想法使得许多经理在发言时总是很大声、很有力。渐渐地，他们开始依恋他们自己的声音，认为他们已经到达了预想的境界，于是他们任意地重复自己的话语，说他们偏爱的笑话，并且不受任何惩罚地打断下级的话。

事实上，对于一位管理人员，听的能力越来越重要。观察别人和从他们的语言中提取有价值信息的能力将有助于你说服他们接受你的意见。而假如你在疲惫和精力分散时也很乐意关注他们的话，将会帮助你建立起下级对你的信任。还有，如果你能分辨出所听到的话的实质，而不仅仅从表面上理解其意义的话，也许会避免很多误会。

松下幸之助把自己的全部经营秘诀归结为一句话：“细心倾听他人的意见。”美国著名的玫琳凯化妆品公司创始人玫琳·凯（Mary Kay）说：“一位优秀的管理人员应该多听少讲，也许这就是上天为何赐给我们两只耳朵、一张嘴巴的缘故吧。”威廉·特雷西（William R.Tracey）曾在《关键技能》一书中建议人力资源经理花65%的时间倾听，25%的时间发言，余下10%的时间才用于阅读和写作。

这一切都说明倾听是管理者与员工进行良好沟通的重要技巧，当你积极主动投入其中，你才会发现此举将带来很多益处。实际上，说话是一种艺术，而倾听是一种美德。

（1）倾听别人说话的人，表明你是一个尊重别人的人，从而可使你得到友谊和信任

让人把话说完，就是对别人的尊重。另外，倾听还是一种暗示性的赞美，表示“我重视你的意见”。人们大都喜欢发表自己的意见，如果你愿意给他们一个机会，他们立即会觉得你和蔼可亲、值得信赖。一名管理者无论是听顾客、上司还是下级的想法，

都可以消除他们的不满和愤怒，获取他们的信任。

（2）倾听有助于激发对方的谈话欲，使对方保持谈话的兴趣

在企业里，如果员工觉得自己的话有价值，他们会愿意说出更多更有用的信息。称职的倾听者还会促使对方思维更加灵活敏捷，启迪员工产生更深入的见解。

（3）倾听可以获取重要的信息

通过倾听我们可以了解员工要传达的信息，同时感受到员工的感情，还可以据此推断其性格、目的、需要和忠诚度。通过提问，我们可以澄清不明之处，或是启发员工提供更完整的资料。耐心的倾听，可以减少员工自卫意识，受到员工的认同，甚至使员工产生知音的感觉，促进彼此的沟通了解。

（4）倾听可以掩盖自己的缺点

如果你对员工所谈问题一无所知，或未曾考虑，保持沉默便可以不表示自己的立场。沉默是金，沉默可以帮助我们掩盖若干的不足和弱点。

（5）善听才能善言

如果你以一种消极、抵触的情绪倾听员工谈话，你自己最终在发言时也会毫无针对性和感染力，与员工沟通的结局也可想而知。如果一个推销员对面前的顾客不甚了解，从一开始就滔滔不绝，漫无边际，无的放矢地推销，那么会有什么样的结果呢？虽然是说了不少，但效果似乎差强人意，反而暴露出这个推销员工作上的一些缺点。相反，若建立在倾听顾客意见的前提下，先听听顾客是怎么想的，再有针对性地推销，是不是好很多呢？

（6）倾听才能找到说服对方的关键点

倾听中你能发现员工的出发点和弱点，充分了解员工的需要和见解，这样才能使你的意见更具有说服力，因为你让员工感觉到你的意见已充分考虑了他们的实际情况。

三、倾听的过程

几乎所有人在倾听上都会不时地出现失误，比如，你在听一个很重要的报告时，因为紧张而错过了一部分内容。那么，是什么分散了你倾听时的注意力呢？我们可以通过对倾听过程的分析来寻找答案。理想的倾听过程包括六个方面：预测、感知、注意、解码、评价和行动。

1. 预测

根据对沟通对象的过往认知和经验，我们可以预测他对沟通可能做出的反应。

2. 感知

当你听到声音并留意它们的时候，便开始了感知。这时，周围的噪音、注意力不集中、伪装在听等因素都可以影响你。

3. 注意

倾听的时候，你通常会剔除一些你不感兴趣的信息，而把注意力集中在你认为重要的内容上。把感知集中起来的能力被称为选择性注意力，在某项研究中，参加者坐在四个播放不同内容的喇叭中间，在各种情况下，听者在回忆来自哪个喇叭的信息方面都显示出几乎完美的表现。但总的来说，人们只是对 20 秒以内的信息能够完全集中注意力，而在这之后，即使能很快地重新把注意力集中在相应的信息上，注意力还是很容易分散的。

4. 解码

当你一旦将注意力集中到一个声音或者一则信息上时，你就开始解译它，或者说进入了解码过程。解码过程受到很多因素的影响，如文化、教育和社会背景等，你所理解的沟通信息是经过你的期望和人生经验过滤后才得出的，因此，你的理解很可能和它本身的含义出现很大分歧。

5. 评价

当你对信息进行解码以后，你就开始评价和分析其价值与结论，但通常这样的分析是基于个人信念而对信息传递者进行的衡量。一位研究人员在一份对大学生的研究报告中指出，思想封闭、僵化和存有偏见是倾听的主要障碍。例如，研究发现，我们不能成为好的倾听者是因为我们的偏见阻碍了自己敞开心胸接纳别人的观点。

6. 行动

倾听的最后一个过程是行动，即倾听者经过对信息处理后的反馈。倾听者的反馈很重要，因为它有助于澄清信息和正确解码，帮助信息传递者确认信息是否得到了清晰、准确地传达。

四、倾听中的障碍

1. 讲话速度与思考速度的差异

有效倾听的一个主要障碍源于这样一个事实，即人们的思维速度远比讲话速度快。一般来说，人们的讲话速度约为 125 词 / 分钟，虽然目前还不知道在倾听过程中大脑是如何运转的，但绝大多数人的思维速度都超过 125 词 / 分钟。

研究表明，人们阅读理解的速度为 500 词 / 分钟，理解和记忆的速度为 350 词 / 分钟。如果将阅读理解作为衡量思维速度的尺度，我们会发现，大脑对文字的处理速度快得惊人，也许每分钟可达上千词。

讲话慢速度和思维高速度之间的差异给人的大脑留下了充足的“走神”时间，也给不熟练的倾听者带来了麻烦。讲话者还在缓慢地叙述，听讲者的思绪却可能早已神游四方，开始考虑周六的足球赛、家庭、好友及个人问题等，而不再关注发言的内容。

2. 思想不集中

思想不集中可由内在因素和外在因素共同造成。倾听者既可能因内在因素而分心，也可能受到外在因素的干扰，内部干扰和外部干扰还可以同时出现。

（1）内在因素

内在因素主要包括偏见、思想僵化、缺乏信任、身体不佳以及年龄因素等。当倾听者由于工作和心理的压力而心事重重的时候，很难做到有效倾听。在开会时，如果思想开始走神，其思绪就会转变方向，或者开始考虑一份有待完成的报告，或者牵挂起住在医院的朋友。

内部干扰可因某人所处的地区、情感以及条件不同而异。虽然内部干扰不易避免，但是可以通过训练尽力排除。

（2）外在因素

从家里到办公室，对于倾听的干扰无所不在。影响有效倾听的外在因素大致有以下几个方面：喧闹声；电话铃声；意外来访；交谈环境（如在经理的办公室进行交谈，员工就会觉得拘束，讲话时就可能不是一种自然流露）；说话者的谈吐举止（如有的人说话频率比较快，而有的人说话时则总是低垂着头或仰着头）；说话者的发音特点（如有的人说话声音很小，而有的人说话声音却很大）。

3. 假装专心

在许多情况下，大多数人都在假装听讲，虽然他们的双眼盯着讲话者，脸上露出微笑，并不时点头示意，给人留下正在倾听的印象，但是点头的次数和倾听的有效性之间并没有明显的关系。假装专心在办公室谈话、商务会议或面对面交谈的过程中时有发生。他们在频频点头的时候，思绪却可能在千里之外，这就是假装专心的典型表现。

如果假装专心成为一种习惯，问题便由此产生。假装专心者总是很客气，虽然也听到了说话者在讲些什么，但很少知道具体细节和内容。假装专心倾听者在沟通过程中不作任何努力，因此所获信息毫无价值。假装专心既是一种坏习惯，也是浪费时间的表现。当然，只要倾听者自己努力，这一坏习惯是可以改正的。

4. 措辞晦涩

词语是沟通与思维的工具，而多义词是有效倾听的潜在障碍。某个词对讲话者而言是这个意思，对倾听者来说却可能是另外一个意思。比如，贸易方面的专业词汇对于从事贸易的人来说很容易理解，但其他人则可能一头雾水。信息中如果涉及许多难以理解的词语，就会妨碍倾听者抓住主题。

与倾听有关的最严重的语义问题是讲话者使用的那些会引起倾听者恐惧或愤怒的词语，以及充满感情色彩的词，如乡巴佬、神经病等，它们会阻碍有效倾听的正常进行。由于受偏见、主观意识等个人因素的影响，倾听者更注重讲演的措辞，而不是整个信息。好的倾听者思想开明，会等到听完报告再作出判断。

五、倾听的技巧

有效倾听的技巧可以通过学习而获得，认识自己的倾听行为将有助于你成为一名高效率的倾听者。按照影响倾听效率的行为特征，倾听可以分为三种层次，一个人从“层次一”到“层次三”的过程，就是其沟通能力、交流效率不断提高的过程。

层次一：在这个层次上，倾听者完全没有注意说话者所说的话，假装在听其实却在考虑其他毫无关联的事情，或内心想着辩驳。他更感兴趣的不是听，而是说。这种层次上的倾听导致的是关系的破裂、冲突的出现和拙劣决策的制定。

层次二：实现人际沟通的关键是对字词意义的理解。在第二层次上，管理者主要倾听所说的字词和内容，但很多时候，还是错过了讲话者通过语调、身体姿势、手势、脸部表情和眼神所表达的意思。这将导致不必要的误解、错误的举动、时间的浪费和对消极情感的忽略。另外，因为倾听者是通过点头同意来表示正在倾听的状态，而不用询问澄清问题，所以说话人可能误以为自己所说的话被完全听懂和理解了。

层次三：处于这一层次的人表现出一个优秀倾听者的特征。这种倾听者在说话者的信息中寻找感兴趣的部分，他们认为这是获取新的有用信息的契机。高效率的倾听者清楚自己的个人喜好和态度，能够更好地避免对说话者做出无端的评价或是受过激言语的影响。好的倾听者不急于做出判断，而是对对方的情感感同身受，他们能够设身处地看待事物，恳切地询问而不是急于辩解。层次三的倾听者在内心总结已经传递的信息、质疑或是权衡所听到的话，或者有意识地注意非语言线索。他们的总体宗旨是带着理解和尊重倾听，层次三上的有效率的倾听在形成积极方面起着主要作用。

怎样才能层层递进，进行有效的沟通，我们给出以下几点建议：

1. 避免干扰

一般来说，在日常的电话交流中，你会有 40%~80% 的时间在听客户用声音叙述，也就是说，你的工资中有 40%~80% 的价值是来听别人说话的。仅从这点讲，你也没有理由不重视倾听。而研究表明，通常一个人真正完整倾听到的只有 1/4 左右的内容，而在其他 3/4 的时间里，我们会忽视、遗忘、误解、歪曲传入我们耳朵中的话语。你应当学会如何“聚精会神”，做到不受下列干扰的影响：

（1）环境干扰和打断

每天我们的环境中有大量的输入信号，周边的铃声、谈话声、电子显示屏的闪动、周围人的走动以至窗外的风声雨声等都会干扰你的倾听。

（2）“第三只耳朵”现象

通常周围的谈话会不断地让你听到，引起你的注意。如果是与当前业务有关的，你可要求客户在线上稍候，然后起身弄清楚。但更多的时候，你要学会关闭你的“第三只耳朵”，不让周边与你为目前这个客户的服务无关的声音带走你的任何注意力。

（3）迫不及待

在倾听过程中克制抢话的冲动并不是一件容易做到的事情，要克服想教育人的念头，避免自认是专家。根据老经验或为了控制通话时长而打断客户，会让对方感到没有受到尊重。记住：倾听不等于你在等待说话的机会。

（4）情感过滤

当你不喜欢某一类人时（如说话不够婉转，带有特别口音或有些结巴），你的情感定位会使你对客户的倾听带上过滤筛，从而选择性地摄取信息。要让自己时刻避免“以音取人”的这种倾向。

（5）思维遨游

在倾听时，日常生活中还在处理的事会涌上你的思绪：和男朋友斗嘴后下一步该如何处理？下班后请刚来访的亲戚到哪家餐馆就餐更有意思等。稍不留神自己的注意力就会转移，必须训练自己在倾听时的高度注意力，把其他的思考活动放到班间休息或下班后的时间去做。

2. 全神贯注，集中注意力

非语言行为（如眼神接触、某个放松的姿势、某种友好的脸部表情和宜人的语调）会建立一种良好的氛围。如果倾听者表现出留意、专心和放松，而不是在纸上乱画、轻敲或弄乱纸张，对方会感到受到重视和更安全。

3. 尽量使用口语，营造轻松气氛

管理者在倾听员工的讲话时可以使用简单的语句来认同对方的陈述，如“噢”“哦”“我明白”“不错”“有意思”等。通过如“说来听听”“继续”“我想听听你的想法”等来创造开放的环境，鼓励说话者畅所欲言。

4. 注意倾听的神态和方法

给予说话者充分的时间，不要打断对方或者表现出不耐烦的神态，不要开门或走动，特别是在听一个满腹牢骚的人讲话时更要有耐心。你需要做的只是洗耳恭听而已。不要皱眉，也不要反驳，你只需要认真地听，偶尔说上一句：“哦，是这么一回事……”，十有八九，对你发牢骚的人会在一吐为快之后心满意足，高高兴兴地离开你的房间，倾听者或许也能从中获得灵感和某些有利的信息。要让对方知道你想倾听的意愿，表现出耐心、感兴趣的态度，融入你们的交流之中，让说话者满意你的状态。

5. 记录重要信息

当有大量重要信息需要备忘时，要做一下相关的记录，这也会让讲话者感到你已经捕捉到他所说的关键信息，但要注意记录的技巧。

6. 适当提问

批判性的倾听者会分析自己所听到的内容，并提出问题。这一行为保证了对所获信息的准确理解，也是对说话者的一种鼓励，有助于更进一步的讨论。但要注意问题的适量和适度，而且要注意时机，不断地提问题会打断说话者的思路，阻碍沟通的进程。

7. 克服习惯性思维

人们习惯性地用潜在的假设去评论所听到的话，要取得突破性的倾听效果，必须打破习惯性思维的束缚。所以在听到某项提议时，不要按照自己的习惯性思维考虑处理事情的方法，要先关注“条件反射”之外的问题，如“这项提议顾及到了哪些东西？”“它能带来什么好处？”等。摆脱习惯性思维的束缚有利于带来创新力。

第二节 说话

一、说话的概念

管理者的说话，也就是口头表达，是指管理人员在经营实践中，为了实现管理目标而有效地运用口头语言表情达意的活动。企业经营管理人员在经营活动中时刻要向不同的对象说话——同事、下级、经销商、合作伙伴等。从某种程度上来说，一个善于说话的管理者便是一个成功的管理者。管理者的说话通常包括演讲和会谈两大类。

1. 演讲

演讲就是演讲者在特定的时间和环境中，借助有声语言和态势语言，面对听众发表意见，抒发情感，从而达到感召听众的一种带有艺术性、技巧性的社会实践活动。

2. 会谈

会谈也就是会面和交谈。会谈可在正式或非正式、预先安排或临时决定的情况下进行。参与会谈的人数可以是两人或两人以上。

二、演讲技巧

1. 研究和掌握演讲的语言特点

演讲语言是人们交流思想、表达情感、传递信息的工具。演讲语言运用得好与坏，将直接影响着演讲的社会效果。所以要想提高演讲的质量，就必须研究和掌握演讲的语言特点。演讲的语言特点如下。

（1）准确性

演讲使用的语言一定要确切、清晰地表现出所要讲述的事实和思想，揭示出它们的本质和联系。只有准确的语言才具有科学性，才能逼真地反映出现实面貌和思想实际，才能为听众接受，达到宣传、教育、影响听众的目的。

（2）简洁性

以最少的语言表达出最多的内容。要做到语言的简洁，必须对于自己要讲的思想内容经过认真地思考，弄清道理，抓住要点，明确中心。在演讲时不拖泥带水，不紊乱芜杂。还要注意文字的锤炼和推敲，并做到精益求精，一字不多，一字不少。

（3）通俗性

如果演讲的语言不通俗，听众听不懂，就会影响演讲的效果。为了使演讲的语言通俗易懂，须从以下几方面努力：

①演讲的语言要口语化；

②演讲的语言要个性化；

③要说自己的话；

④语言要生动感人；

⑤用幽默风趣的语言。

（4）声音和腔调

声音和腔调乃是与生俱来的，不可能一朝一夕之间有所改善，但音质与措辞对于整个演说影响颇巨。总之，重要的是让自己的声音清楚地传达给听众。即使是音质不好的人，如果能够秉持自己的主张与信念，依旧可以吸引听众的热切关注。

（5）说话的速度也是演讲的要素

为了营造沉着的气氛，应调整说话者的语速，标准大致为5分钟三张左右的A4原稿。不过，要注意的是，倘若从头至尾一直以相同的速度来进行，听众会产生倦怠和困意。

2. 重视学习态势语言

演讲是一种以演为辅的活动，因此演讲要重视学习态势语言。

（1）演讲时的姿势

演讲时的姿势会带给听众某种印象。虽然个人的性格与平日的习惯对此颇具影响，不过一般而言仍有方便演讲的姿势，即所谓“轻松的姿势”。要让身体放松，反过来说就是不要过度紧张。过度的紧张不但会表现出笨拙僵硬的姿势，而且对于话语的表达也会造成不良的影响。

诀窍之一是张开双脚与肩同宽，挺稳整个身躯；另一个诀窍是想办法扩散并减轻施加在身体上的紧张情绪，例如将一只手稍微插入口袋中，或者手触桌边，或者手握麦克风等等。

（2）演讲时的视线

在大众面前演讲，亦即表示必须忍受众目睽睽的注视。当然，并非每位听众都会对你报以善意的眼光。尽管如此，你还是不能漠视听众的眼光，避开听众的视线来说话。

克服这股视线压力的秘诀，就是一面进行演讲，一面从听众当中找寻对于自己投以善意而眼光温柔的人，并且无视于那些冷淡的眼光。此外，把自己的视线投向强烈“点头”以示首肯的人，对巩固演说的信心具有良好的效果。

（3）演讲时的脸部表情

演讲时的脸部表情无论好坏都会带给听众极其深刻的印象。紧张、疲劳、喜悦、焦虑等情绪无不清楚地表露在脸上，本人的意志很难控制这些情绪。

控制脸部的方法之一是“不可垂头”。人一旦“垂头”就会予人“丧气”之感，而且若视线不能与听众接触，就难以吸引听众的注意。另一个方法是“缓慢说话”。放慢说话速度可以稳定情绪，放松脸部表情，全身上下也能够为之泰然自若起来。

（4）有关服饰和发型

服装也会带给观众各种印象。尤其是东方男性总是喜欢穿着灰色或者蓝色系列的服装，难免会给人过于刻板无趣的印象。不妨穿着稍微花俏一点的服装参加轻松的场合。不过如果是正式的场合，一般来说仍以深色西服、男士无尾晚礼服以及燕尾服为宜。其次，发型也可塑造各种形象。长发和光头各自蕴含其强烈的形象，鬓角的长短也被认为是个人喜好的表征。

3. 控场技巧

演讲活动之中，不免总会发生一些出乎意料的事情，在这种情况下，当机立断、酌情控场与机变就显得十分重要。

（1）控场和机变要注意的原则

①观察要敏锐。要善于捕捉听众各种细微的情绪变化和反应，作出准确的判断和迅捷的措施；

②处变而不惊。当会场上出现不安和骚动时，演讲者应冷静、沉稳，要有一个震慑全场的气概，始终保持充分的自信，以毅力和韧性克服一时的骚动；

③有理有利有节。在一般情况下，绝大多数听众是通情达理的，至于个别听众的问题，要分清楚问题的性质、原因和责任，采取适当措施，把事态消灭在萌芽状态。有时演讲者也可以采取视而不见的办法，见怪不怪，其怪自败。

（2）意外情况的处理

①演讲内容与时限相冲突。这种冲突基本分为两种情形：内容多，时间少；内容少，时间多。对于前种冲突，要压缩内容、缩短时限，有关这方面的范例屡见不鲜。对于后种冲突，我们可以在不影响演讲主题的前提下增加信息量，适当延长时限，通过生动举例等方法较为详细地予以说明，以达到讲话的预期目的。这里要特别强调的是，这种临时增添内容、延长时限的机变在演讲中具体运用时，一定要考虑两个方面的因素：一是必要，二是适当。二者缺一不可，否则就是“磨洋工”，就是人人厌憎的“懒婆娘的又臭又长的裹脚布”；

②演讲者自身的失误。一般来说，演讲时可能遇到两种倒霉事：一是结巴。出现这种情况时，不用掩饰，否则会更加失态。相反，停顿一下，笑一笑，把这个句子再说一次，再继续说下去。二是事实错误，此时要在合适的地方停下来改正错误，不要急躁而导致精力分散而出现更多错误；

③技术故障。如话筒出了问题等，这时不要因为有故障就影响自己的状态，要等待人员修理，或者冷静发言；

④发现听众反应冷漠、缺乏合作。演讲者应冷静分析出可能的原因，根据实际情况调整演讲内容或者调整语气语调，切不可影响自己的情绪，以至于演讲者也心灰意冷，敷衍了事，草草收兵；

⑤对听众当场递纸条或者口头质疑的处理。遇到这种情况，不管是善意质询还是恶意诘难，演讲者都要保持冷静的头脑，不能感情用事。要采取灵活的处置方式，保证演讲顺畅进行。有时还可以抓住这一时机，进一步深入地阐发自己的观点。在听众持对立观点的时候，演讲者还应努力缓和这种对立情绪，创造一个宽松、和谐的气氛，便于逐步阐述自己的观点，最终说服听众。

三、会谈的技巧

会谈的作用大致包括：咨询、审核求职人员、惩戒、评估表现、接受媒介访问、找出潜在问题、加快进度、说服、销售产品及评估士气等。管理者通过会谈通常要达到的目的包括：获得资讯；提供资讯；解决问题。一场成功的会谈要做好以下方面：选择合适的场所、为会谈做准备、进行会谈、判断、分析会谈结果。

1. 为会谈做充分的准备

（1）选择合适的场所

会谈可以在多种场所进行，但会谈场所周围的环境与会谈性质要协调，而且要舒适、幽雅，以免会谈受到干扰。一些严肃、正式的会谈更要求室内要温暖，通风良好，光线充足，能给人以清新的感觉，有助于交换意见；家具放置也要符合会谈性质和礼仪。如果不得不让被会谈者等待一些时间（通常很难确定会谈的具体时间），则最好安排舒适的场所，并放置一些公司的宣传材料、杂志、茶水等。

（2）参与会谈的人必须做足准备工作

在会谈开始之前，需要对会谈的对象和会谈的事项有所了解。这中间，把会谈中需要获取的信息列成一览表，并留出空白，以便记录。其次要制定会谈计划，内容包括：此次会谈的目标；会谈者个人的目标（咨询、说服、劝告等）；预期的结果；进行程序与对照表；确定会谈地点；参与会谈者的姓名；发问技巧；会谈过程（大纲、开场白、资料交换、结尾）；预计会谈者要提出的问题答案。

2. 进行会谈

会谈的成功，要求会谈者具有三种主要技能，即提问、倾听和总结。

（1）开场白

会谈开始时要注意打开僵局。可以采取握手、非正式地闲聊、介绍自己、交换名片等方式，了解彼此背景资讯，找出双方的基本共识，逐步建立彼此的信赖。接着应说明会谈的目标、步骤和时间安排，并对预期的结果提出看法。

（2）中间部分（交换资讯）

该部分包括四大项工作：提问、倾听、总结和记录。

提问技巧：

①使用开放式的问题，激发不设限的回答，如“你准备怎样处理这个问题？”

②使用封闭式的问题，取得特定范围内的答案，如“你准备在什么时间完成这个工作？”，“这项任务你能不能完成？”

③必要时，用对事不对人的方式提出要求，以免对方采取防卫性的回答。

总结的方法：

①对所交谈的内容进行归纳和概括，以保证会谈双方对交谈内容的一致性理解。

②澄清对方不了解的重点（对反馈的回应）。当对方回答不充分时，以不同形式重新发问。

③总结或再次说明主题，如有必要，更改会谈计划以便获得新资讯。

④用总结来阻止喋喋不休的谈论。

3. 结束会谈

当你获得有关会谈者的必要信息之后，即可结束会谈，但结束会谈的方式应让会谈者感到欣慰。可以通过以下方式来结束谈话。

①说明所有应提出的问题已经发问完毕。

②为会谈者提供向你发问的机会，并回答。

③告知会谈者下一步将采取哪些行动以及有关的时间安排。

④结束谈话。

⑤向对方表示感谢。

4. 会谈中的禁忌

①不要与对方发生争论，争论不可能实现任何目标，毫无意义。

②不要让对方替代你的主导地位，例如不能让对方提出太多的问题。

③不要让对方在某一问题上耽搁时间太久，否则你将不能圆满地结束会谈。

④不要在已经答复的问题上停滞不前，应及时总结，转向其他有关内容的探讨。

⑤不要给神情紧张的会谈者施加压力，要给予他们缓解紧张情绪的时间，而后平缓而认真地进行会谈。

⑥不要被对方的讲述所迷惑，应提出探索式问题以了解实情。

⑦不要进行毫无准备的会谈。

⑧不要让对方长时间等待，否则会谈一开始就形成了不和谐的气氛。

第三节

书面沟通

一、阅读

1. 阅读的概念

阅读，是人们充分运用眼睛和大脑，从纷繁复杂的信息源中获取所需信息的一种有效手段。阅读，既是一种视觉活动，更重要的是一种思维活动。它是视觉、理解力、注意力、记忆力的综合活动。《论语》中的“诵诗三百”，《孟子・万章下》中的“颂其诗，读其书”，《礼记・学记》中有“呻其占毕”，都指的是阅读。阅读是人类社会生活不可缺少的一种社会生活，是人类汲取知识的手段和认识周围世界的途径之一，是培养人才的知识结构中不可缺少的重要环节。

阅读分为学习性阅读、工作性阅读、研究性阅读和生活性阅读。学习性阅读，顾名思义，其目的是学习知识、发展能力；工作性阅读的目的是适应和胜任工作需要，带有显著的职业性和专业性的特点；研究性阅读重于研究成果，它包括检索、评论、考证、专题、创造五种阅读手段；生活性阅读的目的是追求高尚的精神生活。阅读对于人们来说，主要有以下作用：

（1）获取知识

据有人测算，在19世纪，人类的知识每90年翻一番，到20世纪初，每10年翻一番；70年代，每5年翻一番；80年代每3年翻一番。由此可见，阅读对于人们的重要性明显提高。

（2）锻炼思维，发展能力

阅读过程中，阅读的内容以及摄取的知识在人脑中进行加工，成为自己的知识，这些过程锻炼了人们的思维，无形中发展了自己的能力。

（3）创造新知识

站在巨人的肩膀上才能看得更远，只有通过阅读，掌握前人创造的知识，才能有所创新，有所发展。

2. 管理阅读的方式

管理阅读是工作性阅读的一种，它是管理人员进行的一种阅读。阅读者很重视利用专题述评、总结报告、动态综述、进展报告、信息预测等内容，从中获得带有方向性、全局性的知识信息作为其制定或贯彻政策、规划和战略的依据。

阅读的方式是阅读主体在获取知识的阅读过程中，采用的某种或若干种相对稳定的阅读形式与程序。人们在进行各类阅读活动时，采用的阅读方式也各不相同。阅读按照不同的方式划分，可将其划分为有声阅读与无声阅读、精读与略读、正序读与逆序读、快读与慢读等。

（1）有声阅读和无声阅读

有声阅读也称为朗读，无声阅读也称为默读。有声阅读是将书面的文字语言转化为有声语言，经过“形→音→义”阅读过程的一种阅读方式。有声阅读是眼、口、耳、脑并用的创造性阅读活动。它的作用主要是有利于加深对阅读对象大的理解。朗读要看，还要变成有声语言，从而增加了传入大脑皮层的刺激渠道，能深入领会读物词语的含义和精神实质。朗读由于目的的不同可分为理解性朗读和欣赏性朗读，而管理阅读是属于理解性朗读。无声阅读即默读，是指阅读的时候不出声，只经过“形→义”的阅读过程，不再赋予词以声音，视觉不受逐字换音的束缚，阅读速度相应提高。无声阅读利于阅读时进行思考、比较、推敲，有助于理解所读材料的内容，容易产生创见。因此，无声阅读广泛应用于管理阅读之中。

（2）精读和略读

精读是指为了对读物的充分理解而要求认真、仔细、精确地研读，最后完全理解阅读材料内容的阅读方式。精读要求逐字、逐段深入钻研。略读是一种浏览式的阅读方式，即略观大意，知其梗概。此种阅读方式的目的在于查找与自己工作有关的阅读材料，确认一下哪些该读，哪些值得注意。略读时要注意力集中，提高阅读速度，善于找关键字词、关键语句、关键段落。如鲁迅所言："若是碰到疑问而只看那个地方，那么无论到多久都不会懂的。所以略读就是遇到疑难问题时跳过去读的方法，跳过去，再向前进，于是连以前的地方都明白了。"这种读书方法很早就有人采用，《三国志》中记载诸葛亮读书是"观其大略"，陶渊明在《五柳先生传》中也说自己"好读书，不求甚解；每有会意，便欣然忘食"。略读不同于随意的浏览，而是有目的的阅读活动，是先从大处着眼，再从小处入手的方法。

（3）正序读与逆序读

正序读又称连续读，是按文章的编排次序，从头到尾，循序渐进地进行阅读的方式。逆序读是指读者有意识地不按文章内容的顺序阅读，而是把处于后面结论性的段落作为阅读的起点。即：结论→问题→求证→对照→彻底理解。这种阅读的特点是"先思考"，开始就让阅读思维有充分的自主性和灵活性。正序读与逆序读是有机联系，相辅相成的，两者的结合运用，对发展管理人员的阅读能力有很大的帮助。

（4）快读和慢读

快读是指人们从文章中循序获得有用信息的阅读方式。这里所说的"快读"并不是单纯地追求阅读的速度，而是一种要求注意力高度集中，并迅速获得有价值信息的积极的创造性阅读，是高层次的阅读技能。快读一般要求无声读，要求提高单位时间内所接受的文字信息量，而慢读着眼于阅读时斟词酌句、推敲琢磨。

二、写作

1. 写作的概念

从形式上来看，写作表现为文字，或称为"书面语言"，它具有一定的行文格式；从内涵上看，它具有创造性，简单的记录或者抄袭不属于写作这一范畴。优秀的写作应该是真情实意的表达。这里的"写作"是指作为一种重要而且特殊的沟通方式。

（1）写作是一种重要的沟通方式

现代写作的作用已得到进一步的深化，不再局限于"以文会友"，应用写作成为"写作"的重要组成部分。文书已经成为企事业单位内沟通的主要方式。无论是内部沟通还是外部沟通，一个企业时刻离不开写作。对内部而言，公司成立时需要拟定章程、制定规章制度、职务说明书等，平时管理中需要制定年度计划、月度计划，还有众多的商务交往信件和函件。对外部而言，写作就更为普遍，如财务报告、市场调研报告、对外的商务交往信件与函件等，这些成为企业与其生存环境之间的纽带。

（2）写作是一种特殊的沟通方式

“写作”给予了作者充分的思考时间，作者可以经过认真思考之后，把想要表达的写下来，边写边想，边写边改，在完成初稿后，可以放置一段时间后再拿出来修改，这样容易发现一些隐藏的错误，使最终的作品正确、完整、清晰。可以实现多向信息传递，无须其他的一些辅助条件。写作的结果是书面文字，可以较好地记录当初的沟通情况，并能较容易地保存下来，它的失真性相对较小，因而容易发展成为正式的文件，甚至具有法律效力。

（3）写作在不断发展中

随着各种新技术的引入，如电脑写作等正在冲击并已经部分改变了传统的“写作”内涵。但无论怎样，写作都应该具备以下三个条件：必须为文字形式；具有一定的创新性；达到沟通的目的，是一种有意识的活动。

2. 写作方式

在选择写作方式时，撰写者必须考虑这种方式的针对性。每一种写作方式都有其特定的格式。按照这些格式来写文件，能够帮助撰写者更好地满足读者的期望，使读者能够更快地获取文件所包含的信息。

1）商业信函

商业信函包括询函、回复垂询、还价函、订货信、确认订单函、信件、备忘录和现在较常见的电子邮件等。书信应该简洁且目的明确。书信产生在两个人之间，应采取谈话式的、友好的风格，而且应以第一人称写作，而不是打官腔、以技术权威自居或匿名。写信时除了应该注意使用第一人称以外，还要注意语言简洁。如果撰写者选择了商业信函的格式，但却写出了长篇大论，那么就会使信函这种格式同文件内容产生不和谐。如果一封书信超过了两页，那撰写者就应该在书信中附上一段长约半页的说明或是备忘录用以对报告作简单的介绍或总结。

2）行动指南

行动指南就是指导读者如何去完成某件事的说明。在组织内部，员工们参考政策和程序手册来完成以下任务：假期的申请、出差申请或是报告、季度员工评估。在组织外部，读者会按照行动指南来组装设备、申请许可证等。阅读行动指南的人常常是为了完成一项任务，而不是单纯为了阅读本身。因此，撰写者就需要把任务进行的过程以标题的形式表示出来，以便有特定需要的人对号入座。独立形式成了行动指南的一大特点。

对于政策程序或操作指令，通常运用以下原则：操作程序的主要步骤标题化；特定的操作说明索引化；使用祈使语气、命令语气；使用大量的列表。而建议书的写作原则有：要解决的问题提纲化；主要内容标题化；明确的解决方案；把大量的细节附于附录中，而不只是一个详细的总报告。

3）随机性翻阅文件

典型的商业报告、内部研究论文、新闻通讯等属于随机性翻阅文件，因为几乎没有人会从头到尾的去阅读它们。读者往往是根据自己的需要或是从自己所擅长的领域出发去选读商业报告中的某一部分。

因为读者会对自己所关心的领域随机翻阅，因此，写商业报告时，撰写者要在全文中使用大量的主标题、副标题，以便读者能够很容易地找到自己所关心的内容。写较长文件时，还应该将主要的内容以列表的形式列出，而写更长的文件时，需要附上目录索引，这样便于读者在复杂的文件内容中找到更多的相关信息。另外，在有些较长的文件中，还应通过附录附上各种讨论意见、表格、曲线图以及有关方面的专家意见等。标题、内容目录、索引、附录等格式项目提高了文件的可读性，满足了读者对文件的随机翻阅的要求。

时事通讯是随机翻阅类文件的另一种类型。时事通讯通常使用醒目的大字标题来吸引读者。读者们在看到时事通讯时，首先会通篇浏览而不集中阅读某一信息，因此将信息分栏目编排，有助于读者更快地找到自己感兴趣的内容。另外，与其他翻阅性文件一样，时事通讯倾向于使用短段落。在组织里，可以运用时事通讯将一些日常事务告知员工，以免去许多开会的时间。

4）合法性文件

合法性文件要求读者遵守组织内部或政府部门、机构的某些规定。在组织内部，阅读该文件的人必须明确表示他们收到、阅读并且理解文件中指明的特定政策和方针。组织中的员工可能会在这些文件的后面签名，表明自己已经阅读并理解相关的政策或规定。在政府机构，通常还应包括根据政府规定的特定格式进行签字。这样的文件往往会规定一个最后期限，来验证是否每一个读者都了解到了文件中所要求的内容。为组织而准备的文件要确保文件中的信息是无保留的，但是文件可能使用小字体、脚注，而其中某些信息对用户是保密的。从技术上讲，文件中包含了一定的信息。但是实际上，用户可能在根本未阅读的情况下就签了字，更不要说理解文件的内容了。另一方面，为用户准备的此类文件，应该是内容清晰、结构合理、易读和易理解的，以便于用户的阅读。

5）营销类文件

营销类文件试图抓住读者的注意力，因此，读者与文件内容的关系更为密切。营销类文件通常都是使用色彩、图案、图表和大字体等方式来吸引人们的注意。因为主要目的是吸引读者，所以该类文件常常是不完整的，不能包含有关产品或是服务的全部信息。在这类文件中，应该总结出有关产品的基本信息，然后引导读者挖掘更多的信息。给出电话号码或是反馈卡是这类文件的典型做法，以便让读者能够获取更多的信息。如果营销类文件能够引起读者的注意，那么说明该文件达到了预期的目标；如果有一定比例的读者以电话或是邮件反馈，则可以说明此文件是相当成功的。

本章小结

倾听，是指用耳聆听，用眼观察，用嘴提问，用脑思考，用心灵感受，它是一种积极的听觉活动。倾听时，避免干扰、专心致志、设法让说话者轻松、表现出耐心及感兴趣的态度、必要时做记录、提问、克服习惯性思维等方法可以提高倾听者的沟通效率和效果。

说话，是指管理人员在经营实践中，为了实现管理目标而有效地运用口头语言表情达意的活动。管理者的说话通常包括演讲和会谈两大类。演讲的技巧包括研究和掌握演讲的语言特点、重视学习态势语言、控场技巧等三个方面；一场成功的会谈要做好以下方面：选择合适的场所、为会谈做准备、进行会谈、判断和分析会谈结果。

阅读，是人们充分运用眼睛和大脑，从纷繁复杂的信息源中获取所需信息的一种有效手段。阅读分为学习性阅读、工作性阅读、研究性阅读和生活性阅读。而在管理阅读中，要态度积极、理解准确、掌握略读的技巧、对材料归类处理、做适当的笔记，以帮助管理者提高阅读效率。

完整的写作过程包括计划、创作文本和修改三个阶段。要提高写作能力，应该从注重材料的收集和掌握行文与格式两方面加以努力。为满足读者需要，撰写者应该选择合适的写作方式，如商业信函、行动指南、随机性翻阅文件、合法性文件、营销类文件等等。

课堂讨论

1. 指出在某正式场合下某位演讲者给听众留下的深刻印象。识别演讲的场合，说出值得记忆的语句，并确定这位演讲者哪些特征让你倾听并记住其演讲。

2. 写一封因自己产品质量问题而给顾客带来不便的道歉信，然后拿出来讨论。

[案例 4–2]

没啥大道理，只是三个故事 ——乔布斯在斯坦福大学的演讲

第一个故事：关于积少成多

在进入里德大学 6 个月后，我选择了退学。但是在我真正离开学校前，我作为一个旁听生停留了 18 个月。我为什么选择退学？

故事要从我出生说起。我的亲生母亲当时是研究生，一个年轻的未婚妈妈。她决定找人收养我，而且强烈地觉得应该让大学毕业的人收养我。所以一切都安排好以后，我将在出生那一刻被一位律师和他妻子收养，但是在我呱呱坠地的时刻，他们反悔了，他们觉得真正需要的是个女孩。于是，在备选人名单上的养父母在深夜接到了一个电话："我们意外得到一个男孩，你们想收留他吗？"他们回答说："当然！"我的生母后来得知，我的养母不是大学毕业，我的养父连高中也没有毕业，她拒绝在收养协议上最后签字。当我的养父母承诺将来有一天一定会让我上大学时，生母才在几个月后答应了他们。

17 年后，我上了大学，我天真地选择了一所几乎同斯坦福一样昂贵的大学。工薪阶层的父母把所有的储蓄用于我的大学学费。6 个月之后，我看不到学费的价值所在。我不知道将来我想要做什么，也不知道上大学对我有什么帮助，而我却在这里花掉了父母毕生的存款。在当时看来我的决定非常不值，但是回过头看，这是我做出的最好的一个决定。从退学的那一刻起，我可以不用再上无聊的必修课，开始旁听一些我感兴趣的课程。

一切都不浪漫，我没有宿舍，所以只能睡在朋友房间的地板上。我以 5 美分的价钱回收可乐瓶换钱吃饭。为了一周能吃上一顿好饭，我每周步行 7 英里穿过城镇来到克利须那神庙。

因为好奇和直觉，我对很多东西着迷，后来它们都成了无价之宝。

让我来讲一个例子。当时的里德大学提供了全国最好的书法课程，遍及校园的每一张海报，抽屉上的每一个标签都手工书写得非常漂亮，因为我退学了，不需要按课程表上课，所以我决定去学习书法。我认识了 Serif 和 San Serif 字体，学习变更不同字母组合之间的字间距，明白了活版印刷的伟大之处。书法的美感、古老和艺术感在一定程度上是科学所不能及的，我对此感到着迷。

在我还是个大学生的时候，我没有想过这些东西能对我的生活有什么实际作用。但是，10 年后，当我们设计第一台 Macintosh 电脑时，我想起了当时学过的东西并将其运用在 Mac 的设计中。这是第一台能优美打印的电脑。如果我没有旁听那门课程，那么 Mac 永远也不会拥有各式的字体或是变间距的字体。

我要说的是，你不能预先串联起一点一滴，唯有你回顾过去，你才会明白那些点点滴滴是如何积少成多的，所以你必须相信这些小点儿在未来会以某种方式连接起来，

你必须相信某些东西：或是直觉，或是命运，或是生活，或是因果报应等的任何东西。这种想法从未使我失望，而且它还成就了我生活中的所有变化。

第二个故事：关于爱和失败

我很幸福，因为我很早就知道了自己爱做什么。当我20岁的时候，沃兹和我在我父母的车库里建立了苹果公司。我们努力工作，10年间，苹果成为一个拥有超过4000名员工，20亿美元资产的公司。在我才刚到而立之年的时候，推出了我们最棒的产品——Macintosh。然后，我被解雇了。怎么会被一个自己创立的公司炒鱿鱼呢?

在苹果的成长过程中，我聘用了一个我认为非常有才能，可以和我一同管理公司的家伙。在大概一年的时间内，一切都很顺利。但是后来，我们在公司的发展前景这一问题上出现了分歧，而且最终吵翻了。董事会的成员站在他那边，所以30岁时我出局了，我被公司炒了鱿鱼。我整个生活重心突然消失了，这让我不知所措。

在此后的几个月中，我真不知道该做什么，我感到自己令业界前辈失望了，因为我把传给我的权杖弄丢了。我见到了创办惠普的大卫·帕卡德（David Packard）和创办英特尔的鲍博·诺伊西（Bob Noyce）并向他们道歉，说自己把事情弄得一团糟。我是一个世人皆知的失败者，我甚至想到从硅谷逃跑。但是有一样东西支撑着我，我仍然深爱着我的事业。即使被苹果开除，我依旧没有改变我这个想法，所以我决定重新开始。

多年以后，我才意识到，被苹果开除是发生在我身上最棒的一件事情。成功的沉重被重当新手的轻松取代，它使我重获自由，我进入了人生中最富有创造力的阶段。

接下来的5年中，我分别创建了两家名为NeXT和Pixar的公司，并和一位后来成为我妻子的极可爱的女人坠入爱河。Pixar制作了世界上第一部以电脑绘制为特色的电影——《玩具总动员》，现在它已经成为世界上最成功的动画制作公司之一。NeXT开发的技术被苹果收购，成为苹果得以复兴的关键。同时我也有了一个温馨的家庭。

如果没有被苹果解雇，我确信这一切都不会发生，这是一副苦口的良药。有时生活的道路上布满荆棘，阻碍着你的前行，但是不要失去信心，对所做事情的深爱是使你不断前进的唯一理由，我对此深信不疑。你必须找到你的所爱。工作如此，爱情亦是如此。你的工作将填满你生命中的大部分时间，唯一令你真正感到满足的方法是从事你认为伟大的事业。如果你还没有找到，请继续寻找，竭尽全力，你要相信你一定会找到。请保持找寻的状态，在你找到之前，不要停下来，它只会随着时间越来越好。

第三个故事：关于死亡

我17岁的时候读了一则这样的格言：如果把每一天都当成生命中的最后一天来过，总有一天你会发现自己是正确的。这句话让我印象深刻，从那一刻起，在过去的33年中，我每天都会对着镜子自问："如果今天是我的最后一天，我会做我今天打算做的事情吗？"否定的答案持续了很多天，我意识到，我必须有所改变。

提醒自己快要死去，是我能够帮助自己做出重大抉择最有效的方法。所有的外界期望、名誉，所有对窘迫或失败的恐惧都在死亡面前消失得无影无踪，只留下真正重要的事情。提醒自己将要死去是避免陷入得失陷阱的最佳方法。你已经净身出户，没有理由不跟随心灵的方向。

大概一年之前，我被诊断得了癌症。那天早晨7点半，我接受了扫描，扫描结果清晰地显示我的胰腺上长了肿瘤，我甚至还不知道什么是胰腺。医生很确定地告诉我，这是一种不治之症，我的生命还剩3至6个月的时间。医生建议我回家，把一切事情安排好，这是医生对临终病人的标准建议。这意味着你要把原本用10年时间去告诉孩子的东西在几个月的时间内告诉他们；这意味着你要把一切都安排停当，让家人在你死后轻松一些；这意味着你要说再见。

晚上，医生为我进行了一次活组织切片的外科手术，从喉咙刺入内窥镜，穿过胃部，进入肠部，将针扎入胰腺，从肿瘤上取出一些细胞。我被注射了镇静剂，不省人事。一直陪着我的妻子后来告诉我，当医生透过显微镜观察取出的细胞时，他们全哭了。因为这是一种非常罕见的可以通过外科手术治愈的胰腺癌。手术之后我得到了康复，不得不说我是幸运的。

我已经有过最接近死亡的时刻，我希望在此后的几十年中都不要如此近距离地接近死亡。经历了这件事之后，死亡对我来说不只是一个抽象概念，我更加肯定地告诉大家，没有人想死。即使是那些想上天堂的人也不希望通过死亡到达天堂。但是，死亡是我们所有人的终点站，没有人能逃开它。死亡是生命的杰作，它清除掉旧事物，为新事物创造道路。现在你们是新生代，在不久的将来，你们会渐渐变老并退出人生舞台。请原谅我讲得如此戏剧化，不过这都是事实。

你们的时间很有限，所以不要把时间浪费在别人的生活中；不要被教条束缚，生活在别人思考的结果中；不要使自己内心的声音被外界的噪音所湮没。最重要的是，有勇气去追随你的心灵和直觉。在冥冥之中，它们已经知道你真正想成为什么样的人，其他的任何事情都是次要的。

我年轻时，有一本非常棒的杂志叫做《地球目录》，在我们那个时代被奉为圣经。一个叫斯特沃特·布兰特（Stewart Brant）的家伙发行这本杂志，他办得很有诗意。那是在1960年代末期，个人电脑和桌面出版问世之前，所有杂志的一切内容都是通过打字机、剪刀和拍立得相机制作出来的。它很像纸张版的Google：理想化，充满了新奇工具和神奇标注。

在二十世纪七十年代中期，我当时正是你们这个年龄。最后一期杂志的封底是一张清晨乡村小路的照片，照片下面是道别词："求知若渴，虚心学习。"

"求知若渴，虚心学习。"我时常用这句话自勉。现在，你们已经毕业并将在生命中迈出新的一步，我也用这句话来祝愿你们。

问题提示：

1. 乔布斯的这篇演讲有何特点？他是如何影响听众的？

2. 你从乔布斯的演讲中得到了怎样的启迪？

复习思考题

1. 如何才能有效地倾听？倾听的技巧主要有哪些？
2. 演讲的表达技巧有哪些？如何处理演讲中的突发情况？
3. 在会谈之前要做哪些准备工作？怎样处理会谈中的提问？
4. 提高阅读效率的方式都有哪些？管理阅读具体有哪些方法？
5. 描述一下写作的具体过程。

主要参考文献

[1] Adapted from Cliton O.Longenecker and Patrick R.Livepool, "Making Yourself All Ears," Management World 17, no.5 (October 1998): 22–23.

[2] 刘志超.现代推销学[M]3版.广州：广东高等教育出版社，2016.

[3] 刘志超.商务谈判[M]2版.广州：广东高等教育出版社，2011.

[4] 贝克.管理沟通：理论与实践的交融[M].北京：中国人民大学出版社，2003-03.

[5] 黑贝尔斯，威沃尔.有效沟通[M].5版.李业昆，译.北京：华夏出版社，2002年1月。

[6] 苏勇，罗殿军.管理沟通[M].上海：复旦大学出版社，2014.

[7] 张多中.管理中的沟通技能[M].深圳：海天出版社，2000-09.

[8] 王家瑾.人际沟通[M].重庆：重庆出版社，2001-05.

[9] 康青.管理沟通[M]5版.北京：中国人民大学出版社，2018.

[10] 魏江，严进.管理沟通[M]4版.北京：机械工业出版社，2019.

[11] 杜慕群.管理沟通[M]3版.北京：清华大学出版社，2018.

[12] 冯云霞，沈远平.北京：中国人民大学出版社，2015.

[13] 谢玉华.管理沟通[M]3版.大连：东北财经大学出版社，2017.

第五章

非语言沟通

学习目标

⊙ 了解非语言沟通的含义及其功能；

⊙ 认识身体语言及其使用技巧；

⊙ 认识副语言及其使用技巧；

⊙ 认识客体语言的表达途径；

⊙ 认识互联网时代下的非语言沟通。

关键概念

非语言沟通　身体语言　副语言
客体语言　互联网时代下的非语言沟通

[案例 5–1]

说不出的话，用 Emoji 来表达

如今，以文字为载体的社交方式逐渐被越来越多的现代化方式所取代，不得不提的就是当今最流行的 Emoji 了。在智能手机、移动平板电脑普及的年代，难道我们可以用其他方式来取代文字交流?

不知从何起，冉先生发现，办公室的同事在网络聊天时总会用很多有个性的表情符号，而这些表情自己之前都未见过。一打听才知道，原来同事们用了一款叫做“Emoji”的软件。随后，冉先生便下载了 Emoji 软件，和朋友们玩得不亦乐乎。

去年 2 月份，女朋友出国留学后，冉先生内心悲伤不已。在与女朋友分别的短信中他什么都没有写，只打出了Emoji里伤心的表情，而女朋友也回复了一个拥抱的表情，千言万语似乎已经尽在不言中。两个表情，传达了他们所有的思绪和感情。

Emoji这个词源于日语的“绘文字”，是一种视觉上的速记符号。实际上它并非真正意义上的表情符号，而是一种图像文字。绘文字与表情符号主要的区别在于，每一个绘文字都是用唯一对应的文字或词组来编码的，当你输入一个词语，相应的Emoji表情就会出现在词语库中供你选择，而单纯的表情符号如微信表情是限定在微信这个应用下使用的，也就是说Emoji比表情符号的适用范围更广。当然，无论是绘文字（emoji）还是表情符号（emoticon），以及后面会提到的颜文字（kaomoji），都是现在互联网上最流行的3种非语言符号。

一些网友表示，使用Emoji，可以让他们躲在图像的背后，既能减少心理压力，也能缓解气氛。当你安装Emoji这款软件后，打开输入法就会搜到六大类符号，每一类还包含多种图形符号。直接点击选中的符号，你就可以通过手机短信或邮件的方式给对方发送出去，还可以直接复制到朋友圈里。

人们在手机上的交流，悄无声息地被这些小符号刷了屏。网友姚敏不仅很喜欢用Emoji聊天，还喜欢收集一些个性的符号。“与朋友聊天时，有时文字会无法表达出自己内心的感受，用Emoji就简单化了。”姚敏说，Emoji可以更直观地反映自我情绪，如果使用其他方式，不论文字还是语音，都不可能达到这样的效果。

“相对于以文字为主的传统社交方式，Emoji更加真实、丰富多彩。”对于年轻人逐渐热衷Emoji的做法，新派心理专家、教育专家陈志林接受记者采访时表示：“在一个全民狂欢的年代，Emoji能够吸引大量年轻人的关注而风靡一时。”陈志林认为，现在人们热衷于使用Emoji等非语言符号聊天，首先是因为这种方式新鲜、有趣，既能够满足人们的好奇心，还可以增加乐趣。其次，人们在现代人际交往中关系越来越疏远，信任度也越来越低。在这样的情况下，有些人会产生人际交往恐惧症。所以，当聊天的过程中出现不确定因素时，他们常常会发一个非语言符号去试探一下，给自己一个回旋的余地。

当人们越来越热衷于使用Emoji这样的非语言符号来进行轻松、新奇的沟通时，你认为这会不会对语言沟通产生不利的影响呢？

第一节

非语言沟通的认知

在上一章语言沟通的学习中，我们了解了语言沟通的特点，掌握了语言沟通的方法与技巧，以及如何将其有效运用到企业管理当中。

事实上，人们在沟通时，特别是口头沟通时，往往不只是动动嘴就了事。在说话时，还伴有非言语的声音（如叹气、声调等），而身体其他部分也会有所动作。以上的这类沟通被称为非语言沟通，就是指通过使用不属于言语范畴的方法来传递信息的过程。

非语言沟通相对于语言沟通，具有以下几个显著的特点：

（1）独立性与伴随性。

独立性是指非语言沟通可以在相应场合下从语言沟通中剥离开来而独立使用。伴随性是指非语言沟通与语言沟通之间的相互作用和相互影响，后面会具体分析两者是如何关联的。

（2）普遍性与特殊性。

非语言沟通是人类文明的传承，具有普适性，比如微笑和握手是全人类表达友好的共同方式，因为有了这种普适性，人类之间的跨文化沟通才得以更好地实现。同时，由于不同种族和不同文化的差异，人们在非语言的表露上存在较大的差异。比如受到东方儒家思想的影响，中国人、日本人的情感表达会比较含蓄，而美国人则更加热情奔放。

（3）多样性与唯一性。

非语言沟通的多样性是指同样一种行为在不同文化背景下可能传达出完全相反的意思。例如在中国，长辈摸小孩子的头以表达关爱，而在泰国，摸小孩子的头是不被允许的，因为人们认为头是灵魂所在，是不可侵犯的。因此多样性也是在跨文化沟通中人们需要注意的地方。当然，特定情况下非语言沟通还是具有唯一性的，即相同行为所表达的含义是唯一且准确的。

（4）外在性与内在性。

外在性指非语言沟通可以向外界传递想要表达的信息的性质。比如一家餐厅的服务员精神饱满、态度热情，会让你觉得这家餐厅非常好。而非语言沟通也存在内在性，会受到个人内在心理活动的支配。

非语言沟通和语言沟通可以独立地使用，比如通过书面方式传递信息就是单纯的语言沟通，而交警在十字路口的指示动作就是完全的非语言沟通。但在日常生活中，常常是非语言沟通和语言沟通相辅相成的运用，非语言沟通是如何影响语言沟通的呢？

首先，非语言沟通可以加强语言沟通。比如当一个人想要表达对某个事物喜爱之情时，除了在语言上表达“喜欢”之外，说话者的姿态变化会很活跃，音调会偏高，以此来加强这种情感。

其次，非语言沟通能够辅助语言沟通。由于语言沟通的通道只有听觉和视觉，非语言沟通则可在触觉、味觉上对语言沟通进行补充，从而使信息表达更加立体。以道别为例，在多数情况下，非言语行为与言语行为相伴而行，互为补充，我们在说“我得走了”的时候，我们如果是坐着的话，我们会站起身来，同时双方告别时增加了目光的接触。另外，那些引导和控制会话流程的动作还可能对语言沟通产生调节作用。调节功能明显地表现在打招呼和会话中的“轮流说话”。以打招呼为例，它必须要经过几个环节：相互看见——（扬手）——略为低头以中断眼睛的接触——相互接近——正式打招呼，恢复眼睛接触。

此外，非语言沟通也用来替代语言沟通。如在交谈过程中，讲话者如果把目光集中在听话者的身上，尤其是面部，表达的意思是“我在跟你说话”。而听话者不时地注视一下讲话者，则表示“我在听着呢”。当讲话者快讲完时，总是抬起眼，示意对方：“该你讲了”。这时对方会接受这一信号，将目光移向别处，表示“我已经准备接话了”。然后听话者转为讲话者，重复刚才的一幕，谈话继续进行。如果讲话者喋喋不休，听的人的眼睛东张西望，则表示“够了，别讲了”。因此纯粹的非语言沟通也可以准确表达语言沟通想要传递的信息。

最后，非语言沟通甚至会否定语言沟通。明明语言上的意思是这样，但在非语言的表达上却又透露相反的信息，这就是我们常说的“口是心非”。比如一个撒谎的人，嘴上说自己说的都是事实，而眼神却游离，手上也有很多小动作。这些细微的信息，也成为犯罪心理学重要的研究课题。

根据国外心理学家的调查研究，在信息传递的全部效果中，言语只占沟通行为的7%，38% 是声音，而非言语沟通所起的效果最为明显，达到 55%。因此，管理者要树立自己的威信，增加对沟通对象的吸引力，就必须准确运用并理解各种非言语沟通手段。

非言语沟通的形式很多，它包括除语言和文字以外的一切传递信息的方式，如身体动作、面部表情、空间利用、触摸行为、声音暗示、穿着打扮和其他装饰等，甚至没有表情的表情、没有动作的动作，都是非言语沟通的有效途径。而近年来互联网的不断发展，使得社交网络、即时通信软件上开始出现一些花样多种的新兴非语言沟通形式。图 5–1 勾勒了这种沟通的分类。

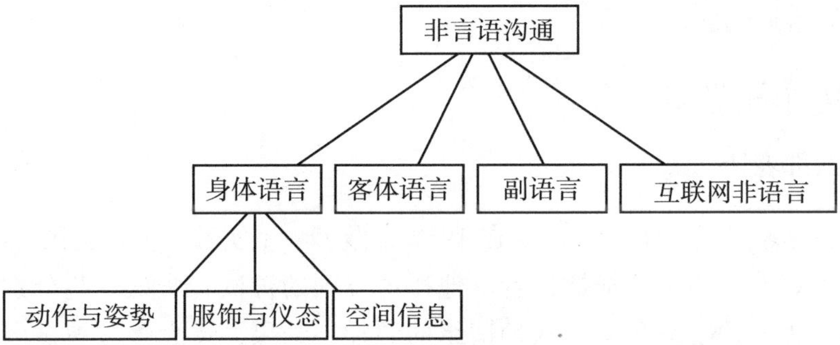

图 5-1　非言语沟通的种类

①身体语言：基本姿势、服饰、礼节动作以及空间信息等；

②副语言：包括沉默、话轮转接和各种非语义声音；

③客体语言：包括家具、建筑设计与室内修饰、外部声音、灯光、颜色、标识、书面文件排版、时间等；

④互联网非语言：包括用图案、图像传递信息的视觉语言，以及利用互联网实现的虚拟行为。

第二节

身体语言

身体语言（下面简称身体语）是利用身体动作来传递信息的一种非言语沟通手段。早在 1952 年，宾夕法尼亚大学的雷·博德惠斯特尔（R.Birdwhistell）教授就创造了 kinesics（身体语）这个词，此后身体语才陆续地得到研究。身体语通过身体动作或体态姿势传递信息，具有以下一些特点：

①在一个民族或文化里，用什么样的身体语来表示什么意思，是约定俗成的。违反规则会引起沟通误解。

②身体语可以是有意识的，也可以是无意识的。一个人走路的姿势多是无意识的，却能传达某种信息。

③身体语是以心理肌肉活动为基础的身体动作或动作停顿下来的姿势。

④身体语可以用来代替言语，同时也可以与言语相互补充或强调言语传递的信息。

⑤身体语可以是先天的，也可以是后天的。

在日常生活中，身体语是人们沟通中最常见的一种形式，因此，学会观察身体动作语言是顺利沟通的保证。

一、动作和姿势

（一）面部表情

美国心理学家爱斯曼（Athman）在 1957 年做了一个实验，他在美国、巴西、智利、阿根廷、日本等五个国家选择被试者。他让这五国的被试者辨认一些分别表现喜悦、厌恶、惊异、悲惨、愤怒和惧怕六种情绪的照片。结果，绝大多数被试者的“认同”趋于一致。而另一个心理学家埃玻斯弗里特（Eibl-Eibesfeldt）做的另一个实验进一步证实了爱斯曼的观点。埃玻斯弗里特对六个失聪失明的儿童（三个女孩和两个男孩是天生的，有一个从 18 个月开始失聪失明）拍了不同的影片来进行仔细观察，结果发现他们的表情与正常的儿童的表情并无两样。这两个实验证明，人的面部表情是内在的，具有较一致的表达方式，为此，面部表情被人们视为一种“世界语”。在面部表情中，我们应该特别注意眼、眉、脸部肌肉的变化。

1. 目光语

目光语主要由视线接触的长度、视线接触的向度以及瞳孔的变化三个方面组成。视线接触的长度指的是说话时视线接触的停留时间。除关系十分亲密者外，一般连续注视对方的时间为1~2秒钟以内。与人交谈时，对方视线接触你脸部的时间应占全部时间的30%~60%，超过这一平均值的人，可认为对谈话者本人比对谈话内容更感兴趣；而低于这一平均值的人，则表示对谈话内容和谈话者本人都不怎么感兴趣。不同的文化对视线接触长度要求有一些差别。在中东一些地区，相互凝视为正常的交往方式；而在澳大利亚的土著文化中，避免眼睛接触是尊重的表示。

视线接触的向度就是说话时视线接触的方向。说话人的视线如果是往下接触的（即俯视），一般表示“爱护、宽容”；视线平行接触的（即正视），一般多为“理性、平等”之意；视线朝上接触的（即仰视），一般体现“尊敬、期待”的含义。

瞳孔的变化是指接触时瞳孔的放大与缩小。瞳孔的变化是非意志所能控制的。在对方高兴、肯定和喜欢时，瞳孔必然放大，眼睛会很有神；而当对方痛苦、厌恶和否定时，瞳孔会缩小，眼睛无光。

可见，眼睛是心灵的窗户，目光的接触也是灵魂的接触。读懂对方的眼神，也就是读懂了他的心。

2. 眉毛及嘴巴的行为变化

一个人的眉毛也可以反映出人的许多情绪。当人们表示感兴趣或疑问的时候，眉毛会上挑；当人们赞同、兴奋、激动时，眉毛会迅速地上下跳动；处于惊恐或惊喜的人，他的眉毛会上扬；而处于愤怒、不满或气恼时，眉毛会倒竖；当窘迫、讨厌和思索的时候，往往会皱眉。

嘴巴的动作也能从各方面反映出人的内心。嘴巴紧抿而且不敢与他人目光相接触，可能对方心中藏有秘密，此时不愿透露；嘴巴不自觉地张着，并呈倦怠之状，说明他可能对自己或对自己所处的环境感到厌倦；咬嘴唇，表示内疚；当对对方的谈话感兴趣时，嘴角会稍稍往后拉或向上拉。值得注意的是，在使用英语的国家，用手遮住嘴，有说谎之嫌。中国人在对人讲话时，为了防止唾液外溅或口气袭人，爱用手捂住嘴，很容易使使用英语的国家的人认为他们在说谎话。

（二）肢体语言

肢体语言主要指四肢语言，包括上肢和下肢，通过对肢体动作的分析，可判断对方的心理活动或心理状态。

1. 手臂语言

①站立或走路时，双臂背在背后并用一只手握住另一只手掌，往往表示一种优越感和自信心。如果握住的是手腕，表示受到挫折或感情的自我控制，而如果握住的地方上升到手臂，就表明一种愤怒的情绪。

②手臂交叉放在胸前，同时两腿交叠，常常表示不愿与人接触；而微微抬头，手臂放在椅子或腿上，两腿交于前，双目不时观看对方，表示有兴趣来往。

③双手放在胸前，表示自己诚实、恳切或无辜，但如果双手手指并拢放置于胸前的前上方呈尖塔状，则通常表明充满信心。

④双臂向两侧平伸，上下拍打的动作，一般都表示飞。但是在使用英语的国家这一动作也喻指标致的女郎或男子同性恋者。

2. 手掌的行为语言

由于手部动作比较灵活，因此运用起来就更自如，手势也就成了身体动作中最核心的部分。手势可以是各民族共通的，如摇手表示“不”。手势也可能会因文化而异，如在马路上要求搭便车时，英、美、加等国人是面对开来的车辆，右手握拳，拇指翘起向右肩后晃动，但在澳大利亚和新西兰，这一动作往往会被看作是淫荡之举。在人们的日常生活中，人们有两种最基本的手势：手掌面朝上，表示真诚或顺从，不带任何威胁性；而掌面朝下，表明压抑、控制，带有强制性和支配性。在日常沟通中其他常见的手势还有：

①不断地搓手，或转动手上的戒指，表示的是情绪紧张或不安。

②伸出食指，其余的指头紧握，指着对方，表示不满对方的所作所为而教训对方，带有很大的威胁性。

③两手手指相钳，两个拇指相互搓动，往往表示闲极无聊、紧张不安，或烦躁不安等情绪。

④将两手指架成耸立的塔形，一般用于发号施令和发表意见，而倒立的尖塔形通常用于听取别人的意见。

⑤在讲英语的国家，人们喜欢将两手的食指和中指向下比划，意思是所谓的、自称或是假冒的。在表示讥讽某人时，也常用这个动作。

手势语言非常的丰富，短短几句话很难将它解释清楚。事实上，手势并没有非常固定的模式。由于沟通双方的情绪不同，手势动作也会各不一样，采用何种手势，都要因人、因物、因事而异。

3. 腿部语言

①站立时两腿交叉，往往给人一种自我保护或封闭防御的感觉，相反，说话时双腿和双臂张开，脚尖指向谈话对方，则是友好交谈的开放姿势。

②架腿而坐，表示拒绝对方并保护自己的势力范围；而不断地变换架脚的姿势，是情绪不稳定或焦躁、不耐烦的表现；在讨论中，将小腿下半截放在另一条腿的上膝部，往往会被人理解为辩论或竞争性姿势；女性交叉双臂并架脚而坐，有时会给人以心情不愉快甚至是生气的感觉。

③笔直而站，上身微前俯，头微低，目视对方，表示谦恭有礼，愿意听取对方的意见。

④坐着的时候无意识地抖动小腿或脚后跟，或用脚尖拍打地板，表示焦躁、不安、不耐烦或为了摆脱某种紧张感。

4. 体触语

体触是借身体间接接触来传达或交流信息的行为。体触是人类的一种重要的非言语沟通方式，它使用形式多样，并富有强烈的感情色彩，也具有强烈的文化特色。由于体触行为进入了最敏感的近体交际的亲密距离，容易产生敏感的反映，特别在不同的文化中，体触行为有其不同的含义，因此在沟通中要谨慎地对待。中国学者毕万继在他的《跨文化非语言交际》中，归纳了几种与中国人不同的使用英语国家的体触行为：

①除儿童之间，在同性之间的体触行为如勾肩，搂腰、拉手是同性恋的表示。但是，异性之间如果有类似的行为却毫不为奇，有些男女好友，好久不见，甚至可以相互拥抱和亲吻。

②在给人带路时，不论对方是同性还是异性，都以不触碰为得体，一般也不并肩而行，而是领着对方走。

③通过拥挤的人群时，使用英语国家的人喜欢用手来分路，而不用身体挤过人群。在拥挤的公共场合，避免大家挤在一起，长途旅行，如果座位不够，宁愿站着或大家轮流坐，也不挤在一起。

④两人并肩而行，无论是同性还是异性，都应保持 3、4 寸的距离。

⑤如果表示安慰，常常拍一拍对方放在桌上的手或拥抱一下对方。如果表示鼓励可以用手拍拍对方的肩膀。

⑥不能随便触摸别人的身体，甚至是长得很漂亮的小孩，尤其是女孩，如果遇到男性成年人触碰或拥抱时，有时会怀疑该男子有猥亵的企图。因此，如果想抱一抱小孩，一定要取得孩子父母的同意。

⑦在排队或人群拥挤的地方，如果不小心碰到他人，则一定要道歉。

总而言之，动作是非言语沟通的一个重要类别，当我们看和听时，我们必须注意沟通者身体的各个部位——头部、躯干、手臂和腿，并从这些动作中体会沟通者的用意。但同时也必须注意，文化定义了言语和非言语的行为，身体语言的意思可能会因为文化的不同而不同。

二、空间

美国心理学家罗伯特·索然（Robert Sojan）对个人空间问题做了一个细致的研究，其研究结果表明，人都具有一个把自己圈住的、心理上的个体空间，它就像一个无形而可变的“气泡”，不仅包括了个人占有物（如写字的桌椅等），还包括了身体周围的空间。一旦有人靠得太近，突破了自卫的“气泡”，就会感到不舒服或不安全，甚至想马上离开。

美国著名人类学家爱德华·霍尔（Edward T.Hall）通过对美国中产阶级情况的调查发现，人们在交谈中按交谈双方的关系及交际的需要而保持不同的距离，并根据距离调整音量。在他的《无声的语言》一书中，霍尔将这种距离分为八个距离段，并测定出每段与谈话音量间的关系，基于这八个距离段，人们将这一分类综合成为四种距离或区域：

1. 亲密距离 / 区

亲密距离区是指两个人之间从身体接触到相距不超过 18 英寸。从心理学的角度看，这一区域是属于自己的，关系不亲密的人进入这一范围就会感到不舒服或引起威胁感。在这一范围内的话语往往是隐秘的，谈论的都是绝密的事情。在拥挤的公共场合，如剧院、电梯、公共汽车和火车，在距离上有着不成文的法则：

①一般不对任何人说话，包括你认识的人。

②避免与他人目光相遇。

③面无表情，不流露个人情绪。

④不得偷看或凑过头来看别人的书报。

⑤身体保持僵直状态，不可依靠他人。

⑥在电梯中，眼睛只盯着楼层号显示板。

2. 个人距离 / 区

距离约为 1.5~4 英尺，这是朋友间谈心的距离，所谈内容一般是个人的私事，一般谈话声音不高，而且柔和亲切。

3. 社交距离 / 区

相距 4~12 英尺，这是社交的正常距离，谈论的内容一般是非个人事宜。在这种距离谈话，音量适中，对无关者也不保密。

4. 公共距离 / 区

距离为 12 英尺以上，在这种距离内讲话声音很高，谈话内容不涉及个人私事，一般适用于讲课、演说、演戏等场合。

当然在现实交际中，并不是在所有场合都严格遵守这种法则，界域语所表示的语义，往往受本民族文化的影响，如两个关系一般的西班牙人或阿拉伯人的谈话，他们之间的界域距离就只有 15 厘米，而这在英、美人看来，简直就是不可思议，会被认为是一种侵犯和干扰。因此，在接触之前，必须了解双方的界域语，恰当地运用有利于传播的界域手段，使交往者之间形成一种恰当的心理气氛，让人有一种安全感和舒适感。

三、服饰礼仪

（一）服饰

人的服饰犹如人的行为举止，有着丰富的信息传播功能，它能显示某人的职业、爱好、社会等级、性情气质、文化修养等。在穿着方面，国际上有一个公认的原则，即 TPO 原则。

“T”（time）指的是时间、年龄、季节和时代；“P”（place）代表的是地方、场所、和职业；而“O”（object）指的是目的、目标和对象。在符合这一总体原则的基础上，商务活动中得体的着装遵循的应是衣物的“搭配”，即使是便装，除衣服、鞋子和裤子的颜色相搭配之外，也应注意同衬衫、围巾、项链在颜色上的搭配。在正式的宴请、庆祝、会见外宾等场合，对着装有着严格的要求：西装要合体、优雅、符合规范；领带下端不要超过腰带，领带夹的位置应在衬衫的第二和第三粒纽扣之间；如果西装是三粒扣，一般只扣中间一粒，或者都不扣；衬衫应套在裤子里，领子、袖口露在西服外一厘米，衬衣袖口不应卷起来。在商务场合中，男人应避免穿棕色外套或猎装，而女士则避免穿暴露的时装。

（二）礼仪

1. 办公室礼仪

在接待来客时，如果没有接待人员引导来客到你的办公室，你应当亲自出去迎接，问候来客，并且带他到你的办公室去；当接待人员将访问者带到办公室，最好的接待方式是微笑着站起来，伸出手来相互握手。无论男女，都应站起来欢迎客人，站起来是对客人的一种尊重。热情的微笑，说出来访者名字，这些都会给来访者留下深刻的印象，有助于见面时形成一种友好的气氛。

如果由于一些突如其来的事件打乱了你的接待时间，你必须让客人等待一会，你应该抽出一两分钟跟客人问候一声，表明歉意，安抚客人的情绪。

不该做的事：

因公务去拜访某人最忌讳逗留时间过长，身居要职的人物工作繁忙，占用他们太多的时间会令对方不悦。因此，拜访者应该准时到达，谈完事情就走，时间最好以15~30分钟为宜；

在办公室不应该修指甲，女职员不要对镜化妆；

向同事借用了电话簿、报纸、钢笔、胶带等办公用具后应及时归还。使用复印机的人用完复印纸后应及时在机上添加复印纸，为以后的使用者提供方便；

不应把脚搁在办公桌和抽屉上。坐在办公桌前不应脱掉鞋子。

2. 一些正式场合的商务礼仪

（1）开业典礼

举行仪式的现场，一般设在铺面或商店的门口。为增加喜庆感，可悬挂红色横幅，上面写着："XX商店开业典礼"，会场两边同时摆放来宾赠送的花篮。

举行仪式时，来宾和主人分主左客右排列两边，面向群众。首先，业主宣布典礼开始，欢快的乐曲开始响起，鞭炮开始燃放。一阵热闹过后，业主作简短致辞，向来宾表示欢迎和感谢，并介绍本单位的经营特色和经营目标。业主致辞完毕，周围参加者鼓掌。接下来，有来宾代表发言，旨在对业主的开张表示祝贺，并祝贺其日后的生意兴隆。发言结束后，为了增加气氛，可再放乐曲或燃放鞭炮。之后，业主宣布典礼结束，并邀请来宾进店参观。这时，业主可与来宾举行短时间的会谈，广泛征求来宾的意见和建议。此外，还可以准备一些小礼品赠送来宾。业主也可以借开业大吉之日举办一些促销活动，以增加营业额和提高知名度。

（2）剪彩仪式

仪式开始之前要确认参加者是否对号入座。对坐在主席台的嘉宾，最好能够事先通知或由工作人员引导入座。会议主持人宣布剪彩开始之后，由负责人进行简短的发言。其内容主要介绍此次展览会或展销会的宗旨，或是该项新设施建成的意义，并对有关过程进行简短的汇报。剪彩时，主席台上的人员一般要尾随在剪彩者之后的一到两米处，等剪彩完毕后，转身向周围群众鼓掌致意。对于剪彩者来说，要注意穿着整齐、干净、利落，以求给人一种精干和文明的好印象。此外，剪彩者应注意使自己保持一种稳重的姿态，走向剪彩时，步伐要稳健，面带微笑。剪彩完毕之后，应转身向周围的群众鼓掌致意，并与主人进行礼节性的谈话，但时间不宜过长。此种场合下旁若无人的纵情谈笑都是有失礼仪的。

（3）合同签订仪式

参加合同签订仪式应注意以下几点：

穿着。大方和整洁的服装不仅是一名商务人员精神面貌的体现，同时也是对宾客或主人的尊重。在签订合同时，不管穿何种服装，都应注意整洁和挺括。

抵达和离开的时间。签订合同时迟到是极不礼貌的行为，必须按约定时间抵达场所。此外，在仪式尚未结束之前，不可擅自离去，若的确有紧急事件要处理，应先向对方说明后再离开。

座次。签订合同通常使用长方形的桌子。宾主相对而坐。以正门为准，主人坐背门一侧，客人则面向正门而坐。主谈人居中，其他人员按左右排列。

谈话礼节。要给对方有说话的机会。在对方说话时，也适当地发表自己的看法。善于聆听对方的谈话，不要轻易打断别人的发言。

道别。在仪式完毕后，双方负责人应起立握手致意和祝贺，其他人员则应鼓掌响应。

（4）餐桌上的礼仪

①座位规则。在宴会座位的安排上，使用英语的国家与中国有很大的区别。如果你参加一个使用英语的国家的宴会，他们的座位安排一般是：座位右为上，左为下。男主人陪伴最尊贵的女宾入席，并让其坐在自己的右侧；女主人由最尊贵的男宾陪伴入席，并让男宾坐在女主人的右侧，女主人左侧是第二重要的来宾，年轻的男宾入席时，则无须有人陪坐。夫妇尽量不坐一起，男女分开坐。如果你去参加一个中式宴会，他们的座次安排是：面向门的座位为上，背门为下。主宾坐在男主人的右上方，其夫人坐在女主人的右上方。夫妇尽量坐一起，同性尽量坐一起。当然，宴请时，你可能不知道自己该坐哪里，因为你并不知道自己对主人有多重要。不过，对此你不必太担心，因为主人一般会示意你坐哪里。如果他没有告诉你坐哪里，挨着他坐最好。

②手的位置。使用英语的国家要求正式就餐前坐着的时候两只手不能放在桌子上，胳膊肘也不可架在桌子上，只能自然垂在身体两侧或放在膝盖上，进餐时也以肘不放在桌上为礼貌。中国人也基本以此为参照，只是对进餐时胳膊肘的位置没有如此严格要求。但是无论中餐还是西餐，千万要记住的是：不要用手神经质地敲桌子，或把餐具敲得叮当响。

③汤羹和饮料。喝饮料前，必须等嘴里的东西都咽下去，并用餐巾擦一下嘴，这样，杯口上就不会留下食物的痕迹。喝汤或咖啡等热饮料时，最好先用汤匙小心试一口。喝汤时应注意不要发出“咕噜咕噜”的声音。不用汤匙时，应将它搁在碟子上靠近杯子把手下部的地方，或者放在汤盘下的托盘上。

④餐巾的用法。餐巾一般铺放在大腿上，以免弄脏衣服，还可用来擦嘴和擦手。如果是午餐餐巾，应把它完全展开，如果是宴会餐巾，则沿窄的一面对折成长条形。用完餐后，餐巾不应揉成一团扔在桌上，而应该顺手折好。

⑤玻璃酒杯的拿法。大的高脚杯（水杯或酒杯）一般用大拇指、食指和中指握住酒杯碗状杯身底部。但是，如果酒杯里盛的是经过冷藏或加冰块的白葡萄酒或玫瑰红葡萄酒，那么，为了避免手指的温度传热给酒杯里的酒，可以握住杯脚。

小的高脚杯通常用手指握住杯脚。平底无脚酒杯则握住底部。除小孩以外，不可用两手捧着。喝白兰地用的小口矮脚杯通常用双手手掌握住，用手心温酒，这样，可闻着白兰地浓郁的酒香，慢慢地品尝杯里的美酒。

⑥调味品。一个人还未尝过味道，就不分青红皂白地加盐和其他调味品，这种举动对厨师来说是一种侮辱。无论在自己家里、在别人家里，还是去赴宴，都不该如此。

倘若女主人做的菜还不够味，客人可以趁女主人不注意的时候悄悄地加些酱油和胡椒粉。如果在餐馆吃饭，把番茄酱倒在所有的菜上，是一种非常粗鲁的不尊重厨师的举动。番茄酱一般只用于汉堡包和淡而无味的菜肴。

⑦打嗝。打嗝是一种排出多余空气的自然反应，屏住打嗝对身体是有害的。在餐桌上若觉得自己要打嗝时，可以用餐巾捂住嘴，以减弱打嗝声。打嗝时应该说一声“对不起！”这话不必对着某一个人说。如果继续打嗝不止，应该起身离开餐桌，直到不打嗝再回来。

碰到某人打嗝，旁人应该假装没有听见。倘若某人在餐桌上打嗝，常常会使所有的交谈都停下来，大家都会为这位可怜的人感到不好意思。这时，就迫切需要一个好心的客人立刻想出一个令大家感兴趣的话题，使注意力转移。宴会上的鸦雀无声，只会使打嗝的人更加窘迫。

第三节 副语言

副语言又称类语言或伴随语言，也可称为副语言特征或伴随语言特征。所谓副语言就是通过语音的高低、强弱、快慢等物理特征来传递信息的特殊交际手段。心理学的最新研究结果表明，副语言在沟通过程中起着十分重要的作用。一句话的含义不仅取决于其字面意思，还取决于它的弦外之音。语音表达方式的变化，尤其是语调的变化，可以使字面相同的一句话具有完全不同的含义。G.L. 特拉格认为副语言包括两部分：

第一，音质。包括音幅、声调控制、韵律控制、音速、发音控制、共鸣、声门控制、声唇控制。

第二，发音。主要有：①声音特点的体现。声音包括笑声、哭声、叹息声、哈欠声、吞咽声、粗重的吸气声或呼气声等。②声音的修饰。包括声强（从过强到过弱）、声高（从过高到过低）和声音的长度（从过于拉长到声调过于短促）。③声音分隔。

此外，沉默停顿、插话声音、话语失误等都可以包括在内。在沟通中，我们要特别关注音量、语速、音高。

一、音量

音量是我们说话时声音的响度。音量可以为语言增添色彩，同时它也能告诉别人你是什么样的一种人。动作忸怩，不自然，脸色绯红，说话音量低而小，是胆小、不自信的表现。有些人声细如蚊子，只有自己听得见，别人即使竖起耳朵听也听不清楚。而上台说话更是忌讳音量太小，因为台下的人如果无法听清楚你所说的内容，一般会索性不听，在台下聊天或休息。说话的目的就是与人交谈、沟通，如果无法让对方听清楚，你的话就不具有意义，只能算是自言自语而已。但打雷般的说话方式也会造成听众情绪及听力上的负担，形成疲劳轰炸。说话音量过大，虽然没有敌意，有时却会让人误以为你在生气或是想吵架。因此，对于说话的人，恰当地使用音量是非常重要的。

值得注意的是，无论是高声呐喊还是低声细语，使用英语国家的人与中国人在高音和音量的有意控制方面，有所不同。例如，使用英语国家的人在公开演说的时候可以开怀大笑，但是他们在讲演、讲课、交谈或打电话的时候的声音却比中国人要低得多。因此，使用英语国家的人和中国人交谈时，或听到中国人打电话时，常常会感到不习惯。在饭馆、飞机上及其他一些公开场合，中国人的高声交谈往往使他们感到很奇怪。

二、语速

语速是指我们说话时的速度。语速在很大程度上会影响沟通的效果。有时说话速度太快，对方听起来会很吃力，因为还来不及理解一句话的意思，你就已经把第三句话说完了，因而可能无法消化你的话；而速度太慢，容易使听者心不在焉，因为你说话的速度赶不上他头脑运转的速度。

不能很好地控制说话速度的人会给人留下缺乏耐心，或是太过紧张的印象；而人们趋于信任那些说话语速适中、音量适中的人。在与人沟通的过程中，不断地调整讲话速度也是必要的。如当说话者感到对方可以很好地理解他时，可以稍微加快说话节奏，以便使话语显得更加活泼和更有感召力。但是如果发现对方听得有些吃力，就应该将语速慢下来。

三、音高

音高是指我们说话音调的高低。低音给人一种权威感和沉稳感，而高音却让人感到不舒服，因为它听上去更像是在训斥人，而不像在谈话。当人们生气和激动的时候，声音不自觉地会高起来。由于这个缘故，我们应该尽量不要提高声音讲话。

检查音高最好的办法是将自己的声音录下来，如果你自己都不喜欢高声说话，那么别人又如何能够接受呢？

第四节

客体语言

客体语言包括物体的一切有意和无意的展示。客体语言沟通就是通过对物质的操纵和环境的布置来达到沟通目的的过程。一般来说，这些物质可以具备双重功能：实用性和交际性。从交际的角度来看，这些物体都可以传递非言语信息。

一、建筑设计与装潢

不少公司利用办公楼的设计来传递非言语的信息，例如呈金字塔式的办公室安排就可以用来体现差别和权力。高级行政管理人员办公室面积最大，位置偏静，居于最高层，体现出少数行政管理人员高高在上地监管处于底层的大批一般工作人员。一般的看法是，如果你要求见某一领导，走的路越长，表明这位领导的权力越大。

不仅如此，室内的装潢也可以传递信息。夜总会和饭店的灯光比较昏暗，还有吸音的地毯、轻柔的背景音乐。这些都可以向客人提供舒适、安静的气氛。家庭住房的客厅布置也很有学问。有的客厅过于讲究，似乎在向来客警告：行走、坐下和触摸都要仔细；而有些客厅的布置给人留下的印象是：怎么舒服就怎么待着。

二、办公室的布置

管理者可以通过巧妙布置办公室来达到多样的目的：既可以显示自己的权力与地位，又便于与下级沟通。例如，据研究，公司领导人的办公室与室外下级人员办公室之间以使用简单玻璃隔开为好，这样，他可以看到外面，外面的人却看不到里面；采用高背座椅突出自己的地位，椅背越高，地位就显赫；利用转椅显示自己的地位，自己坐在转动灵活的转椅上与坐在固定的无扶手的椅子上的来访者交谈；精心安排主客座椅之间的距离，在办公室内摆些沙发和座椅，办公室主人如想与来访者拉近距离，可离开办公桌与客人并坐在一起，如想显示自己的地位和权力，可坐在办公桌后不动。

三、颜色

颜色可以产生很多联想意义，在沟通中我们必须注意颜色的运用。

红色是热烈、冲动、强有力的色彩，它能使肌肉的机能和血液循环加快。由于红色容易引起注意，所以在各种媒体中也被广泛地利用，除了具有较佳的明视效果之外，更被用来传达有活力、积极、热诚、温暖、前进等含义的企业形象与精神，另外红色也常用来作为警告、危险、禁止、防火等标示用色，人们在一些场合或物品上，看到红色标示时，常不必仔细看内容，就能了解警告危险之意，在工业安全用色中，红色也是警告、危险、禁止、防火的指定色。

橙色明视度高，在工业安全用色中，橙色即是警戒色，如火车头、登山服装、背包、救生衣等。橙色一般可作为喜庆的颜色，同时也可作富贵色，如皇宫里的许多装饰。橙色可作餐厅的布置色，据说在餐厅里多用橙色可以增加食欲。

蓝色是博大的色彩，天空和大海这辽阔的景色都呈蔚蓝色。蓝色是永恒的象征，它是最冷的色彩。纯净的蓝色表现出一种美丽、文静、理智、安祥与洁净。由于蓝色沉稳的特性，具有理智、准确的意象，在商业设计中，强调科技、效率的商品或企业形象，大多选用蓝色当标准色或企业色，如电脑、汽车、影印机、摄影器材等。另外蓝色也代表忧郁，这是受了西方文化的影响，这个意象也运用在文学作品或感性诉求的商业设计中。

紫色是波长最短的可见光波。紫色是非知觉的色，它美丽而又神秘，给人深刻的印象，它既富有威胁性，又富有鼓舞性。紫色是象征虔诚的色相，当光明与理解照亮了蒙昧的虔诚之色时，优美可爱的紫色就会使人心醉。

黑色具有高贵、稳重、科技的意象，许多科技产品的用色，如电视，跑车、摄影机、音响、仪器的色彩，大多采用黑色。在其他方面，黑色的庄严意象，也常用在一些特殊场合的空间设计，生活用品和服饰设计大多利用黑色来塑造高贵的形象，也是一种永远流行的主要颜色。

灰色具有柔和，高雅的意象，而且属于中间性格，男女皆能接受，所以灰色也是永远流行的主要颜色，在许多的高科技产品，尤其是和金属材料有关的，几乎都采用灰色来传达高级、科技的形象。

四、灯光

灯光可以创造一种环境效果，这种效果也会对沟通信息产生影响。一个典型的例子就是人们一旦进入烛光或灯光昏暗的屋内后交谈的声音会降低下来，而进入灯光闪烁的热闹场所，人们的情绪就会被激化起来。

正因为灯光具有如此魅力，经验丰富的设计师都可以根据各个房间和空间块面的特殊情形来进行照明规划。例如，一些公共活动场所（比如客厅、餐厅）需要有一种友好、亲切的气氛，产生这一效果的最好办法是选用传统的顶灯或枝形灯。如果还能辅以大落地窗，以便吸纳自然光线，效果则更佳。即使选择了普通型顶灯，你也可以通过诸如调光器、微电子控制器之类的小装置来改变光的强度和亮点，从而增添室内的情调。

在建筑特点高度突出的空间里，为了充分体现光的潜在美感，设计者可以将不同的光源加以配合。比如在晚间，就可以考虑上射、下射和背投光源的组合，而在白天，则可以通过采光效果好的天窗、边窗及玻璃门来最大限度地烘托建筑的美感。

有时，照明也有一些不寻常的用法。比如，把光源嵌在大理石楼梯的台阶内部，可以产生美丽的半透明光效。即使像台灯之类的家用照明用具，如果加以精心选择，所产生的投影效果和情调也会有很多变化。例如，手制羊皮纸灯罩和日本纸灯灯罩质地比较轻薄透明，光效透过它们射向四周，显得柔和、飘渺；而那些不太透光的灯罩会将光线向下聚拢，其效果与前者相比自然情趣迥异。维多利亚式串珠及流苏可以使灯光产生斑驳的投影效果，要是灯架或灯罩上缺少这些饰物，如此丰富有趣的光影组合实在是难以实现的。如果你的财力雄厚，那么便可以考虑安装几盏激光灯，激光能够在平面上产生多层次的色彩，也可以灵敏精确地将光线投射在你有意突显的物品上。

五、书面文件的空间排版

通过书面文件进行沟通，在内容上属于语言沟通，但是在页面的空间排版上却属于非语言沟通的范畴。

我们在日常工作中，常常会接收或者发送书面文件，你是否注意过如果这份文件的格式杂乱、字体很小、间距很窄的话，你一定会感觉到不舒服。这是因为它在传递一种非语言的信息，表示一种不礼貌或不规范的压抑感，从而让阅读者感觉到不被尊重。相反，如果文字的间距过大，会给人造成一种浪费、自大且不美观的感觉，让阅读者感觉到书写者没有足够的诚意。

因此，我们在编写书面文件的时候，不仅要注意内容上的清晰、恰当，也要注重文字空间排版的合理性。要注意使用相应的规范格式，选择大小合适的字号，将文字间距调整到看起来比较舒适的距离，这样一来让对方觉得你专业规范，同时也感到被尊重认可，从而更好地辅助文件内容的有效传递。

而信息技术的快速发展，使得原来很多写在纸面上的文件转换成了电子文档，就像如今我们熟悉的 Word 办公应用软件、电子邮件，还有网页信息。不过，信息技术改变的只是展现文件的媒介，其本质并没有改变，现在当我们使用电子文档时，也请注意其空间排版所传递的非语言信息。

六、时间

时间也可以被看作是一种物质，一种客体。在人们的日常沟通交流中，我们可以通过时间这个客体，来传达或者分析它包含的非语言信息。

对时间的衡量有两个方面，一方面是对时间的遵守。通过人们对时间的遵守程度，可以判断出人们职权高低或者对某件事的重视程度。比如，你和某个人约见，如果对方是你的上司，你一定不会让他等待你，而是会提前到等他过来，如果对方是你的下属，你或许会对是否准时没有那么紧张，只要在对方容许的心理等待限度内到达赴约，就不会有什么大问题了。另外，如果你对这次约会十分重视，那也肯定不会迟到，因为迟到就代表着你对这次约会或约见的人不重视不尊重，而是否准时也是衡量一个人是否守信的重要标准之一，因此在与人的沟通中一定不要忽视了时间对沟通产生的影响。另一方面是对时间的态度。可以从一个人步行的速度、动作的快慢感受到这个人的内心紧张焦虑程度。

第五节

互联网时代下的视觉语言

信息技术的高速发展推动着人们进入了互联网时代，在这样一个全新的时代里，有很多传统的事物被颠覆，也有很多新鲜的东西被创造出来。非语言沟通也在这场巨大的时代变革中产生出花样繁多的方式来，那么在互联网时代下，非语言沟通的方式到底发生了哪些变化，它们又是如何影响人们的生活呢?

互联网将面对面的人际沟通转移到了由虚拟网络所提供的各种平台上，这些平台包括人们现在熟知的即时通讯软件和社交网络，在这些网络平台上，除了文字和语音这样的语言沟通之外，同时也出现了非常新颖的非语言沟通方式。比如像微信、QQ 这样的即时通讯软件就出现了表情符号这样的视觉语言，而诸如微博、Facebook 这类的社交网站则能够让用户去实现一些虚拟行为。

一、视觉语言

视觉语言是由视觉基本元素和设计原则两部分构成的一套传达意义的规范或符号系统。其中，基本元素包括：线条、形状、明暗、色彩、质感、空间。它们是构成一件作品的基础。设计原则包括：布局、对比、节奏、平衡、统一。视觉语言是非语言体系中的一个分支，它最开始是为了规范艺术家用来组织和运用基本元素传达意义的原则和方法。在艺术领域中，艺术家通过特定的视觉元素设计出作品来向人们传递他想要表达的信息。

不过对于互联网时代来说，视觉语言已经被赋予了新的形式，它不再是只有艺术家才能传达的东西，而是人人都可以在即时通讯中传送的表情符号以及非语言的绘文字和颜文字。

（一）表情符号

如今，通过即时通讯软件的输入栏发送表情符号的情况已经是司空见惯了，除了QQ，还有微博、微信甚至是短信，人们使用表情符号的频率都高得惊人。不仅仅是即时通讯平台提供了默认的表情符号，微信还推出了用户自己制作和上传表情的功能。

曾有争议说表情符号是否会成为一门新的语言，而相关专家给出了否定的答案。他们认为表情符号不具备语言的典型特征，而是具有非语言的特点，作用是增强、丰富以及代替网络文字交流。人们就是想要通过表情符号来加强语言的感情，补充更完整的信息，抑或是表达难以言语的模糊情感。

（二）颜文字

颜文字源于日本，比表情符号的历史更加悠久，是创制于 1998 年的一种多语言横排符号组合。颜文字以其可爱而又有创意的特点，借助着信息科技的发展，在中国、日本和韩国等东亚地区形成了规模巨大的粉丝群体，在全球拥有超过十亿用户量级的受众。当前，颜文字（kaomoji）与绘文字（emoji）、表情符号（emoticon）齐名，发展成为影响世界的网络文化符号。图 5-2 为部分颜文字的示意，人们运用这些颜文字就可以很方便地通过网络信息通信表达自己的心情与感受。

^_^ 高兴
XD（横向看）多用于高兴地笑、张开嘴大笑
T_T 哭得伤心
-_-b 流汗
=_=" 无奈
=3= 亲吻、嘟嘴
^o^/ 抱抱
（^o^）/ 开心
._/.# 生气
（=^_^=）喵喵
（一（工）一）大狗熊

图 5-2 部分颜文字的示意

二、虚拟行为

除了视觉语言之外，人们还可以通过互联网进行一些虚拟行为来实现非语言沟通。互联网背景下的社交网络，为了将线上沟通变得与线下沟通一样甚至更加有趣丰富，创造了很多新奇的社交互动玩法。人们通过这些虚拟的互动进行沟通，增进感情，而相当一部分的虚拟互动是属于非语言的沟通。

（一）微信红包

微信红包是微信开发的让用户在线上发红包抢红包的功能。微信为每个用户提供了一个可绑定银行卡的虚拟钱包，用户可以将钱包里的钱以红包的形式发送给指定的微信群或者个人，总额和红包个数都可以自定义，而对方领取红包的金额也根据随机算法而不定，由此增添了抢红包的竞技性和趣味性。

这种在网络上进行的红包大战，就是一种新形式的非语言沟通。当有人向微信群发送红包时，就是以一种非语言的行为向群里的朋友们表达问候与祝福。这种情感的表达，伴随着竞争和有趣的游戏，所以其他朋友们就非常乐意以参与这个小游戏的方式来做出回应，接收祝福，同时表达感谢。在这种你来我往的互动过程中，人与人之

间的情感得到了很好的交流与沟通。

（二）点赞

有些时候，当我们看到朋友在社交网络上分享东西时，我们可能想要与他产生一些互动或关联，除了在分享下方的评论区可以以文字的方式直接与朋友交流之外，我们还可以有一种更加简洁并独特的沟通方式——点赞。

点赞是一个位于朋友所分享内容下方的一个大拇指形状的按钮，当我们轻轻点击一下这个按钮时，我们就完成了一次对该朋友分享内容的点赞，而点赞数也会经过累计显示在按钮旁边。据统计，点赞已经成了 Facebook、推特 Twitter、YouTube、微博、微信等国内外各大社交网络用户最喜欢的沟通方式。那么一个小小的点赞动作，是如何可以超过言语上的交流，成为一种风靡全球互联网的非语言沟通呢？

点赞的含义代表着“喜欢”“赞成”，是对朋友所做之事的积极回应。在表达这种情感时，语言虽然会很直接和具体，但有可能也会使人际沟通变得冗余、复杂，增加了无谓的社交成本。也许正是因为“此时无言胜有言”的感觉，简洁而纯粹的点赞行为恰到好处地表现了喜爱赞美之情，成为社交网络上人际来往的有效沟通方式。

本章小结

非言语沟通，就是通过使用不属于言语范畴的方法来传递信息的过程，主要包括身体语言、副语言和客体语言沟通以及互联网背景下的新型非语言沟通。

身体语是利用身体动作来传递信息的一种非言语沟通手段。在日常生活中，身体语是人们沟通中最常见的一种形式，因此，学会观察身体的动作语言是顺利沟通的保证。

副语言是通过语音的高低、强弱、快慢等物理特征来传递信息的特殊交际手段。副语言包括两部分：音质和发音。在沟通中，我们要特别关注在沟通中沟通者的音量、语速、音高的变化。

客体语言包括物体的一切有意和无意的展示。客体语言沟通就是通过对物质的操纵和环境的布置来达到沟通目的的过程。一般来说，这些物质可以具备双重功能：实用性和交际性。

互联网的发展扩充了非语言沟通的形式，以视觉语言和虚拟行为为主要形式的新型非语言沟通正在各类即时通信软件和社交网络应用上迅速发展。人们可以利用发送表情符号、绘文字和颜文字来替代文字信息的沟通，可以通过发送红包、点赞等虚拟行为与网络上的朋友更好地沟通。未来非语言沟通将产生哪些新形式，我们不得而知，但有一点可以肯定的是，非语言沟通作为一种与语言沟通同样重要的沟通方式，一定会随着时代的推移而蓬勃发展。

课堂讨论

请结合本章相关知识，对案例5-2中非语言符号的沟通是否对语言沟通造成不利影响的问题进行讨论。

[案例5-2]

点赞：社交网络人际沟通新模式

社交网络中“点赞”按钮的推出，成为一种人际沟通的新形式，人们通过“点赞”这个相同的按钮表达着不同的含义，而其背后隐含的是互联网时代下人们沟通方式的转变。

“赞”这个按钮在国内外众多大型社交网络中都不鲜见，比如国外著名的社交网站Facebook、轻博客平台twitter以及全球最大的视频网站YouTube，还有国内的人人网、新浪微博、微信朋友圈等都有类似的功能。“点赞”与微信红包一样，都属于在网络上的一种虚拟行为，用户通过相应网站或应用提供的功能，实现线上的社交往来，而实际生活中并没有发生。“点赞”已成为网络用户的一大习惯，“随手点赞”“点赞狂魔”等也已经成为网络流行语。近日，YouTube将对用户上传视频的评价从打分换成点赞，官方给出的解释称：“在评星（打分）机制下，人们往往会点击1或5分，2、3、4分受到冷落，因为人们打分大都凭借情绪和感性，而并非理性客观的逻辑分析。”

“看到了朋友发的状态却没有什么可说的”，这个时候，许多用户会选择“点赞”。“点赞”与留言、评论的不同就在于，“赞”这个按钮基本上不具备任何除“认同、喜欢”之外的含义，在其传播上不像留言那样需要组织语言并表达一个明确的概念。如今，“赞”本身的含义也已经弱化，它可以什么意思都没表达，也可以表达无限的含义，不同的人会有不同的解读。这样的表达方式更加简单，用户不用思考如何组织语言来表达观点，也不需要复杂的操作过程，不必花销过多的人际成本，只需要手指轻轻一动，就能向朋友发出提示，向他显示自己的关注。

“蜻蜓点水式的赞，表示着‘嘿，我在关注你’。”麻省理工学院的研究证明，今天的人们更希望用“小啜一口”的网络社交方式，而不是用大段的真实对话。对于一个信息一直都在迅速更新的社交网络来说，文字上的沟通显得非常赘余，会给对话双方带来不小的沟通负担，而“点赞”的方式既满足了人们沟通的需要，又简约而纯粹。

“点赞”不仅是一种网络互动，也是一种人际传播方式，简单的含义表达互动也是一种与朋友沟通的方式。加州州立大学的心理学教授拉里·罗森（Larry Rosen）在

《点赞的力量：我们喜欢被关注》中说：每天数小时沉浸在社交网络中的年轻人，通过多次的“小啜”式的与人沟通，就像喝水一样，虽然一小口一小口地喝，但是由于次数多，干渴也会得到缓解。点赞这种简单的沟通机制，也能够在一定程度上满足人与人交往的渴望。那些缺乏自我存在感的人，则也希望通过点赞与人保持联系，用轻松的方式维系人际关系，用点赞这种方式证明自己在人际交往圈子中的存在。

在这个信息不断涌现的时代，相信你也一定被包裹在互联网社交的这张大网之中，“点赞”火起来的同时，是否也应该有所思考，毕竟“点赞”作为一种网络上的虚拟行为，其真实性也会被打上问号，“点赞”的人是出于什么样的心态给你“点赞”的呢？他“点赞”的背后是否还有被隐藏的其他信息？“点赞”带给网络用户的快感，是否只是虚幻网络世界的一种产物呢？

朋友，你今天“点赞”了吗？

问题提示：

1. 您在使用社交网络时，会出于怎样的原因为他人点赞？

2. 点赞是新媒体时代快节奏人际交往的产物，但对于泛滥的点赞也值得我们反思。点赞到底能不能帮助我们加深与朋友感情呢？

复习思考题

1. 什么是非言语沟通？它对言语行为起什么作用？

2. 身体语言有何特点？

3. 根据你的观察，各种非言语沟通手段是怎样习得的？是先天的，还是后天的？如果是后天的，人们是靠什么方法学会这些手段的？

4. 请说明在不同场合的服饰和仪态。

5. 除了书中所提到的，你还能列举其他的互联网非语言沟通方式吗？

6. 你觉得互联网的发展会对非语言沟通产生哪方面的影响？

主要参考文献

[1] 贝克 . 管理沟通：理论与实践的交融［M］. 北京：中国人民大学出版社，2003.

[2] 程大荣，潘水根 . 企业经营文书写作［M］. 杭州：杭州大学出版社，2013.

[3] 桂诗春 . 应用语言学［M］. 长沙：湖南教育出版社，1998.

[4] 胡文仲，毕继万 . 跨文化非语言交际［M］. 北京：外语教学与研究出版社，1999.

[5] 科尔 . 沟通的技巧［M］. 北京：中央编译出版社，1998.

[6] 苏勇，罗殿军 . 管理沟通［M］. 上海：复旦大学出版社，2014.

[7] 徐开元 . 美国风俗大观［M］. 上海：东方出版中心，1997.

[8] 杜慕群 . 管理沟通［M］. 北京：清华大学出版社，2018.

[9] 康青 . 管理沟通［M］. 北京：中国人民大学出版社，2018.

第六章

全球化与沟通

学习目标

⊙ 了解全球化背景下的沟通；

⊙ 了解全球化沟通的障碍；

⊙ 掌握消除全球化沟通障碍的方法。

关键概念

跨文化沟通　全球化沟通

[案例 6-1]

全球化办公有效沟通需要软件“协作力”

到 2018 年底，IBM 在全球已经拥有 35 万员工，虽然比高峰时期裁减了近 10 万人，但依然是一个很庞大的队伍。从人力资源的角度来看，如何在这种情况下将所有人“连接”起来，打破不同国家的工作者在时间、地点、信息对称程度等沟通问题上的“天然”屏障，成为 IBM 员工工作的重点。

由于 IBM 全球员工办公地点不同，而且他们工作时间也不是传统的朝九晚五，比如有些业务人员需要晚上很晚与美国同事进行电话会议，所以 IBM 鼓励大家不局限在办公室工作，工作时间和地点具有很大的灵活性，大家可以根据自己工作内容找到符合自己情况的工作模式。

那在这样的情况下，IBM 员工原本需要面对面才能较好实现的“即时交流”以及员工培训之类的事情怎么达成呢？ IBM 员工的利器就是软件“协作力”。在 IBM，这一切主要是通过 Lotus 软件来实现的。IBM 一直在使用 Lotus Notes、Sametime、

Connections、On Demand Workplace、Portal 等一系列关注协作的软件。举个例子，员工在“On Demand Workplace”中，可以建立自己的通讯录、微博、简历等等——有点类似自己的 Facebook，大家可以通过这个平台查到各种信息，比如找到其他国家的 IBM 员工。

然后，根据大家在“On Demand Workplace”个人资料中填写的工作职责和个人兴趣，IBM 可以为其提供个性化学习建议——将学习、培训、技能规划及业绩管理整合到一起。比如 IBM 对大中华区几千名经理的培训都是在虚拟培训课堂完成的。目前，IBM 员工近 70% 的学习活动均采用在线模式。大幅度减少了教育预算。

IBM 员工可以通过 Lotus 软件找到志同道合的人一起工作，这里面有“立体”的个人信息——他的联系方式，他对哪些事情感兴趣，他拥有了哪些技能，他正在参与哪些项目。通过这个软件系统，IBM 能更好地发现一个人在哪些方面有特长或者有比较深入的研究。哪怕他在几万里之外，哪怕他第一天进入 IBM，只要进入了这个系统，他就是一个立体的血肉之躯。

在 IBM 没有亘古不变的专家，专家不是一个定位，不是职务很高就一定是专家，IBM 只有“事件专家”，就是在某一个特性上有很强的知识。通过上述系统，就能很容易搜索到某人对某件事情的关注度，他在微博上说过的相关话题，他做过的类似项目，他间接认识的“重要人”等。以此来评判他是否是某一话题和项目的专家，然后再通过即时通讯软件联系到他，商讨一起合作项目的事宜。不需要对方一定要出现在身边，也不需要非得面对面，但某种程度上这才是真正的“同事”——IBM 很多工作都是这么完成的。

目前在中国，大约有 30% 的员工在家办公，但在美国，在家办公的人数已经超过了 70%。这不是为了“弹性”而“弹性”，而是社会和企业的发展需要 IBM 和 IBM 员工变得更加灵活和富有弹性。而在这样一个多元文化渗透整个职场环境的大趋势下，企业要做的，不是努力让这些人面对面地聚在一起，而是要让他们在不同的时间和空间里也能实现“面对面”的功能。

资料来源：根据微信公众号全球公开课（CourseTalk）推送文章改编。

第一节

全球化与沟通

一、什么是全球化

20 世纪 80 年代以来，“全球化”（globalization）一词广泛应用于西方国家的人文科学领域。究竟什么是全球化？迄今，不同的专家学者见仁见智，从各自研究领域和视角出发，给出不同的定义。其中比较有代表性的观点有以下几种：“地球村”（global village）的提出者马歇尔·麦克卢汉（Marshall Mcluhan）认为，全球化就是信息克服空间障碍在全世界的自由传递；自由主义经济学认为，全球化是资源在全球范围内的自由流动和配置；一些左翼学者则从体制角度把全球化看作资本主义的全球扩张；英国社会学者安东尼·吉登斯（Anthony Giddens）从制度角度，把全球化看作现代制度或现代性从西方向世界的扩展；罗马俱乐部（Club of Rome）认为，全球化就是全球问题意识和全球共识的达成。还有一些学者从全球化带来世界经济一体化的优势角度对全球化范畴进行界定，认为“全球化概念描述的是一种使世界经济接近于完全市场这一理论的理想发展。这种发展所带来的值得向往的结果是：效率提高，商品更符合消费者需要。”“全球化是一场革命，它使企业家能够利用世界任何地方的资金、技术、信息、管理和劳动力在他希望的任何地方进行生产，然后把产品销往任何有需求的地方。全球化意味着许多好处：人们能享用来自世界各地的大量新颖而便宜的商品和服务；控制经济信息的、受过高度训练的工作人员能得到丰厚可观的薪水；特别是在贫穷国家成千上万的工人有机会过上体面的生活”。

虽然上述观点各异，但我们可以从中提炼出其内涵的共同要素，并将其作为全球化概念的关键词，即跨越国界、世界市场一体化、信息技术、沟通、自由流动。

综合各家之长，我们将全球化定义为：现代人类借助先进的信息技术和广泛的沟通渠道，跨越空间地理疆界束缚，克服制度文化障碍，在“地球村”即全球范围内自由流动，充分交流，达成更多共识，采取更多共同行动的过程和趋势。

二、全球化的主要特征

（一）与知识经济和信息产业的发展以及科技进步紧密结合

全球化的产生与发展，始终与知识经济和快速发展的信息产业以及科技进步紧密结合在一起，从某种程度上讲，知识经济、信息产业与科技进步是全球化的助推器，它们的强力推进使全球化呈现出一种日益增强、不可逆转的强劲发展态势。

（二）参与主体多元化

全球化发生在多个领域和多个层面，参与主体广泛且多元，其中既有不同的国家、不同的国际组织和不同的民族，也有各种共同体、企业以及个人。在全球化的进程中，一方面，以美国为代表的西方发达国家作为主要发起者不断地推动和强化统一性；另一方面，不同参与主体的自我认同意识进一步增强，他们更加努力地展示自己的特点，彰显自己的个性，维护人类文化的多元性。

（三）与各种矛盾与冲突相伴随

全球化涉及的面广，影响的领域和层次多，触及的关系错综复杂，因此全球化过程不可避免地与各种矛盾和冲突相伴相随，包括全球化与本土化的矛盾与冲突、世界市场与民族国家以及国内共同体的矛盾与冲突、不同民族之间的矛盾与冲突，以及不同文化或不同文明之间的矛盾冲突等。

三、全球化背景下沟通的新趋势

沟通在社会生活中无处不在。在企业管理实践中，沟通是联系企业内部不同人员、企业内外部组织机构或个体的桥梁。沟通方面的管理工作意在消除沟通障碍，提升沟通效率，使得信息在不同个体之间更有效率地传递，从而增强组织凝聚力，最终增强组织的竞争优势。但在全球化背景之下，人际沟通出现了很大的变化，主要的两个趋势是跨文化沟通和现代传播媒介进入人际沟通。

（一）跨文化沟通

20 世纪 90 年代以来，展现在企业管理者面前的是一个不断变化发展和日益复杂化的世界。世界格局多极化和全球经济一体化趋势的加速发展以及科学技术的进步正在深刻地改变着当代经济和社会生活。这种被不少人称为“地球村”的现象，伴随着知识经济（knowledge economy）浪潮悄然而起。传播媒介和信息网络的全球化推动着新的生活方式在全球的传播，企业原有的组织机构、技术方法、决策模式、控制理论等在跨国经营和管理时，越来越多地面临各种诸如语言、价值观念、心理、传统习俗、行为方式、态度等民族文化差异的挑战。经济的繁荣和国际旅游业的迅速发展，也带来了更深层次的文化交流。

跨文化沟通指信息或想法在具有不同文化背景的人或组织之间传递或交换的过程。沟通双方来自不同的文化背景，借助一定的沟通渠道传递信息和想法。

跨文化沟通立足于不同的文化背景。不同国家的人群拥有不同的价值观念，行为方式也会有很大的差异，这就形成了不同国家之间的文化差异。在跨文化沟通中，首先要识别文化层面的差异。

通常，在跨文化经营中，企业所遭遇的文化差异可以分为国家层面的文化差异和企业层面的文化差异。国家层面的文化差异指的是整个国民文化所体现出来的差异，其根植于国家的历史发展和人文特征。这一类型的文化差异往往具有深厚的基础，稳定性强，难以为外界力量所改变。企业层面的文化差异是针对不同企业内部的文化差异，这种差异来自不同企业成长的经历和人员构成。相对于前者，企业层面的文化差异对于跨国经营，特别是跨国并购和整合的影响更为直接。

由于跨文化沟通双方的文化背景、价值观、思维方式和生活方式不同，跨文化沟通与一般沟通存在很大差异，这主要表现在沟通方式和过程上。跨文化沟通的关键在于建立双方的共同点。沟通实际上是建立共同语言的过程。共同语言的形成将会有效拉近沟通双方的距离，促进共识的达成。在跨文化沟通过程中，不同文化背景造成了沟通双方意识形态、价值观、信念和知识背景的不同，建立共同点变得尤为困难。因此，为了有效地进行跨文化沟通，应努力寻找双方的共同点。跨文化沟通的过程更为复杂。跨文化沟通首先需要跨越文化差异，还要进一步跨越由文化差异带来的思维方式、行为习惯、谈判风格等方面的差异，这一切都加剧了跨文化沟通的复杂性。因此，沟通双方需要不断地分析彼此的思想、感情和行为，并随时评估沟通的过程和结果，据此调整沟通的方式以及自己的行为。

跨文化差异造成了国际公众在语言文字、审美情趣、道德宗教、价值取向、思维方式、风俗习惯、民族情感等方面的不同特点，增加了企业管理沟通的复杂性和难度。实践证明，要在国际市场占有一席之地，提高竞争力，实现有效的跨文化沟通是一个十分重要的前提。

（二）新型沟通技术下的沟通

基于现代电子技术和计算机技术，洲际信息共享和数据传递非常方便。如今，企业界的管理者可以利用更多的沟通工具，如何理解和运用这些新技术，将会影响到沟通的效果，也会影响到其他人的沟通和行为。现代信息技术和网络技术的运用，为企业提供了丰富的现代网络沟通方式，常用的网络沟通方式包括电子邮件与语音邮件系统、网络电话、网络传真、电子公告牌，即时通信，视频会议等。

电子邮件（electronic mail，E-mail）是指计算机网络上的各个用户之间通过电子邮件进行沟通交流的方式。电子邮件沟通是最先获得广泛应用的互联网通信方式，可以实现一对一、一对多、多对多的通信需要。因此，利用电子邮件的沟通方式，企业管理者可以向某个个体传递信息，也可以向某个群体发送会议通知、备忘录等。电子邮件沟通方式解决了普通信件的时间误差问题，而且接收者可以即时回复。人们选用面对面沟通或是电子邮件进行沟通会受到所要沟通的内容和复杂性的影响，对于国际用户来说，已经有一些设备能够在法语、德语、西班牙语、葡萄牙语和英语之间对信息进行互译。语音邮件系统是另外一种广泛运用的邮件沟通模式。企业的销售人员经常使用语音邮件系统进行沟通，使用语音邮件系统时一定要注意接收者不一定能及时地收取信息，因此，紧急信息传递时，要慎用语音邮件系统。

网络电话（voice over internet protocol，VOIP）是指通过互联网直接拨打对方固定电话和手机的沟通方式。网络电话的发展经历了三个阶段：电脑对电脑的通话、电脑对电话的通话和电话对电话的通话。随着宽带和4G的普及，网络电话迎来了井喷式的发展，由于手机接入互联网更加快捷、方便，更多人尝试下载网络电话软件来进行通话。目前，欧洲已有60%的企业选择网络电话服务，近年来我国网络电话的通话量也快速增长。

网络传真（network fax）是基于电话交换网（PSTN）和互联网络的传真存储转发，也称电子传真。网络传真的原理是通过互联网将文件传送到传真服务器上，由服务器转换成传真机接收的通用图形格式后，再通过电话交换网发送到全球各地的普通传真机上。因此电脑、宽带和相关软件是进行网络传真的必备条件。与传统传真方式相比，网络传真更方便、可靠，且成本更低。网络传真是企业进行外部沟通的重要方式。

电子公告板（bulletin board system，BBS）又称电子论坛，是一种交互性强、内容丰富而又及时的网络电子信息服务系统。它提供一块公共电子白板，用户可以将自己对某产品的建议或对某事件的看法写成小文章张贴在电子公告牌上，也可以针对公告牌上自己感兴趣的话题进行讨论。对企业而言，电子论坛可用于发布新闻，使企业内部员工及时了解企业内部信息，也可以借助企业内部网络新闻发布系统出版电子刊物，以替代传统的内部刊物。

即时通信（instant message，IM）是指拥有能够即时发送和接收互联网消息等业务，允许两人或多人使用网络即时传递文字信息、文档、语音和进行视频交流等行为的工具。目前常用的网络即时通信工具包括QQ、MSN、微信等，网络即时通信工具已成为人们最常用的网络沟通方式之一，而对于网络即时通信工具的使用，企业的态度则存在明显差异，部分企业禁止员工在工作时间使用即时通信工具，有些企业则鼓励员工采用即时通信工具以降低沟通成本。

视频会议又称会议电视系统（video conferencing system），是指两个或两个以上地方的个人或群体通过网络通信技术来实现的虚拟会议。视频会议使得在地理位置上分散的人可以实时地看到对方图像和听到其声音，达到如同在一起开会的效果。视频会议技术的诞生，彻底打破了传统的会议模式，对于那些会议频繁的公司和个人来说，提高了工作效率，节省了差旅费用。

第二节

全球化沟通的障碍

一、语言差异

语言是人们表达思想、传递信息和进行感情交流的重要工具和手段。然而，不同的国家乃至不同的地区，使用的语言存在着很大的差异。因此，语言沟通对企业全球化经营的成败关系重大。词汇的意义不存在于词汇本身中，而存在于使用这些语言进行沟通的人们之中。然而，一国语言在翻译成另一国语言时，有时很难找到恰当的、合理的对应词汇。事实上，即使不同国家的人使用同一种语言，由于其年龄、教育程度和文化背景的不同也会影响一个人的语言风格以及他对词汇的界定。于是，语言的差异阻碍了企业与其他国家的合作者、分销商、供应商、消费者、竞争者以及其他国家的政府等之间的相互了解和理解，语言沟通成为企业的一个重要问题。

二、劳动力多元化

劳动力多元化是指在企业内部，劳动力在性别、种族和国籍方面的构成呈现多样化趋势。这是构成全球化企业内部员工与员工之间沟通障碍的主要原因。在全球化企业内部，不同群体的成员之间存在着语言使用、行为方式、习惯、文化价值观以及生活方式的巨大差异，导致某些管理方式和激励措施具有一定的局限性。美国管理者的沟通风格是直截了当和开放的，但是对于来自亚洲的员工来说，他们会觉得这种风格不舒服，甚至是一种威胁。这就要求全球化企业的管理者必须理解不同群体的文化背景和文化塑造方式，并承认文化差异，学会调整自己的沟通方式和技巧，使本人的管理风格适应这些差异。如果沟通方式得当，可以有效地鼓励不同群体提出不同观点，改善决策质量，提高企业的创造性和创新精神；否则，就会出现沟通障碍，必然会影响到企业的发展。

三、企业内部组织结构冗杂

全球化企业一般来说规模较大，企业内部组织层次及部门繁多，信息过滤的机会加大，从而使企业内部的部门之间产生沟通障碍。所谓过滤是指信息发送者有意操纵信息，以使信息显得对接受者更为有利的行为或过程。比如，一名管理者告诉上级的信息都是上级想听到的东西，这名管理者就是在过滤信息。当信息向上传递给高层经营人员时，下属常常压缩或整合这些信息以使上级不会因此而负担过重。但是，个人兴趣和对重要内容的见解影响着信息整合的效果，因而导致了过滤。而过滤的主要决定因素是组织结构中的层级数目。组织纵向上的层级越多，过滤的机会就越多，从而影响有效沟通，使得高层管理者所获的信息失真，最后影响决策的正确性。

四、信息多元化

国与国之间的语言、社会文化等差异的客观存在，导致了企业信息的多元化和复杂化，因此有效信息沟通应注意以下两个方面：①必须注意信息的准确性，例如“高品质”“色彩丰富”“很贵”，这些在不同的国家会有不同的理解和解释；②注意在各个国家所得到信息的一致性，例如，自行车在中国大陆显然是一种交通工具，而在一些西方国家，骑自行车却是一种娱乐或锻炼身体的活动，即同样一种事物在不同的国家里却有截然不同的功能和目的。正因为如此，在中国，自行车的替代产品是公共汽车、地铁、出租车或摩托车；而在某些西方国家，自行车的替代产品则是其他的体育娱乐产品。再如，购物在美国被认为是一种琐事，因而主妇们到超市购物的次数较少，但每次购买数量较大，而法国的家庭主妇在购物过程中与店主和邻居的交往是其日常生活中的一个重要组成部分，因而她们的采购相对于美国主妇来说是多次、少批量的。因此，广告对美国主妇的影响很大，而现场陈列则对法国妇女最为有效。

五、社会文化和物质文化多元化

不同的国家，其经济水平、社会文化传统、人们的价值观、信仰、政府组织的构成及作用、法律体制及内容、教育理念及方法等都存在着较大的差异。这种多元化使全球化企业在与其他国家的合作者、分销商、供应商、消费者、竞争者及政府沟通时遇到很大的障碍，严重时会给企业造成巨大损失。社会文化的多元化是全球化企业经营成败的关键。一个国家中独特的传统和习俗塑造着本国人民的态度和行为，构成了一个国家区别于另一个国家的独特的民族文化。在全球化企业中，跨文化沟通的障碍越来越影响到企业的发展。例如，某汽车制造商的一位资深经理是与该公司的钢铁供应商进行合约谈判的专家。但是，当他被派至韩国执行工作时，其强势的谈判风格却冒犯了重视感情联络的韩国人，甚至导致供应商不愿意与他直接交谈。更糟糕的是，他拒绝改变自己做事的方式，因此被调回母公司，以至于他的接替者不得不花上一年的时间来弥补他造成的伤害。

第三节

消除全球化沟通障碍的方法

全球化公司的管理者们每天面对的是因不同的政治经济体制、法律规范、语言文化和社会风俗习惯等所带来的各种沟通障碍。如何消除这些沟通障碍并使之转化为机遇，是全球化企业成功的重要保证。实践证明，下列方法对消除全球化沟通障碍较为有效：

一、理解差异的客观存在

要想消除全球化沟通障碍，首先应当转变观念，承认并理解差异的客观存在，克服狭隘主义的思想，重视他国语言、文化、经济、法律等的学习和理解。在企业全球化过程中，处于不同文化背景的员工必然会有其独特的思维方式及行为方式，企业管理者如果事先不了解各民族文化之间的差异，而采取单一或以本国文化为主的管理方式，企业全球化就很难成功。一般来说，文化因素是指在一定社会形态下已形成的价值观念、信仰、道德观念、审美观念以及风俗习惯等。这种文化因素时刻影响着人们的生活、工作、行为方式和理想，却不像政治、法律那样颇具刚性，因此，不同国家的文化差异也就不像政治、法律那样容易识别和理解，从而增加了全球化企业内外部沟通管理的难度。比如，美国是以“法”为重心的管理模式，强调的是尊重规则和秩序，追求卓越的特征使它一直处于创新管理的领先地位。日本是以“理”为中心的逻辑管理，注重后来居上，善于对人家成功的管理模式进行改进，追求功利而牺牲道义，追求群体利益而牺牲个人。中国是以“情”为特质的哲理管理，注重发掘人的内在价值和积极性，强调管理的“人和”效应，偏重于实现人的作用和价值，对制度管理和条例管理比较松懈，强调人事关系，理性精神表现得不充分。因此，如果一位经理人员想在全球经济中实施成功的管理，了解这些并主动适应是非常重要的，它是达到有效沟通，从而加速企业全球化进程的关键。

二、派遣合适的驻外人员

许多国际化企业派遣驻外人员失败的原因并非是由于被派遣人员缺乏必要的技术技能，而是缺乏对不同环境的调适、洞察及务实能力，换而言之，他们所派遣的人员虽有能力，但却是文化文盲。国际化企业要想有效地开拓国际市场，提高企业对外沟通的成功率，派遣合适的驻外人员是非常重要的。通过对有良好驻外人员追踪记录的公司调查研究，这些公司通常运用不同的工具评估外遣人员对文化的灵敏性，包括偶发性的观察及正式的测试。当然，这些评估均在员工生涯早期进行，以选拔出合适的人员并进一步帮助其增长跨文化的沟通技能。那么，合适的驻外人员应该具备哪些性格特征和能力呢？成功的驻外人员具有下列共同特性：

1. 乐于交流沟通

大多数驻外人员需要与其所驻国家的当地各类人士交流，所以必须筛选出在交流言谈方面具有热忱性格的员工。

2. 具有广泛基础的社交能力

很多被派遣国外的人员趋向于在同驻人员的小圈子内交流。这是很危险的，具有全球观的成功经理人常常与当地居民建立社交关系，包括店员、顾客、供应商、经销商乃至政府官员。没有比这更好的方法可以深入了解当地市场及调适陌生的环境。

3. 具有四海一家的个性

驻外人员应有四海一家的个性，能直接地了解不同文化的规则，尊重不同的观点，入乡随俗，这样才能与当地国家的各类人才有效地沟通。

4. 具有合作互利的谈判作风

不同的文化有不同的谈判风格和方式要求，但是，合作互利的谈判作风是绝对的关键。

三、加强跨文化培训

一般而言，文化差异有基本价值观差异、生活习惯差异和技术知识差异三种。基本价值观差异是不易改变的强制力量，生活习惯差异可以通过较长时间的文化交流得以克服，技术知识差异可以通过人们技术知识的学习而改变。由此看来，在三种文化差异中，技术知识差异的识别和消除是较容易的，其具体措施是把不同文化背景的人或不同文化地区工作的经理和员工集合在一起进行多种文化培训，可以找出不同文化的差异与共同之处，并加强不同文化之间的合作与联系。一项对跨文化培训是否有效的全面调查研究表明，这种培训促进了跨文化沟通技能的提高，并导致了更高的工作绩效。这是因为，跨文化培训改进了管理人员与当地员工及政府之间的关系，还明显降低了与外国合作伙伴、客户和竞争对手进行贸易谈判时失败的比率，使管理者更迅速地适应新文化、新环境，因此提高了他们的工作绩效。

事实上，这种跨文化培训最有效的方法之一是派遣人员能一次性在国外常驻数个月。每个人在心中都有一张世界地图，通过跨文化的理论培训，一般都能从理论上比较深入地了解各地人员及世界其他地方是如何工作的。但是该地图也许在未知的某些领域不能引导正确的方向。例如，一个高大的美国商人最近到日本出差，在进入一家传统饭店用餐时，碰撞了额头，第二天还是同样发生。但第三次，则记得弯腰进入饭店。

国际化企业驻外人员过去常常遭遇“碰撞”，最后他们就懂得了如何“弯腰”，深刻地了解了海外世界与他们所想象的不同。痛苦的亲身经验促使他们重新调整其心中地图，最大限度地扩展该地图所包含的内容。在这方面，韩国三星集团公司为我们提供了一个很好的借鉴，该公司每年都组织员工到国外进行学习和培训，并建立各自的联系，形成非正式交际与关系网络，即在当地建立了较为有效的沟通网络，从而保证了三星公司在全球经营的成功。

四、实施企业再造，减少沟通环节

为了减少由于全球化企业组织层次及部门过多而产生的沟通障碍，需要与再造工程的观念结合起来。再造工程是指摒弃原有的、传统的工作流程、组织结构等一切不适合现代外部环境的管理模式，对企业经营过程进行根本性的再思考和关键性的再设计，以求达到在诸如成本、质量、服务和速度等方面业绩的显著性的改善。再造工程理论要求管理者重新思考这样一个问题：如果是重新开始的话，企业的工作流程、组织结构应该如何设置，才能最大限度地消除沟通障碍？企业在全球化进程中，随着企业规模的不断扩大，组织层次会不断增多，在此情况下，当同一信息在公司不同的部门之间传递时，不管信息是口头传达的，还是书面发送的，不管信息每次是用键盘输入的，还是自动传送的，都会形成要么信息失真，要么重复传送等形式的沟通障碍，致使企业效率低下。解决此问题的有效办法之一是进行再造工程，即将这些活动或过程碎片整合在一起，实现跨职能部门的一体化，从而减少管理层次，消除沟通障碍，提高工作效率。

随着全球化经营的进一步发展，要求全球化企业建立一种非正规的网络组织结构。这种网络组织结构由两部分组成：一是战略管理、人力资源管理、财务管理与其他功能相分离，形成一个由总公司进行统一管理和控制的核心；二是根据产品、地区、研究和生产经营业务的管理需要形成组织的立体网络，这一网络是柔性的立体网络，它随着市场、用户、项目的需要而组成临时班子。这种柔性结构的网络能够很好地与外部保持随时有效的沟通，并与外界融合成和谐的一体，其最大特色是流程短、流程不重合而使信息沟通充分，失真度小。这种网络组织的特点是根据市场任务和项目而组合，根据项目的性质来选择组合成员。这些特点在很大程度上减少了全球化企业组织层次及部门过多而产生的沟通障碍。因而近年来，这种网络组织颇受欧美公司青睐。例如，法国旅游公司阿科集团近年来依靠促进资源与技能跨国界、跨行业流动的“网络组织”，迅速在全球扩展业务。

五、恰当、充分地利用差异

在全球化企业管理中，在观念上不应该把多元文化看成是一种劣势，而应把其看成是组织的一种优势。应当恰当、充分地利用这些差异，使之转化为非全球化企业所不具备的独特机遇。企业全球化融合了世界上的不同语言、文化和价值在一起，形成了协同配合的组织，这种组织所产生的新的管理和组织形式，超越了非全球化企业的组织模式，从而提高了生产力，增加了财富，并将给企业增添新的生机和活力。例如，现在大多数美国企业鼓励管理者和雇员们重视并充分利用个体差异以提高他们的沟通能力、适应性和接受差异的水平，并把差异资本化，使之成为促进企业生产力发展的主要财富。通过利用个体差异可以引导不同个体带给企业独特的品质，提高创造力和革新性，成为企业开发新产品、发明新技术、开拓新市场并为企业带来滚滚财源的重要源泉。

当管理者认识到在企业外部不同国家、地区及文化的贸易伙伴、谈判对象具有不同的沟通风格及行为方式时，管理者要充分地利用其独特性，使企业在新的全球机遇中获得成功。在国外开发市场或展开产品营销调研时，为了保证所得数据真实有效，应该根据不同国家的特殊情况进行修正，使其更为真实合理，从而做出正确的营销决策，成功地占领国外市场。例如，为了在日本成功地销售汽车，必须生产右方向盘的汽车；为了与消费者达到有效的沟通，在欧洲食品包装上更多的是使用文字说明，而在美国，人们更喜欢用画面来描述产品的质量和成分。因而，有效的管理者应该认识到多元化能为他们的企业带来更丰厚的利润和价值，变革组织的沟通实践活动，能够更好地实现管理多元化。

六、建立共同经营观和独特的企业文化

通过识别文化差异，提高了全球化企业管理者的文化差异意识。在学习并掌握这些差异的基础上，企业应进一步根据环境的要求和企业全球战略的需要，发现所有市场的共同点，建立起企业的共同经营观和强有力的企业文化，加强企业的内外部沟通，即对内建立学习型组织，对外与环境形成和谐的统一，并把重点放在人员的培训和公司形象的树立上。当然，公司文化的建立需要一个漫长的过程，这就需要不同文化的员工积极参与到企业建设中，并与不同国家的消费者、供应商、分销商等外部环境保持长期的、良好的沟通关系。

当今全球化企业的管理者们要面对众多挑战。他们所处的政治经济体制、法律规范、语言文化和风俗习惯等主客观环境千差万别，并且错综复杂，他们必须学会如何正确应对这种复杂局面的方法。然而，这些差异不仅带来了沟通问题，也带来了机遇，这正是推动全球化企业在世界范围内扩大经营的主要动机。因此，随着企业全球化的迅速发展，如何有效地进行沟通管理，取长补短，相互融合，在保持本土优秀文化基础上兼收并蓄，不断创新，建立既有自己特色又充分吸纳人类先进文化成果的管理模式，是企业全球化过程中的一个重要课题。

本章小结

全球化背景下，人际沟通发生了变化，主要趋势是跨文化沟通和新型沟通技术下的沟通。

全球化沟通的障碍：语言差异、劳动力多元化、企业内部组织结构冗杂、信息多元化、社会文化和物质文化多元化等。

消除全球化沟通障碍的方法：转变观念，承认、理解差异的客观存在，进而主动适应差异；派遣合适的驻外人员，提高企业对外沟通的成功率；加强跨文化培训，提高跨文化沟通技能；实施企业再造，减少沟通环节；恰当、充分地利用差异，为企业创造财富；建立共同经营观和独特的企业文化。

课堂讨论

1. 结合文中 IBM 公司的案例与所学知识，谈谈你对网络技术下沟通的认识。

2. 结合文中 IBM 公司的案例与所学知识，谈谈网络技术对于人际沟通的影响。

3. 谈谈互联网环境下的信息对于自己生活、学习或者工作的影响。

[案例 6–2]

通天塔：一个全球化背景下的沟通困境

巴别塔（Tower of Babel）又名巴贝耳塔、通天塔或分音塔。据《圣经·创世纪》第 11 章记载，大洪水劫后，天下人都讲一样的语言。随着诺亚的子孙越来越多，他们在示拿地（古巴比伦附近）定居下来，商量建造一座城和一座塔，塔顶通天。由于大家语言相通，同心协力，建成的巴比伦城繁华而美丽，高塔直插云霄，似乎要与天公一比高低。没想到此举惊动了上帝，上帝为人类的虚荣和傲慢而震怒，决定惩罚这些狂妄的人们。于是他悄悄地离开天国来到人间，搞乱了人类的语言，使他们分散在各处，通天塔终于半途而废。此故事试图为世上出现不同语言和种族提供解释。

剧情片《通天塔》布局复杂，情节引人入胜，而且克服了多种语言间的交流障碍，突破了全球不同政治和文化背景的束缚。然而正是这样一部“跨文化和语言”的影片所要传递的信息却是文化和语言的不可跨越性。我们不妨先看一看整部影片的故事情节。

首先我们被带到摩洛哥的荒山峻岭：一支枪打破了乡民的宁静生活，这支猎枪是由一个日本游客留下来送给当地导游的。然而一个善意的举动引来的却是一场悲剧，放羊的孩子无意中射中了来自美国的女游客。女游客和丈夫不久前丧子，出游本来是为了挽救婚姻。摩洛哥警察怀疑有恐怖主义行为，为了保护国家名声，开始粗暴地追逐牧羊人一家。女游客在小村庄里等待救护，她的丈夫打电话给美国加州圣地亚哥家中的墨西哥保姆，要她好好看管孩子，墨西哥保姆要到边境对面的家中去参加儿子的婚礼，找不到替补只好把两个孩子带了去，结果返回圣地亚哥的途中因为侄子冲动的决定被警察怀疑绑架孩子，丧魂落魄地在野外度过了一夜，几乎把孩子丢了。在地球的另一端，日本警察则被召回调查猎枪的来历，发现留下猎枪的日本游客有个正在青春成长期的哑巴女儿，她在母亲自杀后以勾引她遇到的每个男人的方式宣泄心中的痛苦和反叛。

倒霉事一桩接一桩，在观看时几乎觉得编剧有些刻意地把这些巧合安排在一起。但是无论是在摩洛哥等待救援的美国女游客，还是东京万家灯火中的一对父女，还是北美荒地中惊慌失措的墨西哥保姆，都是人类处于困境中的无助写照。今天，仿佛人类也在造一座通天塔，今天的通天塔就是全球化，而全球化的通天塔也并非没有代价。

这是一部有关沟通的电影，导演试图从各个方面探讨沟通的本质。情感的所需和生存的本能使我们产生了强烈的沟通欲望，渴望自己能够融入社会环境等，得到他人的理解。虽然语言的障碍、文化的差异、彼此的误会或生理的缺陷等种种障碍阻止着我们与外界的沟通，但这种本能的欲望是无法阻挡的。可惜的是，在全球化的现代社会里，人类却为自己竖起一层层的隔膜，使本可以三言两语的沟通变得困难起来。从影片可以看出，导演希望我们用沟通化解矛盾，以沟通达到理解，用沟通换来信任。

是什么能让我们在绝境中保存希望的光芒呢？当人类因为通天塔而被上帝惩罚，不同语言、不同种族之间的人类还能靠什么来沟通呢？影片的创作者似乎既绝望又希望。在黑暗的夜里，我们寻找着人性之光。除了父与子、父与女、夫与妻的亲情之外，也许是摩洛哥导游、摩洛哥老奶奶、东京的警察或墨西哥的保姆更能证明人性的纽带，这或许就是我们走出人类沟通困境的桥梁。

在电影结束后显现出了一段字幕："献给我的孩子。最暗的夜，最亮的光。"显然，这绝非一部绝望的电影，而是一部在绝望世界里挣扎的故事，并将孩子视为未来的希望。光明世界必将由他们建成，通天之塔亦必将由他们建成，而在他们的世界里也不再有误解、隔阂和悲伤。

资料来源：论文网（http：//www.xzbu.com/5/view-1911679.htm）论文改编。

问题提示：

1. 结合案例，谈谈全球化是如何影响人际有效沟通的？
2. 如何消除全球化对于人际沟通的负面影响？

复习思考题

1. 什么是跨文化沟通？
2. 全球化下沟通的障碍？
3. 怎样在全球化的背景下进行有效的人际沟通？

主要参考文献

[1] 恩普森 . 知识管理的挑战 [J] . 国外社会科学文摘，2000（5）：12–13.
[2] 李蓓 . 达文波特的“知识管理两阶段论”[N] . http：//www.e–works.net.cn/gygl/zs30.htm.
[3] 魏江，严进 . 管理沟通 [M] 4 版 . 北京：机械工业出版社，2019.
[4] 吴必达 . 顾客满意学 [M] . 北京：企业管理出版社，2003.
[5] 杨东龙 . 营销沟通 [M] . 北京：中国财经出版社，2003.
[6] 韦兰，科尔 . 走进顾客的心 [M] . 贺新立，译 . 北京：经济日报出版社，1998.
[7] 胡魏 . 管理沟通——案例 101 [M] . 济南：山东人民出版社，2005.
[8] 李建军，俞慧霞 . 与客户沟通的 N 个技巧 [M] . 北京：中国纺织出版社，2006.
[9] 纳尔逊，奎克 . 组织行为学——基础、现实与挑战 [M] . 北京：中信出版社，2004.
[10] 康青 . 管理沟通 [M] 5 版 . 北京：中国人民大学出版社，2018.
[11] 魏江，严进 . 管理沟通 [M] 4 版 . 北京：机械工业出版社，2019.
[12] 杜慕群 . 管理沟通 [M] 3 版 . 北京：清华大学出版社，2018.
[13] 冯云霞，沈远平 . 管理沟通 [M] . 北京：中国人民大学出版社，2015.
[14] 谢玉华 . 管理沟通 [M] 3 版 . 大连：东北财经大学出版社，2017.

第七章

互联网时代的人际沟通

学习目标

⊙ 认识互联网时代人际沟通的特征；

⊙ 了解互联网时代人际沟通的媒介与模式；

⊙ 识别互联网对人际沟通的积极影响及存在的问题。

关键概念

互联网　新媒体　人际沟通

[案例 7–1]

微信依赖症现象的出现？

一个孤独的小人，面对巨大的地球，寂寞地站在那里，似乎期待着些什么……这个画面大家都非常熟悉，这就是微信的启动画面。这幅画不是地图，而是 1972 年 12 月 7 日美国宇航员在阿波罗 17 号飞船上拍下的一张完整的地球照片，画面上的地球正对着非洲。这张照片民间将其命名为——“蓝色弹珠”。“蓝色弹珠”是人类最近一次在太空中远眺地球的景象，从照片上看，整个画面弥漫着一种淡淡暖意，而作为一种人际沟通工具，这张图准确地表达出人类内心的孤独。

“世界上最遥远的距离，莫过于我坐在你对面，你却在刷微信。”这句话形象地描述了人们对手机的依赖、对微信的“痴迷”，微信这种集合了交流、晒图、游戏等功能的平台正逐步改变人们的生活。之后，一个新的词语也产生了——“微信依赖症”。症状表现为：吃饭时捧着手机，坐车时拿着手机，如厕时手机不离手，沉浸在微信的世界里忘乎所以；手机的大部分流量和电量都用于玩微信；无论工作还是休息，一有空就刷朋友圈。

有人说，微信给生活带来了全新的变化，乐在其中；有人认为，微信是带刺的玫瑰，必须学会去伪存真。你的生活是否被微信“俘虏”？微信推送的花样繁多的信息，你是否会辨别真伪？微信到底给我们带来了什么？

微信在扩大了人际交往范围的同时，也带来了一些问题，比如减少了人与人之间近距离的交流，去吃饭唱歌都是玩手机、拍照发朋友圈，没有了以前的人情味。这也给某些人的现实生活带来了困境。例如张先生与弟弟妹妹相约去爷爷家吃晚饭，饭桌上老人多次想和孙子孙女说说话，但孩子们却个个抱着手机玩，或打游戏，或刷朋友圈，或上网聊天，老人受到冷落后，一怒之下摔了盘子离席。

第一节

互联网时代人际沟通的特征

近十年以来，互联网在中国高速发展，互联网的普及对人际沟通产生了许多深远的影响。在网络时代以前，人们与远方的联系方式主要通过写信、打电话等手段。随着技术的发展，电子邮件逐步以速度快、方便即时等优势取代了传统的沟通方式，而如QQ、MSN、微信等即时通信工具不仅兼具面对面交流的即时性特点和书写的条理性特点，而且也具有丰富的多媒体载体，逐步成为互联网时代人际沟通的主要媒介。公共网络交流平台（如Facebook、微博）则极大地推动了网络交往的动态交互和网民意见群体的形成。此外，互联网时代的人际沟通除了可以大大降低人际交往的成本以外，还具有如下诸多特征：

一、碎片化

（一）时间碎片化

人类正处于一个“充满中断的时代”，时间的碎片化越来越强。种种迹象表明，互联网已经进入了一个由碎片化时间主导的时代。等车、排队、等人这种零碎的时间忽然变得有价值起来，这些时间不适合做比较有深度的事情，就是玩玩游戏与发发微博而已，却造就了市值上亿美金的社交游戏厂商PopCap与Zynga，造就了红红火火的微博、微信产业。

同时，碎片化时间的范围还在无限制地扩大。工作间隔、午休时间、公交上或地铁上，这些时间也逐渐加入了碎片化时间的队伍，观察下我们身边的朋友与同事，有多少人不在这些时间玩社交游戏、上微博、刷朋友圈呢？

所以，在移动互联网时代，无论是社交还是游戏，如何合理利用碎片化时间已成为每个人必须面对的问题，以下提供了常见的利用方式，人们可以根据时间碎片产生的环境，选择不同的利用方式：

①与周围的朋友聊天，用心观察周边的情景；

②思考一些最近感兴趣的话题，不小心就会灵感突现；

③手机阅读，关注一些时事新闻；

④打电话、发短信甚至发邮件等，与亲朋好友交流沟通；

⑤还有听音乐、发呆等等，有意识去注意这些时间碎片，你会有意外的收获。

（二）信息碎片化

当下是一个数字化的时代、一个信息爆炸的时代，我们的生活中充斥着各种如影随形的信息传播工具。并且在快节奏的生活状态下，内容精简的信息如同快餐般受到越来越多人的追捧。在这样一个数字化的时代中，我们接收信息的工具在不断发展和改变，而我们接收的信息本身也在改变。

首先，碎片化的信息简短而分散，我们可能一边刷微博，一边聊着 QQ、微信，同时还开着几个网页走马观花地扫荡着，久而久之，三心二意成了我们习惯性的思维方法，注意力集中的时间越来越短，稳定性降低。我们养成了一个坏习惯：当文档超过 20 页就没有耐心看完。这些正印证了经济学家赫伯特·西蒙（Herbert A. Simon）1971 年对人类注意力匮乏症做出的诊断：信息消耗的是接收者的注意力。因此，信息的聚敛必然意味着注意力匮乏。

其次，碎片化的世界堆满了各种杂乱无章的信息，让我们应接不暇，无从适应。因为，即使信息呈指数级爆炸，而人类大脑每秒钟只能处理 110 字节的信息，一生也不过 1730 亿个字节。未来学家阿尔文·托夫勒（Alvin Toffler）指出：“就个人而言，我们被一些矛盾、零散的形象所包围，旧的观念受到考验，注入我们脑海的是支离破碎的弹片。”可即便如此，我们还是不肯舍弃这些“弹片”。贪婪是人类的本性，包括对于信息的欲求。我们每隔一段时间就要刷一下微博，处在一种“随机性奖赏”心理的挟制下，虽然不知道接下来会刷出什么，但总害怕自己错过什么重要消息。我们希望自己能掌握更多的消息，速度越快越好，内容越短越好。于是，为了处理大量碎片化的信息，我们不经意间贡献出大量时间。与其说微信息时代下的技术填补了我们的碎片时间，不如说它们将我们的时间甚至生活方式碎片化。同时，碎片化的世界呈扁平状，对于很多信息，我们无暇，也无耐心去深入探究，这使不少子虚乌有的虚假信息得以滋生，并促使它们以讹传讹。

第三，在微信息时代下，我们每天大多数时间在和工具打交道，新媒体新工具提供给我们一个碎片化的世界，我们将这些或实或虚的碎片按照个人的方式拼接起来，俨然成为自己的“造世主”。我们生活在一个自我的世界中，却缺失了许多与他人直面交流的机会，这也是为什么随着技术的发展，人与人之间的隔膜变得越来越厚的原因。我们接受的信息大多是根据自己的兴趣搜集而来，我们眼中的世界也越发带有自身个性的影子，这也致使我们对于一些事物的理解会出现很大偏差，相互之间更难相互融入对方的世界中。所以，这一时代的人们更容易产生孤独感，而这种孤独感的存在又会反作用于我们。于是，许多人热衷于从虚拟的网络世界中，抑或是各种SNS网站中寻求存在感。有人说："如果你想展览自己的思想，开微信公众号；如果你想展览自己的生活，开微博等。" 为什么在如今的社会，人们对自己的隐私保护意识比过去有所增强，却愿意在社交网络上将自己的生活展示于公众眼下？这正是利用了人们由于被局限于现实生活中的自我世界而产生的孤独感，各种社交平台作为人们视听等感官的延伸，将他们与外界世界联系起来。

二、开放性和广泛性

网络是以自由为基础建立和发展起来的，开放性是网络人际交往的基本特点，网络环境将整个世界联系在一起，这种联合改变了传统的生活方式，也增加了人们之间的联系，人们通过互联网可以同各个国家的人交流沟通，打破了传统交往的一切约束和壁垒界限。网络主体不受时空限制，凭借意愿、兴趣和爱好就可以选择自己的交往对象，这种交往对象可以是不同国家、不同地域、不同民族、不同宗教信仰的人，并且可以随时更换，大大拓展了人们的交往空间。网络的开放性必然带来人际沟通的自由性，网络人际交往的自由性主要体现在网络主体既可以是网络交往的参与者，又可以是组织者，既可以是"演员"，也可以是"观众"。网络主体也可以通过加入自己感兴趣的论坛、空间与他人探讨问题、交流思想、宣泄情感、倾诉不快，摆脱了传统面对面交往的束缚。

网络传播中的人际关系是间接、虚拟和符号化的，交往的范围和领域超越了时空的限制，突破了以往面对面的交往局限，实现了一对多、多对多以及多对一的人际关系形式。在互联网上，没有地区、民族、肤色、国家的限制，人们可以接触到在现实社会中接触不到的人，能根据自己的价值观和社会观有选择地交往不同的人，甚至可以建立兴趣小组、社区等，形成多层次、多方位的交往，扩大了知识面和社会接触范围。

从对人际关系范围的影响来看，传统社会交往主要基于或限于权利、地位、职业和利益相近的社会阶层，而网络式的人际交往在虚拟的空间进行，不仅发生在熟人之间，而且可能发生在大量陌生的不同阶层、不同民族、不同地区、不同语言的人之间。

新媒体传播的开放性和超时空性，为人们拓展了广阔的生活空间。如今，人们能够熟练运用QQ、微信、微博、门户网站等新媒体，获取信息、游戏聊天、下载视频，极其开放自由。新媒体的隐匿性也消除了人们之间性别、年龄及身份的限制，人们可以不受传统人际交往模式中社会、文化、心理因素等的阻隔，网上互动更加频繁，人际沟通更加广泛化。

三、虚拟性

在网络交往中，交往主体的社会角色常常是虚拟的。虚拟的角色心理使网络交往主体往往容易形成肆无忌惮、为所欲为的心理放纵感，这使网络虚拟人际交往呈现出很强的体验性、自主性、无责任性及高度个性化等特点。

网络主体在访问网站时，在很多情况下是不会被要求进行身份验证的，因此，在交流的过程中很难了解对方的姓名、身份等背景信息，正是这种虚拟性和匿名性让网络世界充满神秘感和新鲜感。在虚拟交往中，人们更容易接受同自己想法相同的人做朋友，举例来说，当个体在网络上遇到了同自己相似的人时，会无意识地将对方的性格特点与自己的愿望相契合，增加双方成为朋友的机会。

在网络上个体的性别、姓名、相貌都是可以改变的，人们在网上可以随意更改自己的网名、头像，并且不会因为自己的名字和相貌而受到歧视，使得人们在人际交往方面摆脱了很多现实交往条件的限制。

四、多元性和共享性

网络人际交往的多元性主要体现在网络文化和网络人格两个方面。

随着改革开放和社会主义市场经济体制的逐步确立，中国社会不断发展进步，但是不同思想的引入、不同文化的交流、不同观念的碰撞等都使中国民众的价值观更趋于多元化。网络交往可以将不同国家和种族的个体聚集在一起，在这里有思想的交融、文化的碰撞、观点的争论，虽然过程复杂，但是结果都是一致的，那就是为双方都带来了多元化的思想，也使人际交往的范围更加多元化。

网络人格多元化是指网民在真实社会与虚拟社会的情境转换过程中呈现出的多元化特征。很多网民在虚拟社会中所表现出来的人格特征与其在真实社会中所表现出来的人格特征之间存在着很大的差异。社会心理学的研究表明，当多重角色之间差异和冲突达到一定程度或角色转换过频时，容易出现心理危机，导致双重或多重人格障碍。

就网络人际交往的共享性而言，在虚拟的网络环境里，人们主要以符号的形式进行沟通交流，而在现实中这种交流是受到一定限制的。网络打造了一个可以忽略时间和空间的虚拟场所，实现了全球化的信息流通和传播。网络共享就是以计算机为载体，借助互联网这个面向公众的社会性组织，进行信息交流和资源共享，并允许他人共享自己的劳动果实。换句话说，全世界的人民都拥有共同的沟通符号，人们只要有网络和账号就可以和世界各地的人们进行沟通。这种全球化的信息网络能够使人们方便地接触到更多的信息，也为他人提供信息，实现了资源的共享。

五、平等性

网络人际交往以互联网为纽带，没有身份的象征，也没有权利的凸显，打破了传统交往的时空阻隔，营造了平等自由的交往氛围。在网络生存空间里，每个人都具有平等的话语权，可以自由地表达，轻松地交流，平等地沟通。同时，虚拟的网络空间抹去了网络个体的先天条件和后天社会地位的差别，可以让人们平等地获取网络资源，进行思想文化交流和学习互助，从而摆脱了现实交往的制约。

在网络中，人的身份、地位、财富等信息都可以不对外显示，这就使平等成为可能。现实生活中上下级关系、长晚辈关系要遵循一定的准则，受到的道德约束比较大，但在互联网中就不需要太多顾虑，双方都是以平等的心态交流，有利于人们平等意识的建立。

六、交互性

人际交往实际上就是一种信息的交流、沟通、传达、交换及联络的过程，在这个过程中，人们不仅获取了信息，也在不断地促成信息的发展、更新和丰富。在互联网没有得到应用和普及之前，传统的信息传播媒介是宣传画、报纸、广播、电台、电视等，但这种传播媒介只能要求人们被动地接受信息，没有选择的主动权，更没有参与和沟通的权利，信息的流量也是单方面的由上至下的传播。互联网的出现打破了此种窘状，结束了传统传媒工具单向传播的历史，开启了互动性传播的里程。当然，源于网络上数据的双向传送，互联网的互动性是其重要特点。人们通过网络，可以自主地选择自己希望了解和关注的信息来阅读，并将自己的信息准确及时地反馈给信息提供方，这样人们可以主动获取信息，信息提供方也可以从用户那里得到反馈。

互联网的出现，还为人们提供了很多交互性的新方式。人们在网上可以与陌生人一起聊天、玩游戏，一起筛选自己所需要的有价值的东西。资料共享、探讨问题、情感交流等成为人们网络人际交往的日常内容。许多电视节目开设了网上投票的环节吸引了无数网民的参与，观众可以通过网上投票或是网上发送信息表达自己对节目的看法和意见。

通过网络人际交往，人们不仅是信息的接收者，也是传递者和发布者，过去单方面的被动信息传达已经无法满足人们的生活需求，人们所需要的是积极主动的参与。网络人际交往在很大程度上满足了人们的这一要求。

七、自由性

许多人认为在网络世界中，可以自由自在地翱翔，像脱缰的野马，肆无忌惮策马奔腾，像刚刚学会飞翔的雏鸟，跃跃欲试兴奋不已。无论怎么形容和比喻，都可以看出人们因为网络而流露的喜悦之情。网络人际交往让人们深刻地体会到了自由的存在，人们可以随意加入自己喜欢的论坛、BBS、社群，和陌生人聊自己感兴趣的话题，探讨人生，规划未来。在互联网中，没有管理者，没有谁可以控制和操纵人们的行为，每个人都是参与者和组织者，是观众，也是演员。人们也可以自主地选择和任何人交朋友，谈知心话，大家彼此都有选择和拒绝的权利，只要遵循自己的意愿和喜好，即使在网络里大家已经认识一段时间，可是某天突然觉得话不投机半句多，就可以立即去寻找其他的“知心人”宣泄情感，倾诉不快。

可是在传统的人际交往中，就没有这么多的自由。对待身边的亲人、朋友，我们不能任意妄为，即使因为某事心情低落，却也要对身边的人保持最基本的礼节。在现实社会，人们的生活被许多条条框框限制着，法律法规、道德伦理、文化习俗，这些都像是无形的枷锁，束缚着人们的行为和思想。

第二节

互联网时代人际沟通媒介与模式

马歇尔·麦克卢汉（Marshall McLuhan）认为，媒介塑造和控制着人类的联结方式和行动的规模与形态。媒介起到一种中介作用，而中介正是媒介最基础的本质，这种中介处于人与人之间、人与现实之间，媒介和人体的器官、中枢连接起来，并向外扩展，形成对“人的延伸”。媒介的每一次变革，都将改变人们对外界的感知与理解方式，从而彻底地改变社会。

享有“互联网革命最伟大思考者”称号的美国学者克莱·舍基（Clay Shirky），曾提出过“湿世界”的概念：由于社会性的软件，人与人之间充满了人情味，变得有黏性，呈现出一种湿乎乎的存在。在“湿世界”的社会里，人们不再依赖制度而捆绑为一体，而是基于兴趣、情感等组建群体而完成目标。

人们最常使用的沟通媒介是以互联网为基础的相关电脑和手机终端软件，如网络社区类软件（BBS、贴吧、论坛等）、即时通讯类软件（QQ、微信、飞信、易信等）、社交类软件（微博、微信朋友圈等）。毋庸置疑，这些沟通软件和平台为人们带来了空前绝后的交流体验，引发了人际沟通领域的革命。并且，根据这些沟通软件和平台自身的特性，可以将互联网时代的人际沟通模式划分为“点对点”沟通模式和“点对面”沟通模式。

一、“点对点”沟通模式

“点对点”沟通模式是指人们通过即时通讯类软件实现两名或多名用户之间实时交流，其交流的内容不具备爆发性，传播的范围也不具备扩展性，属于较为隐秘的沟通方式。这类沟通模式所需的媒介有：腾讯QQ、阿里旺旺、飞信、微信等。毫无疑问，在这些沟通软件中，微信给人际沟通带来的变革最大，本节以微信作为重点分析对象，进而阐述互联网时代“点对点”人际沟通模式。

（一）即时通讯类软件简介

1. 腾讯 QQ

腾讯 QQ（简称“QQ”）是腾讯公司开发的一款基于互联网的即时通信软件，支持在线聊天、视频通话、点对点断点续传文件、共享文件、网络硬盘、自定义面板、QQ 邮箱等多种功能，并可与多种通讯终端相连。相关业务辐射 QQ 群、QQ 空间、QQ 邮箱、QQ 音乐、QQ 旋风、QQ 输入法、QQ 电脑管家、QQ 词典、QQ 浏览器、手机 QQ、QQ 游戏大厅等多重业务，重点打造 QQ 生态体系，为用户提供个性化全方位的服务体验。

2. 阿里旺旺

阿里旺旺是将原先的淘宝旺旺与阿里巴巴贸易通整合在一起的一个新品牌。它是淘宝和阿里巴巴为商人量身定做的免费网上商务沟通软件，可以帮助用户轻松寻找客户，发布、管理商业信息，及时把握商机，随时洽谈生意，具有简洁方便的特点。品牌分为阿里旺旺（淘宝版）、阿里旺旺（贸易通版）和阿里旺旺（口碑网版）三个版本，产品具有四大优势：谈生意、办公、找客户、享受商务服务。

3. 飞信

中国移动飞信（Fetion）是中国移动开发的即时通讯软件，软件利用移动 GSM 网络，在一定前提下，可以从不同的飞信客户端向普通手机免费发送短信息，或者进行多人通话服务，致力于为用户打造基础电信级别的互联网、移动互联网融合通信平台。飞信支持 PC 客户端、手机客户端、WAP 等多种方式登录，支持跨通信运营商、跨操作系统的免费短信发送和语音、视频、图片、文字等多媒体消息发送，实现多端信息接收，保证用户沟通永不离线。同时飞信具备多方通话、飞信身边、公众平台等社交和综合服务能力，用户可以随时分享身边精彩内容，开创全新的互动沟通方式。

4. 微信

2011 年 1 月 21 日，腾讯正式发布了类似于 KIK 的应用软件——微信（WeChat），短时间内吸引了大量的用户，截至 2015 年 6 月，微信的注册用户数突破 6 亿。微信无疑是移动互联网飞速发展的产物，是支持跨通信运营商、跨操作系统平台通过移动互联网免费（需耗费少许流量）地传送语音短消息、图片、视频、文字等多媒体信息，并支持群聊与 LBS（Location Based Services，基于位置的服务）功能的通讯软件。国外的 Kik Messenger、BBM 与国内的米聊、有你、口信、沃友、翼聊、飞聊等都算得上“微信”家族的成员。

微信最为人们广泛使用的功能主要有三种：

第一是即时通信，即时通信是微信最主要的功能，因其直接与手机通讯录相联系，因此微信中的社交对象往往是人们比较熟悉的人，更具有私人性，正是由于其所具备的私人性和熟人社交的特点，使得微信成为一款信任度较高的即时通信软件。

二是朋友圈，朋友圈与传统的分享平台有所不同，朋友圈的内容分享只针对自己通讯录中的好友，如果同时评论的两个人不属于同一个圈子则是互相看不到的，这也是具有私密性和熟人社交性的体现。

三是公众平台，越来越多的商家看到了微信的价值，因此纷纷建立自己的公众账号，只要用户关注了此公众账号，就可以随时了解其发布的相关信息。

除此之外，微信还拥有一些为人称道的功能。微信的语音对讲功能集短信与语音通话的双重优势，实现了嘴巴的延伸，传统的“拇指族”只需对着手机终端讲话就能实现人际沟通；“查看附近的人”功能基于 LBS 技术实现了根据自己的地理位置查找到周围的微信用户，可视为人脑对事物检索的延伸，增加了人际沟通与人际交往的无限可能性；“摇一摇”功能实现与同一时刻采用相同方式的陌生人交流，其趣味性与令人无限遐想性使用户很上瘾，使用率呈现爆炸性增长的态势。微信的魅力还在于汇聚了短信的短小精炼、价格低廉，手机的移动贴身、私密黏性、网络的互动高效、娱乐潮流等诸多优势，成为一个极具吸引力的社交平台。微信的人性化设计更能契合传统意义上的人际交往，通讯录、好友、邮箱中基本涵盖了血缘、地缘、业缘的关系，可以更好地维系原有的熟人关系，为更好地获得社会资源创造有利条件。

（二）微信的人际沟通模式

根据多伦多学派马歇尔·麦克卢汉的说法，“媒介即讯息”。作为一种移动即时通信软件，微信所建立起的媒介系统包含了文字、语音、图片、视频等多种传播方式；作为一种电子媒介，微信以人际传播为主，群体传播和大众传播融合的复合传播方式让人与人之间的传播完成视觉和听觉的新平衡，重新回归“部落化时代”。

首先，微信实现了现实强关系的平行转移。作为一款即时通信软件，关系诉求是微信用户在使用过程中最根本的诉求。微信中的现实强关系来自手机通讯录和QQ好友的平行转移，手机通讯录和QQ好友作为微信中的强关系使得用户在使用初期就会对其产生很强的依附性和很高的回访率。在信息爆炸的时代，人们对过剩的信息量不胜其烦，而每个人的精力和圈子都是有限的，拥有强关系的自媒体反而成为最容易牢固吸引用户的媒介之一。但是，现实强关系是一种相对封闭的关系，在现实关系中个体所拥有的强关系的认知程度、教育程度、地域分布、社会分工等角色丛都与自己相似或者相关联。从社会学的角度看，现实强关系是个体本身已经具有的很多社会属性的综合式、缩影式的呈现。

其次，微信使得虚拟弱关系之间获取联系成为可能。微信中的关系构成还包括开放的虚拟弱关系，主要通过“摇一摇”“附近的人”来实现。“摇一摇”功能面向的是没有地域限制、社会角色丛不确定的未知人群，微信随机交友的功能极大地增加了其关系构成的开放性。“附近的人”功能是指在用户周边一千米以内，主动授权地理位置分享的用户之间可以互相加为好友。该功能虽然有一定的地域限制，但是对于用户近距离交友、快速实现现实关系的转换以及迅速了解所在地周围的环境有很重要的意义。

微信作为移动即时通信软件，关系诉求的满足程度首先取决于关系构成的开放和封闭程度。微信关系中的现实强关系和虚拟弱关系相互交织，使得用户在完成对现实关系移动化、网络化转移的同时，方便地对所在地周边地区和未知地域进行关系探索，满足用户对关系诉求的不同要求，从已知和未知、熟悉和陌生、封闭和开放等多个层面实现对关系需求的满足。

在信息爆炸的年代，强关系和弱关系在朋友圈产生的新鲜事就是最值得关注的媒介内容。强关系的现实性和弱关系的虚拟性对于用户来讲都具有很强的黏性。即时通信软件社交媒体化正是在满足用户使用即时通讯的前提下，利用社交媒体中的关系互动来提高用户对微信的依附性。

最后，微信实现了人际、群体和大众的复合传播模式。微信作为移动即时通信软件，私人性和隐秘性是其最重要的特征，但是公众平台和“扫一扫”（一般是扫描公众平台的二维码）作为微信关系中的具有相对公共性的账号则是对微信用户个体通信的适当补充。打开微信，除了平行转移的强关系和网络化实现的弱关系，还有生活必须或者兴趣使然的公众账号，这使得微信传播不仅仅是人际传播，还包含与群体传播和大众传播相融合的复合式传播，可以满足用户对生活中不同关系的综合需求。微信公众平台账号的传播方式主要以推送为主，这是一种不断主动弹出式的强行告知。但是，其推送的信息是相互叠加排列的，这是微信的用户体验很人性化的一点，即在充分考虑手机屏幕大小，用户以私人交流为主的前提下，使得多个公众平台的账号不会以一种恼人的方式过多地占据微信的信息空间，虽然是信息推送，但这样的处理使得该强行告知变得温和有序。微信将信息的生产者和消费者组合在同一个狭小的手机屏幕空间中，组成一个“共有媒体”，在这里拽取（pull）信息与推送（push）信息并存，实现了在人际关系中适当掺杂群体传播和大众传播，将信息的主动获取方式和被动接受方式融合在一起，满足个体除纯粹的人际交往之外的复合交往。

二、“点对面”沟通模式

“点对面”沟通模式是指人们通过社区类软件实现以个人为中心的圈层式传播路径，传播的内容具备爆发性，传播的范围也具备扩展性，属于较为开放的沟通方式。这类沟通模式所需的媒介有论坛、贴吧及微博等。目前在这些媒介中，对人际沟通变革带来巨大影响的是微博，本节以新浪微博作为重点分析对象，进而阐述互联网时代“点对面”人际沟通模式。

（一）社区类软件简介

1. 论坛

论坛又名BBS、电子公告板（Bulletin Board System）或者公告板服务（Bulletin Board Service），是Internet上的一种电子信息服务系统，可发布信息或提出看法，交互性强，内容丰富。论坛按不同的主题分为许多版块，用户可以阅读别人关于某个主题的看法，也可以将自己的想法通过发贴或留言的方式毫无保留地发布到论坛中。一般来说，论坛也提供邮件功能，如果需要私下交流，也可以将想说的话直接发到某个人的电子信箱中。

2. 贴吧

贴吧相当于一个开放式的论坛，其使命是让志同道合的人相聚。贴吧的组建依靠搜索引擎关键词，不论是大众话题还是小众话题，都能精准地聚集大批同好网友，展示自我风采，结交知音，搭建别具特色的“兴趣主题”互动平台。贴吧目录涵盖社会、地区、生活、教育、娱乐明星、游戏、体育、企业等方方面面，它为人们提供一个表达和交流思想的自由网络空间，并以此汇集志同道合的网友。

3. 微博

微博（Weibo），即微型博客（MicroBlog）的简称，也是博客的一种，是一种通过关注机制分享简短实时信息的广播式社交网络平台。用户可以通过WEB、WAP等各种客户端组建个人社区，以140字（包括标点符号）的文字更新信息实现即时分享。

微博具有以下特点：

①关注机制：分为可单向和可双向两种，但无论哪一种的关注机制都能让关注者获取自己想要的信息；

②简短内容：用户可以以图片、文字、链接的方式发表内容，以140字为上限；

③实时信息：最新实时信息，用户可以通过互联网、客户端等多种手段随时随地地发布信息和接受信息；

④广向式的信息发布与获取：用户可根据自己的兴趣和需求来获取公开的信息。

（二）微博的人际沟通模式

微博的人际沟通模式是以“我”（用X表示）为中心，形成向外扩散的圈层式传播网络。具体分为三层关系：

①第一层关系：好友。传统媒体时代是现实中的好友，互联网时代也包括一些网络好友，与他们之间的关系虽是由互联网所维系，但关系相当稳定（这部分人群用Y表示）。

②第二层关系：自己想发展的群体。自己想发展的群体包括长期关注的名人、知识分子等，与他们之间人际关系的稳固性稍次（这部分人群用Z表示）。

③第三层关系：潜在的人际关系。潜在的人际关系具有偶然性，是通过逐渐的交往慢慢形成的人际关系，比如粉丝群（这部分人群用 M 表示）。

在传统媒体时代，人际沟通模式通常是一维的，重要的是个人与好友之间的人际沟通，媒体所起的作用非常小，个人与媒体之间的关系比较弱。媒体主要提供人与人之间交往的谈资，这个时代的人际沟通模式如图 7-1 所示：

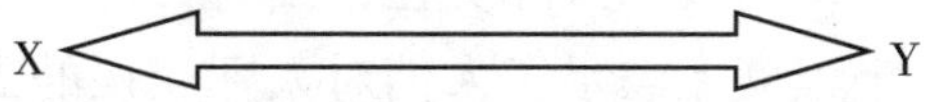

图 7-1　传统媒体时代的人际沟通模式

Web2.0 时代的人际沟通显现出个人的主动性和自主性，通过建立一定的关系圈，个人可以认识想认识的人，著名的“六度空间理论”就揭示出 Web2.0 时代互联网强大的人际沟通功能。这个时代的人际沟通模式如下：

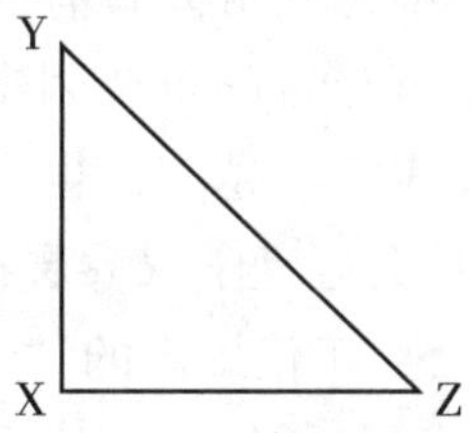

图 7-2　Web2.0 时代的人际沟通模式

微博的人际沟通模式虽然同样处在 Web2.0 时代，但微博突出了人与人之间交往的归属感，特别是粉丝群体的出现，扩大了人际沟通的范围，更加具有针对性，形成一种新型的人际沟通模式。微博的人际沟通模式如下：

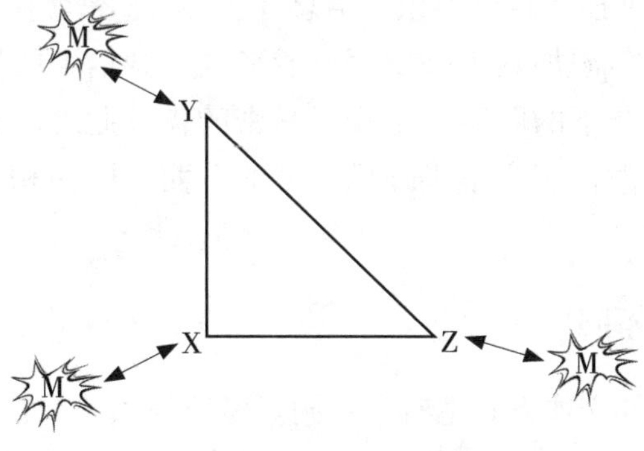

图 7-3　微博的人际沟通模式

三、“点对点”和“点对面”沟通模式对比

“点对点”和“点对面”两种沟通模式存在着本质的区别，本节以两种沟通模式的代表——微信和微博进行分析对比，详细阐述它们对人际关系产生的不同影响机理。

"随时随地分享身边的新鲜事儿"与"微信，是一个生活方式"分别是微博与微信的自述，从其中我们就可看出二者的不同之处：微博重参与，微信重表达自我。微博更像是一个公开网络，人们公开分享信息，不管他们说什么、发布什么，大家都可以看到，天生就是一个传播和媒体的工具，相较而言，微信更像是一个私人网络，人们是在彼此认识的朋友之间分享信息内容。

微博与微信都拓展了传统的线下人际交往，成为日常人际传播在网络媒介环境中的一种延伸，二者都在一定程度上满足了人们对人际交往的需求。但在人际关系上，微博与微信又有着十分不同的表现。

（一）自我表露程度不同

美国心理学家西尼·朱德拉（Seeney Judera）最早提出自我表露的概念，他认为自我表露是指个体与他人交往时自愿在他人面前真实地展现自己的行为或倾诉自己的想法。自我表露对人际关系的产生、维持和巩固具有非常重要的作用。在网络空间中，自我表露的程度是体现交往关系亲密与否的重要因素。自我表露的程度越深，代表对他人的接纳和信任度就越高，自我表露的越多，也表明越希望与他人建立真诚的人际关系，从而形成良好的互动。西方社会心理学家乔瑟夫·勒夫（Joseph Luft）和哈里·英格拉姆（Harry Ingram）在20世纪50年代提出的"约哈里之窗"理论认为，人们之间交往成功与否，人际关系能否健康发展，很大程度上取决于各人自我暴露区域的大小。因而，从自我表露程度也可看出微博与微信在人际关系上的不同。

在人际传播的互动中，每个人都可能会获知部分盲区的信息，也会暴露部分隐秘区的信息。而微博的公开性使微博上的信息能被其他用户查看，许多微博用户出于自身形象的考虑，很少会表露隐藏区的信息，因为并不知道什么时候自己中意的人或者自己的老师会在上面看到损坏自己形象的信息。微信的私密性确保了用户的隐私信息，要看到对方的信息，则需添加其为好友。一般来说，微信上的用户是好友关系或熟人关系，这种关系在线上线下的联系都是相当紧密的，彼此之间有现实情感维系着，这类人属于可信任的人，微信用户不必顾忌太多的东西。因而相对来说，微信的开放区比微博更宽广。

（二）交往方式的不同

不同的社交方式，其交往方式也有所不同。微博与微信交往方式的不同表现在以下方面：

①微信以往复交往为主，微博以一次性联络为主。往复交往发生于强关系的熟人中，网友通过重复多次的互动从而形成稳定的社会联系。一次性联络一般多表现在弱连接的关系中，如在微博中用户与明星的联系。

②微博以线上交往为主，微信以线下交往为主。网络上的交往模式不仅包含在线交流，一些用户会在建立在线交往关系后发展离线联系，如微博中的"发私信"与微

信中的语音通话功能。微信上的好友多为自己熟识的人，是基于血缘、业缘、地缘基础上建立起来的社会关系，是现实人际关系的投射。相对来说，微信的线下交往比较频繁。

（三）信息的传播机制与特征不同

人际关系对人际传播内容和方向具有决定性影响。马克·格兰诺维特（Mark Granovetter）在其《弱连带优势》一文中，将社会关系划分为强关系与弱关系，自己与亲人、同学、朋友、同事之间是一种十分稳定的强关系，同时，还存在另外一类相对于前一种社会关系更为广泛的社会关系，例如一个被人无意间提到或者打开收音机偶然听到的一个人，格兰诺维特把后者称为“弱连接”。强连接关系通常代表交往双方彼此之间具有高度的互动，透过强连接所产生的讯息通常是重复的，容易自成一个封闭的系统。因此，在传播信息的内容上，微信的朋友圈就是一个封闭系统，用户所发表的信息容易造成信息冗余，趋同性高的缺点，但因信息是在熟人之间传播，可信度也相对较高。而微博上主要以弱连接为主，相对于强连接关系，弱连接则能够在不同的团体间传递非重复性的讯息，任何人都可以发布信息，任何人都可以看到，信息的传播渠道和获取信息的渠道相对较广。另一方面，从信息的传播速度上来说，微信是点对点的传播模式，难以形成快速的传播，而微博信息是病毒式的链式传播，只要用户对某一条信息感兴趣，只要点击“转发”“确定”就能瞬间将信息转发出去，但过于丰富的内容也会造成用户的困扰。

（四）人际关系松散程度不同

首先较之现实生活中的交往微博的人际交往整体上显得松散，微博主体注重个体的个性与表达自由，不必顾虑太多“人情世故”，而微信则很少形成松散关系，除非是“摇一摇”的娱乐目的。其次，在固定关系和友谊关系上，与传统的交往方式相比，微信、微博等新媒体平台为人们提供了一个基于现实人际关系网络的电子空间，人们可以不受时空限制，自由地进行信息的交流和人际交往。但在这两类关系上，微信与微博又有差异。微信用户使用微信的目的主要在于维持人际关系，其人际关系网络存在高度重合性，因而在发表信息内容时会更为慎重，会顾忌现实生活中的人际关系。而微博用户使用微博的主要目的在于获取信息，因而在使用微博时趋向于寻找对于自己有用的信息，而对社交性的信息会选择性地忽略，这也是为什么微博上的人际关系总体显得松散的原因之一。简言之，微博中的关系类型主要有松散关系、固定关系与友谊关系，而微信中的关系则以固定关系、友谊关系为主。

第三节

互联网对人际沟通的积极影响

一、扩大人际交往的范围

传统的人际交往主要通过交谈、会议、书信、电话来完成。通过网络开展人际交往就像来到超级市场一样便捷，人们既可以跨越时空、地域的界限，又可以“一点对多点”，聊天、交友在各种电脑、手机等网络终端里顷刻间完成，极大地降低了时间和金钱成本，提高了人际交往的效率。尤其是在人际交往的范围拓展方面，网络上海量的信息和技术的可选择性成为人们发展新的人际关系的高效手段。

互联网能够扩大人际交往的范围，拓宽沟通的渠道，促进人际交往新方式的产生。以前一些由于地域阻隔难以相识，或是由于性格原因很难在现实生活中成为朋友的人，都可以通过互联网的方式，在虚拟外衣的保护和支持下找到新朋友，极大地满足了人对社会交往的需求。

由于网络的虚拟性，人们将家庭住址、真实名字、工作单位等涉及隐私和利益的东西虚拟化，通过互联网交朋友就显得轻松容易。此外，网络中身份的可信度较低，降低了自我暴露的风险，从而增加了人们对于虚拟环境的安全感。这样一来便帮助了一些在现实生活中由于性格孤僻等原因无法在现实生活中交到朋友的人，在虚拟的网络空间中，他们可以以另一种身份交到朋友，满足了他们对于朋友的需求。网络还为一些特别想要隐秘地宣泄自己情感的人提供了一个相对宽松的环境，人们可以在这个虚拟的空间中扮演与现实社会完全不同的角色。

网络具备资源种类丰富、储存量大、检索便捷、传输迅速、开放性强等优势，人们利用网络不仅可以学习到更多的知识，还可以接触到多样的思想、多元的观念，而网络不受时间和空间限制的特性也打破了传统人际交往的阻碍，人们可以借助网络结识朋友，拓展交友范围，为传统人际交往提供了有益的补充。

互联网扩大了人们之间的交往范围，突破了组织、种族、国家及地域的限制，使人际交往具有了多面性的特征。人们可以根据自己的态度、价值观和行为方式等一系列个人因素，选择与自己相似的群体交往，并接受这些群体对自己的影响。通过在网上进行多次、多层面的交流，满足了人们个人发展和实现自我价值的需要。

二、建立网络友谊，改善人际关系

互联网中人际关系较为单纯，交谈双方在现实生活中接触的可能性微乎其微。人们往往有一个纯粹的"网友"，你不知道他的姓名、住址、工作单位等最基本的信息，但是却了解"关于他的一切"：他的思维方式是怎样的、他与他的家庭成员关系如何、他的生活最近遇到了哪些困难等。伴随着虚拟环境的安全感，网络世界的自我暴露往往跳过了自我暴露的第一个步骤——"定向阶段"，而直接进入了探索性表达情感阶段，如果在这个阶段中出现了有利的人际吸引因素（如相同的爱好、某些相似的经历，甚至仅仅作为单纯的倾听者和倾诉者的关系），则会迅速发展到表达情感阶段。

要注意的是，在网络交往基础上建立起来的友谊中，即使是较深入的友谊（这里指的是双方联系比较频繁，互动丰富，双方的认可度和喜爱程度比较高），双方的关系仍然是不稳定的，想要更深一步地发展两人之间的关系，建立长期的、稳定的联系，则必然要使这种虚拟人际关系向现实人际关系发展，其中关键是要建立相互的信任和安全感。即使你了解一个网友的所有兴趣爱好，你还是无法对他建立起更多的信任，因为你面对的仍然是一个虚拟的、未知的、不知包含着多少虚假信息的人。只有诉诸现实社会中的基本信息（比如姓名、住址、工作等），甚至通过视频了解相貌，或者实地见面，在现实生活中有了一定的交往基础后，这段关系才能继续发展深入下去。

中国人的性格特点中存在含蓄、委婉的一面，尤其是当人际关系出现矛盾而处于紧绷状态时，当面的妥协往往需要极大的决心。通过网络，"对不起"不再如此难以启齿，相互的谅解更容易达成。年轻的网民大多会有相似的感触：在心情忧郁，身边的人不适合成为沟通对象的时候，与网上朋友的交流开始成为可以被接受的排解方式。凭借与传统人际传播方式的不同，网络交往似乎降低了诸多方面的门槛，现实生活中必需的铺垫可以在网上被省略，就犹如丢掉了繁文缛节的真诚交流。

三、满足情感表达的需求

情感是现代人对所认识的事物、对其他个体和对自己本身的态度与体验，作为一种心理过程，它是在主我和客我之间进行的一种信息交流活动。现代人的生活节奏快、生存压力大，渴望人际交流能够实现人们之间的相互关心、相互理解和相互尊重。但现实生活中，大多数都是"沉默孤独的一代"，即使身边有许多人的陪伴，他们依旧觉得寂寞，感觉无法找到倾诉的对象。

在处理人际关系的过程中，"面子"成为调节人际关系的重要因素，它强调某种社会尊重与社会价值，表现为公众的自我形象与他人认定的自我形象。以微信为例，微信为陌生人的交往提供了情感表达需求得以满足的"场"，交流与交往的身体缺位，使具有不同性格、不同性别、不同文化程度的人结识并相互真情告白，使现实中孤寂的心灵得到慰藉，使压抑的情绪得到宣泄，把人从紧张的心理状态中解放出来。微信的另一部分交流建立在熟人关系圈之上，这迎合了中国人含蓄委婉的交往特质，难以启齿的情感表达可通过微信的言外之意、"绕圈子"的方式流露出来，避免了尴尬感与不自然感。

现代心理治疗理论非常重视宣泄在心理健康维护和治疗中的作用，心理咨询和治疗师的重要任务之一就是为人们受到压抑的心理症结提供宣泄和释放的渠道。但是，由于传统观念和行为习惯的影响，很多国人在遇到各种烦恼和心理问题时，往往没有勇气或不习惯咨询心理医生，也不愿意向身边熟悉的人倾诉。这种“忌讳心病”现象和“家丑不外扬”的普遍心态显然不利于个体心理问题的及时解决，也不利于个体心理健康。电脑网络的匿名性特点为网民不良情绪的及时释放和网民之间的情感帮助、心理支持提供了新的渠道。

四、激发创作力，形成平等、自由的沟通环境

正是因为网络人际交往的平等性与匿名性，人们相互之间的沟通与互动不再是面对面地进行，而是可以将自己生理或者心理的某些缺陷隐匿起来，将自己最美好的一面比较开放地投入到网络的人际互动之中。通过充分的自我表达，人们能够产生一种前所未有的自信心和满足感，从而满足个人发展和自我价值实现的需要。在人际交往中产生的满足感也可以激发创造力，使人们以更大的热情投入到专业和其他新知识的学习中去，提升自我价值。

《中国社会心理分析》指出，网络社会群体既是现实社会群体的延伸，又不同于现实社会群体，具有社会角色不确定、社会关系松散且群体意识和归属感较为淡薄的特征。在现实生活中，一个人只能被赋予一种身份，而在网络虚拟世界，性别、种族、年龄都是流动性的，一个人的身份就是他自己赋予和表现的身份。在网络社交中，人们可以通过虚拟身份和开放式平台畅所欲言，不受身份和权威的限制，使人的个性得到张扬。

网络给人以更加平等、自由的人际传播环境，促成人们形成崇尚平等、自由的主体意识，进而有利于新思想、新观念的形成，并且这种意识也会作用于人们在现实生活中的行为。随着网络中新思想和新观念的形成、发展及成熟，必将作用于现实人类社会，促进人类文明的发展。

第四节

互联网时代人际沟通存在的问题

一、“网络依赖症”现象的出现

“网瘾”即“互联网成瘾综合征”（Internet Addiction Disorder,IAD），其主要表现为：上网就兴奋异常，上不了网就“网瘾难耐”。严重者整天沉溺于网络，甚至不

吃不喝不睡，通宵达旦，导致体能下降、生物钟紊乱、注意力难以集中、情绪低落、思维模糊、食欲不振等不良生理和心理反应。网络信息内容的丰富多彩及交往方式的方便快捷使上网成瘾在相当一部分学生中普遍存在，上网成瘾使学生大大减少参加日常社交活动的时间，甚至疏远现实的人际交往，其结果正如美国斯坦福大学学者诺曼尼（Normane）所指出的：互联网会制造一个充满孤单者的世界。卡内基梅龙大学心理学家克劳特（Trout）主持的调查也表明，经常使用因特网及电子邮件的调查对象与亲戚朋友之间的交流明显减少，孤独感加剧，并出现了严重的抑郁症状，而且无论什么人，电脑使用得越多，孤独感和抑郁感就越强。

现代媒介的形式日益新颖，内容日趋丰富，对人有巨大的诱惑力，特别是对一些缺乏自控力的人来说诱惑力更甚，稍不留神，就有可能偏离了刚开始接触媒介的初衷，被其形式和内容所吸引，结果在其上花费了更多的时间，而该做的事情却没有做，久而久之，越发沉迷其中。许多人在使用微信后，需求得到了极大的满足，于是他们更加沉迷在微信所构建的虚拟空间中，在这里，他们与其他人的交往挣脱了很多束缚，更加自由、自主，更享受这种交往方式。

网络交往具有虚拟性、非身体接触的特点，会产生人与人的疏离感和不可信任感。人们一方面在网络交往中排遣寂寞、获得安慰，一方面又持续着脱离社会接触的孤独情绪。所以在网络交往中获得的心理安慰并未完全消弭人的社会性寂寞，反倒使人产生由持续的孤独引起的不安情绪。在这两种因素的共同影响下，人们对网络交往的依赖感越来越强。

二、导致现实交往冷漠和疏离

日本传播学者中野牧和林雄二郎分别提出了“容器人”和“电视人”的概念，其含义都是指因为过度沉迷在一种不真实的环境中，缺乏与现实社会的互动，导致人性格上的不健康发展，逃避现实的现实人群。美国传播学者保罗·拉扎斯菲尔德（Paul Lazarsfeld）和罗伯特·默顿（Robert Merton）也认为，现代人将大量时间和精力都花费在了接触媒介上，而减少了参与社会实践的热情。

网络技术的不断发展，导致人与人、人与社会的关系逐渐向人与机器或者说以网络为媒介的方向倾斜，改变了以往现实人际交往的秩序和规则。传统的人际交往，是人与人之间面对面的交往，我们不仅可以听到对方的声音，还可以看到对方的表情，还会有适当的肢体接触，人们通过语言和表情能感受到对方的心情和真实想法，这有益于人与人之间的信息交流，也在很大程度上拉近了彼此的距离，增进了彼此间的感情。而网络人际交往，完全取代了面对面交往的必要性，人们看不到彼此，感受不到彼此，却可以看到对方发来的信息，人们通过这种数字符号来交流，而这种交流方式是冷冰冰的，我们无法从数字符号里看到对方的表情，也无法感受到对方的心情。人与人的交往变成了人与机器的信息传递，人们之间的感情也在逐渐淡漠，交往的双方都带着戒备心理，交往不够彻底，从而使交往变得更加脆弱。

一方面，互联网上的交往必然要占用现实中的人际交往时间，因而它在无形中淡化了个人与社会及他人的直接交往，具有社会温情、家庭温情的人际交流机会日益被剥夺，久而久之会导致许多传统社会关系的解体或松弛，使人们经历更多的个体化和孤独，人们在现实中的社交能力会下降，心理更趋于封闭，感到孤独，从而割断了真正意义上的社会交往。另一方面，在现实交往中，一些内涵不错但外表和社会身份资源欠缺的人处于劣势，而网络不存在物质、经济等种种约束，有利于建立良好的人际圈，正是这种虚拟的人际关系网增加了他们的上网频率，但也使这部分人在现实中更加沉默，不愿意表现自己，不愿意参加集体活动，最终会使他们更加孤独，造成现实人际交往的障碍，严重影响正常的人际交往。

三、诱发人际交往的心理障碍和角色障碍

互联网交往能够使人消除直面交往的障碍，但同时也弱化了人的人际沟通能力。由于网络交往挤占了原本与现实环境中的人接触的时间，淡化了现实中的人际关系，并且网络世界里的自我中心主义（可能会产生自恋型情绪）和淡化规则与现实世界产生强烈对比，使人产生一定的认知障碍和情绪障碍。心理学家梁红分析认为，人们在使用移动社交工具时展示的是每个人生活中最好的一面，但不是最真实的，往往存在“显露正面，隐藏负面”的倾向。人们往往喜欢将自己的生活状态与他人相比较，容易出现心理不平衡的状态，再回到现实中的人际交往，就会觉得自己不如其他人，不够自信，容易产生心理障碍。

在现实生活中，人们往往担任着各自不同的角色并通过人际交往不断巩固和完善。而在网上，同一个人可以担任两种或多种不同的角色，在不同时间与地点交替出现。人们为实现自我，在网上交际时，经常扮演与自己实际身份和性格特点相差悬殊甚至决然相反的虚拟角色。在这种情况下，很多人都经常面临网上网下判若两人的情况，有的在网络上宽宏大量、温文尔雅，在现实生活中却是心胸狭窄、性格粗暴。当多重角色之间的冲突达到一定程度或角色转换过频时，就会出现心理危机，导致角色混乱和人格障碍。

四、弱化道德意识和责任感

互联网营造的是一个数字化的环境，它不具备现实社会那种鲜明的具体时空位置和形态，网络交往以电脑为中介，与现实空间中的交往相比具有间接性、难感知性的特点。网络的匿名性和虚拟化特征，一方面给网民呈现真实的自我提供了平台，另一方面也让真实社会中的社会道德约束机制变得形同虚设。许多人并不认为网上聊天时撒谎是不道德的，认为偶尔在网上说说粗话无伤大雅，由于缺少他人的道德反馈，导致快乐原则支配个人欲望，毫无顾忌地在网上表达自己。网络空间在拓展人类交往空间的同时也带来了一定的人际情感的疏远。随着高度信息化、自动化的“虚拟社会”的到来，以及在家办公、网上学校、电子银行等的出现，人们越来越多的是和一些个

人终端打交道，而更亲切的人际交往机会则大大减少。

道德是社会制定或认可的关于人们具有社会效用的行为应该而非必须的非权力规范。道德既有对人行为的要求，也有对思想观念、信仰操守等意识范畴的规范，人际道德是调整人与人关系的特殊行为规范的总和。网络社交的非当面性、半匿名性、虚拟性等特征，使交往主体的是非、荣辱、善恶等观念受到前所未有的冲击，评判事物的价值标准也随之变化，道德底线与伦理底线逐渐被打破。网络社交导致道德滑坡的表现如下：不再尊重他人和行使对他人的义务，为了达到某种目的，可对他人进行不客观的评价；“人—机—人”的交往模式过滤掉了交往双方可视化的社交条件，向对方展示的是完全不合实际的身份形象；不明确的规则与秩序、微弱的约束与控制会扭曲人们的价值取向和伦理道德，可以不顾及对方感受和个人形象而为所欲为。

网络的自主性和非实名制往往使人们在网络人际交往中免除了所要承担的责任，人的自我得到充分张扬。利用网络损害他人名誉和人格、散布虚假信息、在网上攻击社会、学校、传播色情、暴力信息等行为屡有发生，阴暗心理在网络中得到肆意释放。这些不良信息的传播使处于心智成长期、辨别能力不强、自控能力较差的人很难主动识别和抵制，容易把它当作现实加以全盘接收，从而导致现实人际道德的失范。种种行为传导到现实生活就会造成人们对于“诚信”“责任”等价值标准的认同感降低，产生集体道德滑坡。

五、快餐式社交和语音非理性化

快餐式社交是指一种迅速建立关系的、追求短期的、表面化的、肤浅的交往效果，而非建立在一定的情感沟通与交往基础上的交往形态。社交软件实现了在任何时间、任何地点、与任何人以声音、文字、图片、视频等方式的信息组合，交往双方在符号互动的基础上理解交往的环境与意义，各式各样的象征性符号不仅是网络行为主体沟通的中介，还是主体与符号进行直接互动的对象。现代人对快餐式社交方式的青睐体现了一种焦虑与空虚的心态，一味追求“速度”而忽视“质量”，“以最小的成本获取最大的收益”势必会造成交往的焦虑，快速的生活节奏和较大的生存压力带来的苦闷无法得到排解，这势必会造成心灵的空虚。“网恋”“约炮”“一夜情”“网聊”等词汇，彰显了时下快餐式社交方式的流行，在某种程度上也反映了社交观念的转变。

人与人之间是一种对话关系，一种你和我的关系，对话的过程是主体间相互塑造的过程，对话的实质是人与人间的精神交流。语言活动可以理解为对话活动，对话活动是社交最基本的活动，是人际关系建立的基础。传统的语言交流会遵循一定的规则，会受到多重约束条件的限制，而基于社交软件的语言交流则摆脱现实条件的束缚，对话沟通呈现非理性化趋势，具体表现为：不健康话题成为“网聊”的一大特色；暴力性词语更能吸引人眼球；现实中的谩骂词语经过社交软件的传播变得司空见惯，成为展示个性的途径；聊天的话题越来越庸俗。

六、垃圾信息和隐私保护问题

由于互联网把世界各地众多局域网和信息数据库紧密地连成一体，因此，它有着超大的信息量和信息流，且许多信息图文声像并茂，这极易给长期沉溺于网络的人们造成强烈的“感觉轰炸”和“信息超载”，降低他们对周围环境的感受能力和积极参与意识。网络的公开性和进入门槛较低、审查制度不严、监管机制缺失等因素，造成网络信息泛滥甚至成灾。一个网页上会强加许多无用甚至无聊的信息，电子邮箱里每天会收到很多垃圾邮件，在网上搜索一个信息，会出现成千上万个搜索结果，并且很多时候对同一事物的描述并不一致。网络在快速发展的同时，带来了内容参差不齐、信息泥沙俱下等问题。网络作为高科技信息库，它在给人们带来知识信息的同时，也可能给人们带来大量信息垃圾（尤其是黄色信息垃圾），成为窥视他人隐私的望远镜和进行网络犯罪的有效工具。

在信息网络时代，个人隐私经历了信息技术系统采集、检索、处理、重组、传播等处理过程，使某些人更容易获得他人机密及信息，个人隐私面临空前威胁。保护个人隐私是一项基本的社会伦理要求，是人类文明进步的一个重要标志。在信息技术高度发展的网络时代，如何保障公民的个人隐私权，是一个值得全社会关注的问题。

本章小结

互联网时代人际沟通的特征是：碎片化、开放性和广泛性、虚拟性、多元性和共享性、平等性、交互性、自由性。

在互联网时代，人际沟通的主要媒介有三类：网络社区类软件（BBS、贴吧、论坛等）；即时通信类软件（QQ、微信、飞信、易信等）；社交类软件（微博、微信朋友圈等）。在这些沟通软件中，对人际沟通冲击最大的莫过于微信和微博，它们为人们带来了空前绝后的交流体验方式，引发了人际沟通领域的革命。

互联网人际沟通模式主要有两种：“点对点”沟通模式和“点对面”沟通模式。

互联网为人际沟通带来了如下积极影响：扩大人际交往的范围；建立网络友谊，改善人际关系；满足情感表达的需求；激发创作力，形成平等、自由的沟通环境。

与此同时，互联网时代的人际沟通也存在一些值得人们重视的问题：“网络依赖症”现象的出现；导致现实交往冷漠和疏离；诱发人际交往的心理障碍和角色障碍；弱化道德意识和责任感；快餐式社交和语音非理性化；垃圾信息和隐私保护等问题。

课堂讨论

> 互联网时代，多样的社交软件或平台极大地冲击了传统的人际交往，在这个过程中，网络从众现象愈发凸显，并且网络意见领袖的巨大影响力也在逐步形成，你如何看待这一现象？又有哪些措施可以帮助人们避免互联网对人际沟通带来的负面影响？

[案例 7–2]

互联网＋人际关系，实现个人信用货币化

Facebook 上推出了一款叫“Gift”的网络服务，它能让我们在朋友圈中自由地共享知识、互相馈赠礼品，而不需要交纳任何费用。人们可以通过搜索 Gift 上的帖子，了解到朋友们所发出的消息和他们的成交记录。

“Gift”服务可以让人们与朋友互通有无。比如人们可以把一些读过的书、看过的 DVD、用不着的家电或户外用品转赠给朋友。当然，也会收到来自朋友的馈赠。此外，Gift 也能提供一些无形的服务。比如，人们可以和志同道合的人交流一下心得体会，也可以向咨询师倾诉你的烦恼，寻求帮助。

网友们在 Gift 上发帖的原因有很多。比如，有人在搬家时会为一些弃之可惜留之无用的东西寻找下一位主人；也有人只是出于想和朋友共享某物的心理。在使用 Gift 时，我们既能感受到不带铜臭味的温暖人情，也能感受到在互帮互助的过程中产生的安全感。

Gift 不同于其他的论坛，它的交换或网络拍卖仅限于朋友之间，陌生人或匿名登录的人是不能参与此项活动的。它的开发目的就在于让人们在诚信的平台上进行价值交换（如图 7–2 所示）。

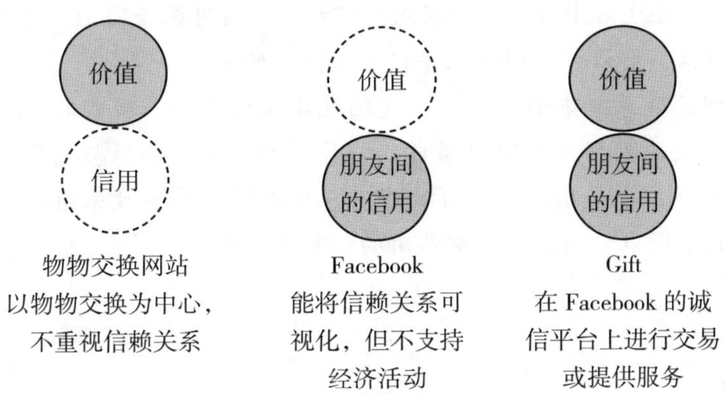

图 7–2　朋友之间的诚信平台

朋友间的互通有无不仅可以增进友谊，还能把自己的“想法与感情”传达给对方——这是Gift的另一个优点。

秀出你与朋友的“亲密度”

Gift可表现出你与朋友的亲密程度。馈赠或接受礼物的具体要求是必须在Facebook上和对方有10人以上的共同好友。当然，你也可以把礼物送给某个特定的人。这种交换的特点是要在诚信的平台上，在指定的朋友范围内进行价值交换。

用户可以在网上定位自己的具体位置，并推算出与对方的距离。这项功能可使用户轻松地计算出邮费和其他相关费用。帮助别人虽然赚不到金钱，但却能得到“信用”积分，“信用”分值越高的人越诚实可靠，而信用度高的人在需要帮助时，也更容易得到他人的帮助。

今后，Gift这种“非货币经济（value to value）”会被越来越多的人所接受，为了实现这个目标，需要首先打造出一条信用的纽带。因此，把企业与个人的信用度在网络上表现出来是十分必要的。

如何适应“互联网世界”的生活

由于发布到外界的信息会被永久地保留在网络上，有些人已经感到了互联网带来的压力，他们会有意识地把网络世界与现实生活隔离开来，比如有人拒绝使用Facebook；有人在使用时会设置访问权限，不愿意让陌生人看到自己的信息；特别是那些从事金融和在传统社会中地位很高的人，他们都尽可能地不去使用社交网络，因为社交网络很有可能在瞬间就曝出一条能让这些人身败名裂的消息。

因此，我们必须学会管理自己的信用。不要把社交网络当作交流工具，要把它看作能让我们反省自己言行的“镜子”，消息与状态要几经推敲才可以发出去，冒冒失失地信口开河只能给自己带来不必要的麻烦。相反，我们可以把社交网络当成为自己积累信用和为社会做贡献的工具。

也有人故意让自己在现实生活中的形象与互联网世界中的不一致。比如喜欢在网上侃侃而谈的人，在生活中可能是个沉默寡言的人。这可能是因为他的生活压力较大，平时不能随便说话，所以才在网络上寻找宣泄情感的途径。

在这个由网络联系起来的世界中，我们既要面对虚拟与现实的落差造成的双重人格问题，又要积极地利用互联网把握自己与外界的关系，加强与外界的互动。即使你不喜欢这样的世界，也必须接受这样的现实。从经济学的角度来看，是信用把你和世界联系在了一起，所以，一定要注重信用的积累与维护。

案例来源：摘自《幸福资本论》

问题提示：

1. 对比普通的社交网络，“Gift”模式有哪些创新点？这些创新点给人际沟通带来了怎样的影响？

2. 在互联网时代，人与人之间的交往逐渐虚拟化，但正如一句名言所说："凡走过，必留下痕迹。"随着技术的发展，人们在网络上的"一举一动"都成为自身标签的一部分，所以也有人说："网络是一把镜子，请抱着敬畏的态度审视自己的言行。"你如何看待这个观点？

主要参考文献

[1] 王艳艳 . 微博人际沟通模式探析——以新浪微博为例 [J] . 理论视野，2011（13）.

[2] 王欢，祝阳 . 人际沟通视阈下的微信传播解读 [J] . 现代情报，2013（7）.

[3] 王欢，祝阳 . 人际交往视角下微信功能的探讨 [J] . 现代情报，2014（2）.

[4] 徐静 . 微信对大学生社交的影响 [J] . 新闻传播，2013（2）.

[5] 罗军 . 互联网时代面谈沟通管理探讨 [J] . 中国市场，2014（22）.

[6] 张金桐，王晓明 . 网络对当代大学生人际沟通能力的影响 [J] . 河北经贸大学学报（综合版），2015（2）.

[7] 赵文静，孙大鹏 . 浅析网络人际沟通对大学生人际交往的影响 [J] . 民营科技，2010（10）.

[8] 山口扬平 . 幸福资本论 [M] . 袁光，译 . 北京：中国人民大学出版社，2015.

第八章

组织内部信息沟通

学习目标

⊙ 了解组织内各层次的信息需求特点；

⊙ 了解组织内部沟通类型；

⊙ 掌握组织内部沟通的各种方法；

⊙ 了解组织内部沟通的影响因素；

⊙ 掌握实现组织内部有效沟通的策略。

关键概念

内部信息需求　正式沟通　非正式沟通　企业移动办公的信息沟通

[案例 8-1]

华为管理沟通之道

在华为创立初期，曾一度出现工作结果和预期目标不相符的问题，让公司多次陷入危机。那时候，无论是计划部门还是员工，都承受了很大的压力。公司不得不通过咨询找出原因，在访问了一些员工之后得知：大部分项目经理在领导分配任务后，竟然不清楚自己应该在什么时间执行任务、什么时间完成、怎么去操作、具体完成到什么程度才算合格。这些人习惯于听到任务以后，什么都不考虑，召集几个员工就埋头干起来，也不管自己理解的任务跟领导交代的任务是否一样。所以，缺乏有效的沟通环境对项目来说是灾难性的。没有有效的沟通与交流，决策传递将会受阻并停滞。

华为的沟通三原则

为了避免在工作过程中出现对接障碍，华为公司要求员工在项目工作开始之前就做好沟通，在适当的时间、将适当的信息、通过当前的渠道，发送给适当的利益相关方，这就是华为的“沟通三原则”。

沟通及时是华为员工遵守的首要原则。华为员工会将必要的信息在第一时间向利益相关方传达，以保证上下、平行沟通渠道的顺畅。

信息准确是沟通的第二原则。为了保证信息沟通的准确性，华为员工会借助金字塔思维工具。在金字塔顶端的是综述，即要表达的观点、问题、看法和结论。接着会针对上一级的内容一层一层地展开，直到信息足够准确为止。

严格控制信息传递的量，这是沟通要遵守的第三个基本原则。因为信息过多倾听者容易忘记，过少则降低效率。一般信息传递都遵守 7±2 原理，因为年轻人的记忆广度大约为 7 个单位（阿拉伯数字、字母、单词或其他单位）过多或偏少都不适宜。

为了确保信息沟通工作的顺利进行，华为要求所有的工作人员在沟通中必须提前制订沟通计划，明确信息沟通的相关人、信息沟通形式、信息发放时间和发放方式等，并制定出详细的信息发放日程表。

学会倾听

在华为，为了避免“听错”的现象，公司要求员工掌握一项基本的工作技能——学会倾听。

通常情况下，华为员工在倾听管理者安排任务时，都是按照备好纸笔、认真倾听、最终确认这三个步骤进行。在华为员工笔记本上，可以看到他们用自己习惯的关键词或符号所填写的任务记录单，上面记录着布置的任务重点。华为员工很注重倾听过程，不仅会在任务记录单上标注关键词，偶尔还会有管理者当时的情绪状态词。

资料来源：根据微信公众号 PM 圈子（pm1178）推送文章改编。

第一节

组织内部沟通的认知

一、组织内部沟通的含义和特点

几乎所有的企业，当它们发展到一定的程度时，都会为以下类似的问题所困扰：

原有的勃勃生机正在消失，员工们人心涣散、士气低落，各部门更加强调自己的利益，互相的协调与配合越来越困难……所有的这一切令管理者感到困惑：为何在创业的艰苦时期，大家可以齐心合力、士气高涨，而在企业的厂房更新、技术更先进、福利待遇更好的情况下，为什么员工的士气和部门间的协作反而不如从前？

多数情况下，问题的症结在于缺乏有效的内部沟通。创业的初期，企业规模较小，人员之间的利益差异不明显，这时企业内部的沟通比较容易进行。随着企业规模的扩大，人员构成日趋复杂，原有的沟通方式不再适用，企业内部的隔膜逐渐加深，离心倾向越来越明显。这种因沟通不畅而带来的问题会造成企业经营困难，甚至使费尽千辛万苦才发展到一定规模的企业四分五裂。

组织内部沟通，就是限定在组织环境下的知识、信息以及情感的交流过程。由于组织是由各层级、各事业部门和个体所构成的整体，因此组织内部的沟通就是跨层级、跨部门和跨人际的沟通。而组织沟通要达到的目的是使这些组成部分能够更加有效和一致地协作，促进组织内部员工的关系，增进员工的参与度和责任感，进而促进企业文化的发展，最终实现企业的目标和愿景。由此可见，一个组织能否具有良好的内部沟通对组织乃至整个企业来说是十分重要的。

组织内部沟通与一般沟通的区别主要体现在以下几个特点上：首先，组织内部沟通具备一般人际沟通的基本特征，但它被限制在组织范围内，所以沟通的内容主要以工作任务为导向，同时内容要遵循一定的规范和准则；其次，组织内部沟通具有一定的沟通顺序和方向，并且有相应的形式；最后，组织内部沟通属于管理的一种日常功能，所以它对信息的传递者也具有一定的约束力。

二、组织内部信息需求

企业管理已进入“以人为中心”的时代，信息交换上升到第一重要的地位，且管理者的管理层次越高，对信息的依赖性也越强。不仅是组织的最高管理者需要获得信息，包括一线管理者以及一线员工在内的其他层次也有相应的信息需求。尽管较低层次员工的信息需求并不是源于制定决策的需要，但是他们也需要利用信息高效地完成工作。

（一）员工的信息需求

1. 关于工作及个人

●提升的机会；
●工作的内容及要求；
●工作的安全性；
●工作的稳定性；
●接受培训的机会；
●工作的前景；
●薪资；

●福利；
●部门绩效结果；
●个人奖酬与绩效的关系；
……

2. 关于公司

●历史；
●在同行业中地位；
●发展前景；
●组织结构；
●管理制度；
●销售额、收入及增长情况；
●财务状况；
●研究开发能力；
●广告规划；
●现有的、新的和即将面市的产品；
●与工会的关系；
●经理的姓名及其他情况；
●管理层的人事变动；
●公司政策；
●投资计划；
●社区关系；
●现实问题上的立场和基本观点；
……

（二）基层管理者的信息需求

一线员工之上的基层管理者，他们的信息需求除上述各项之外，还包括：
●管理权责；
●职权范围；
●部门的任务指标；
●下级的工作状态；
●下级的工作业绩；
●下级的需要；
●处理工会事务及抱怨情形的企业政策；
●与更高管理层及其他部门的关系状况；
……

（三）高层管理者的信息需求

●与政府、社区之间的关系；
●竞争对手、合作者及顾客的基本状况；
●宏观经济及行业经济政策；
●经营环境及发展趋势；
●股东的要求；
●企业所拥有的各种资源状况；
●各项计划的执行情况的反馈；
●各部门职责的履行状况；
●创新趋势，包括产品、技术、市场、管理等；
●员工对公司的态度；
●公司规则、政策和计划被理解和接受的程度；
●员工进一步提高效率的方式；
●员工的抱怨和不满；
……

第二节

企业内部沟通类型

一、正式沟通与网络

（一）正式沟通

正式沟通是通过组织正式结构或层次系统运行，由组织内部明确的规章制度所规定的渠道进行的信息传递与交流，例如组织与组织之间的信函来往、组织内部的文件传达、召开会议、上下级之间的定期情报交换以及组织正式颁布的法令、规章、公告等。正式沟通包括上行沟通、下行沟通、横向沟通与斜向沟通。从图 8-1 可以更好地理解企业中信息流向的各种沟通类型。图中①、②、③、④分别表示上行、下行、横向、斜向沟通。

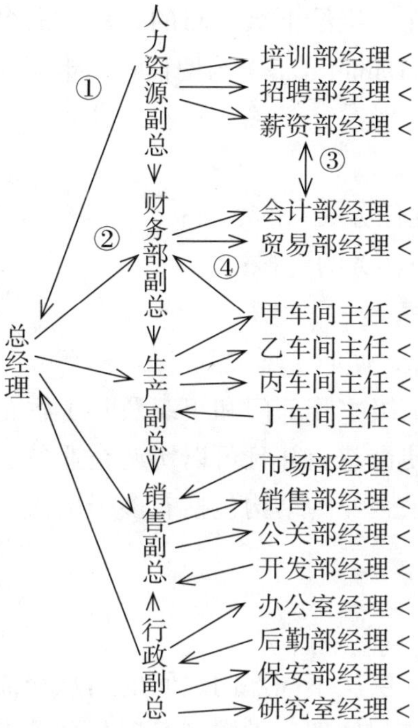

图 8–1　企业中信息流向沟通图

1. 上行沟通

上行沟通指组织成员通过一定的渠道与管理决策层进行的信息交流。它有两种表现形式：一是层层传递，即依据一定的组织原则与组织程序逐级向上反映；二是越级传递，即减少中间层次，让决策者与组织成员直接对话。在日常的组织管理中，常表现为下级对上级的请示汇报、申诉意见、提供建议等。但在不少组织中，上行沟通阻碍重重，主要原因有以下几方面：

①高层管理者不鼓励上行沟通。一些企业的高层管理者认为自己了解下级员工需要，坚信自己的决策是正确的；

②各级管理者过滤上行沟通信息。原因主要是：不愿上交问题或者“报喜不报忧”；

③下层员工缺乏上行沟通的动机。

总体来说，上行沟通虽有重重阻碍，但仍有诸多好处：下级可以把自己的意见向上级反映，激发组织成员的参与热情，获得一定程度的心理满足；管理者也可以通过这种方式了解企业的经营情况，与下级形成良好的关系，提高管理水平。缺点是：在沟通过程中，上下级因级别不同而造成心理距离，形成一定的心理障碍，可能歪曲反映情况的真实性与客观性，最终导致信息失真。

2. 下行沟通

下行沟通指组织中信息从较高层次流向较低层次的一种沟通，这是传统组织内最主要的沟通渠道。一般体现在上级给下级发布的指示、命令、规章制度、工作程序、方针目标等。丹尼尔·卡兹（Daniel Katz）与罗伯特·卡恩（Robert L. Kahn）认为，这种沟通方式大体有五种目的：

①传递工作指示；

②促使部属对工作及其他任务关系的了解；

③向下级提供关于程序与实务的资料；

④向下级反馈其工作绩效；

⑤向职工阐明企业的目标，使职工增强其“任务感”。

这种沟通的优点是：使下级主管部门和组织及时了解企业总体奋斗目标及其具体措施，增强职工的责任心和使命感；并且可以协调企业各层次之间的活动，加强各层次之间的联系。缺点是：如果企业的结构包括有多个层次，其结果往往使通过层层转达的下行信息发生歪曲、遗失。

3. 横向沟通与斜向沟通

横向沟通是指组织中同一层次不同部门之间的信息交流。比如在一个公司总经理领导下的三位副经理，即生产副经理、供销副经理与财务副经理之间的沟通就属于横向沟通的一种。它能够加强组织内部同级单位之间的了解与协调，是减少各部门之间矛盾与冲突的重要措施。

斜向沟通是指在正式组织中不同级别又无隶属关系的组织、部门与个人之间的信息交流。在直线部门与参谋部门之间，如果参谋人员拥有职能职权，常有这种沟通发生，此时参谋人员的工作主要是业务性的，了解下级部门的业务情况，以便能给予指导与领导。由于横向沟通和斜向沟通脱离了正式群体的沟通渠道，为了避免或消除不良影响，在运用这两种沟通时应遵循以下原则：

①在沟通前，尽可能先得到直接上级的允许，有时是指自己的上级，有时是指对方的上级；

②在沟通后，尽快把沟通结果向直接上级汇报。

综上所述，正式沟通的优点是：沟通效果好，比较严肃，约束力强，易于保密，可以使信息沟通保持权威性。重要的信息与文件传达或组织的决策，一般都采取这种形式。缺点是：由于依靠组织系统层层传递，形式刻板，沟通速度慢。

（二）正式沟通网络

群体中人与人之间的信息交流的结构形式即为沟通网络。信息沟通的有效性与它的结构形式之间有密切的关系。美国心理学家莱维特（Levitt）通过实验提出了五种正式沟通的网络：链式、环式、轮式、全通道式、Y 式，如图 8–2 所示。

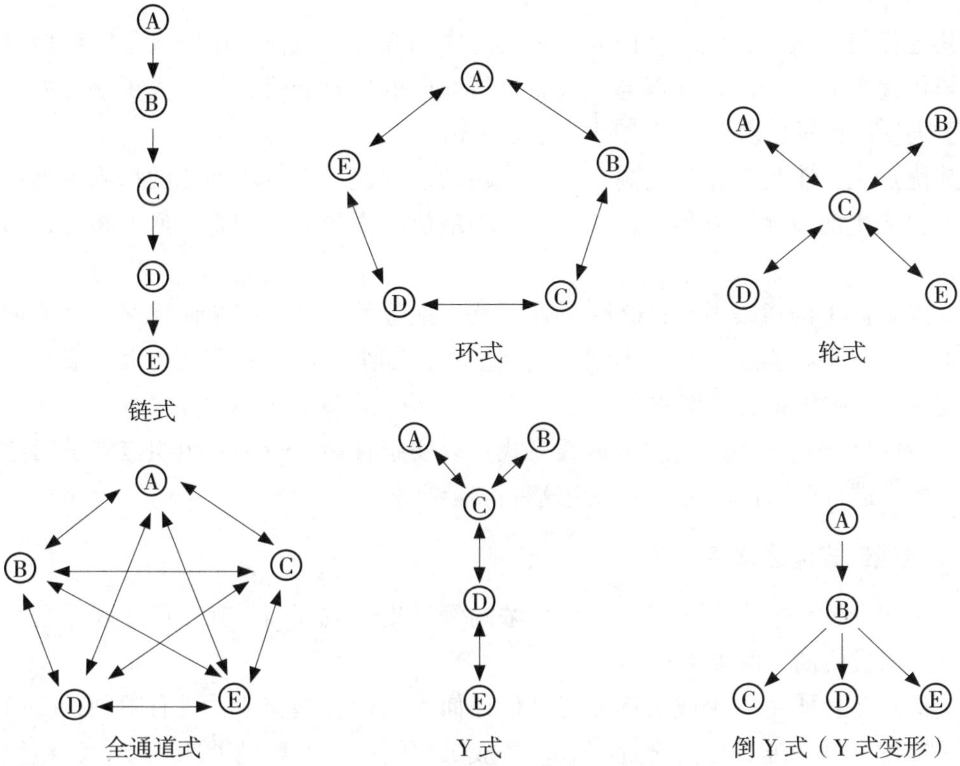

图 8-2　五种不同的信息沟通网络

1. 链式沟通网络

在一个组织系统中，它相当于一个纵向的沟通网络，代表一个企业中五个等级的上下级组织，彼此之间交流信息是采取上情下达和下情上报的形式。

这种沟通网络的优点是：在各种沟通网络模式中，它传递信息的速度最快，解决简单问题的时效最高。如果一个组织系统过于庞大、需要实行分层授权管理的正式组织中，链式沟通网络是一种行之有效的方法。

缺点是：①信息经过层层筛选，容易出现失真；②各个信息传递者接受信息的差异性很大，平均满意程度有很大的差距；③处于最低层次的沟通者，容易产生不满足感；④每个成员沟通的内容分散，不利于培养群体凝聚力。

2. 环式沟通网络

环式沟通网络是一个封闭式控制结构。在这个网络中，个人心理满意程度无明显高低之分，处于中间状态。其优点是组织内民主气氛较浓，团体的成员具有一定的满意度，团体士气高昂。但它的缺点是组织的集中化程度和领导人的预测程度较低，畅通渠道不多，沟通渠道较慢，信息易于分散，往往难以形成中心。

3. 轮式沟通网络

在这种沟通网络模式中，人际沟通是通过中间人进行的，其中，只有一个成员能够与其他任何人交流，所以其他人也只能与中间人进行交流，中间人是各种信息的汇集点与传递中心。一个领导人与下级只进行双向的信息交流，领导人了解全面情况，并向下级发出指示，四个下级之间无沟通联系。

其优点是：①集中化程度高，解决问题的速度快；②解决问题的精确度高；③对领导人物产生的预测程度很高；④处于中心地位的领导人是信息沟通的核心，满足程度较高。

缺点是：①沟通渠道少；②除了处于核心地位的领导了解全面情况，其他成员之间互不通气，平行沟通不足，不利于提高士气；③组织成员心理压力大，成员平均满足程度低，影响组织的工作效率。

一般的生产机构多采用这种沟通模式，以便于管理，在某一组织接受了紧急攻关任务，要求进行严格控制时，可采用这种沟通网络。

4. 全通道式沟通网络

这种沟通网络表示一个民主气氛很浓的领导集体或部门，其成员之间总是互相交流情况，通过协商采取决策。

其优点是：①每一个成员都能同其他任何人进行直接交流，没有限制；②所有成员是平等的；③沟通者之间全面开放，各成员之间满足程度的差距很小；④组织内士气高昂，主动性和创新精神得到发挥。

其缺点是：①沟通渠道太多，易于造成混乱；②不适用于较大型组织；③沟通路线的数目会限制信息的接收和传出能力；④信息传递费时，影响工作效率。

5. Y 式沟通网络

Y 式沟通网络是一个纵向沟通网络，表示四个层次的信息逐级传递过程。第二级主管（C）与两个上级（A、B）联系，C 处于沟通的中心， 成为沟通的中间媒介。在企业组织中，这一沟通网络大体相当于从企业上层领导到中层机构，再到基层主管部门，最后到基层工作单位之间的四级纵向联系系统，它适用于企业规模较大而管理水平有限的大、中型企业。Y 式沟通网络的倒置， 称为“倒 Y 式沟通”。

各种沟通网络都有优点与缺点，差异如表 8–1 所示。

表 8–1　正式网络类型的比较

网络类型	解决问题速度	信息精确度	组织化	领导人的产生	士气	工作变化弹性
链式	较快	较高	慢、稳定	较显著	低	慢
轮式	快	高	迅速、稳定	显著	很低	较慢
环式	慢	低	不易	不发生	高	快
全通道式	最慢	最高	最慢、稳定	不发生	最高	最快
Y 式、倒 Y 式	较快	较低	不一定	会易位	不一定	较快

从表 8–1 中可以看出：全通道式与环式相似，当遇到特别复杂的问题时，解决速度反而较快，效率也较高。在高层组织与委员会之类的小团体中，可以运用环式沟通网络。如果组织很大，需要分层授权管理，则链式沟通比较有效。如果一个主管的自身工作非常繁重，需要有人协调筛选信息，则宜采用倒 Y 式的沟通网络。总之，应根据具体情况具体分析，确定适当的沟通网络。

二、非正式沟通与网络

（一）非正式沟通

非正式沟通是指以一定的社会关系为基础，与组织内部明确的规章制度无关的沟通方式，它的沟通对象、时间及内容等各方面都未经计划并且难以辨别。要掌握非正式沟通常识与技巧，必须明确正式组织与非正式组织的区别。

1. 正式组织与非正式组织

正式组织指的是如部队的班排、企业中的班组、学校中的班级等小群体。所谓非正式组织，主要指存在于正式群体之中或与正式群体交叉相容的非正式小群体。相对于正式组织而言，非正式组织不是由组织正式组建，而是自然或自发形成的，由于情趣一致或爱好相仿、利益接近或观点相同等原因把人们联结在一起，并且依靠心理和情感的力量来维持。非正式组织在企业的作用是客观存在的，其作用有好有坏。

（1）非正式组织的特点

- 非正式组织是自发形成的，没有章程和确定的权利义务的群体。
- 非正式组织靠情趣、情感、共同需要来维持。
- 非正式组织的领导者具有极大的吸引力。
- 非正式组织有强有力的群体规范。
- 非正式组织的凝聚力很强。
- 非正式组织的内部信息传递畅通、迅速。

（2）非正式组织的类型

非正式组织有多种类型，也包括多种分类标准。按非正式组织的形成原因可分为：利益型、信仰型、目的型、“需要互补”型、“压力组合”型、“家族亲朋”型、“娱乐”型等。按非正式组织的群体作用性质可分为：积极型、消极型、中间型、破坏型等。

（3）非正式组织对企业的影响

非正式组织对企业的积极影响表现在：

- 能够满足个人的一些正常心理和兴趣需要；
- 有利于增强正式组织的凝聚力；
- 可以协助企业克服困难，解决难题；

●在做后进转化工作上有特殊功效。因为非正式组织本身的特点，特别是其“领袖人物”的影响力，在做后进转化工作上往往有正式组织达不到的功效。

非正式组织对企业的消极影响表现在：

●当非正式组织的利益或目标与企业的利益和目标发生冲突时，非正式组织会对企业的利益和目标起破坏和干扰作用；

●当非正式组织的规范与企业的规范发生冲突时，非正式组织会对企业的规范起削弱作用；

●当非正式组织的群体意识与企业的群体意识发生冲突时，非正式组织对事物的认识水平、思想方法、价值观念、评价标准等都会影响到正式组织成员对事物的认识与评价；

●当非正式组织所要进行的具体活动与企业要进行的和正在进行的活动发生冲突时，有时会对正式组织的活动产生影响；

●当非正式组织的“领袖”人物与企业领导者发生冲突时，这种冲突可能是个人的成见或摩擦，也可能是工作上的分歧。这时，企业难以有凝聚力，绩效也会下降。

一般来说，企业以组织的支持和明文规定的章程为依据，有正常的工作渠道，因此占据着主要优势，能够克服非正式组织的不利影响，并做好化消极为积极的工作。

2. 非正式沟通

（1）非正式沟通的特点

由于非正式组织是由组织成员感情和动机上的需要而形成的，所以其沟通渠道是组织内的各种社会关系，这种社会关系超越了组织内部固有的单位及层次，如图 8–3 所示。

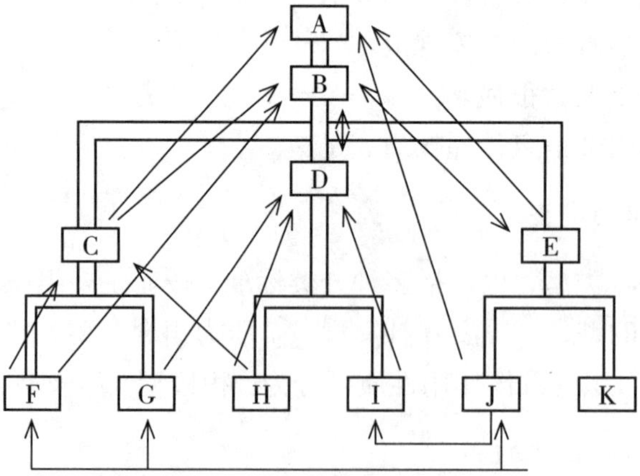

图 8–3　非正式沟通示意图

相对于正式沟通而言，非正式沟通具有以下特点。

第一，非正式沟通渠道有随意性、灵活性、松散性的特点。由一点可以任意通向沟通网络中的另一点，具有自由流动的性质，因此信息沟通的模式和方法也是不固定的。

第二，非正式沟通的沟通内容是非正式的，更利于双方表露真实想法。非正式沟通主要是就沟通双方相互关心的话题进行沟通，一般是有选择地针对个人的兴趣和爱好的话题，所沟通的信息往往与沟通者的利益相关或者是他们比较感兴趣的问题。它没有正式的规定进行约束，一般没有正式的议题和形式，因而比较容易把真实的思想动机表露出来，并且能够提供一些正式沟通中难以获得的信息。

第三，非正式沟通的情感性强。非正式沟通的部分目的是为了增进沟通者之间的感情。情感沟通有别于单纯的上行或下行沟通，情感的沟通方式是平行或交叉的，其特点在于人与人之间打破原有组织中的等级差异。非正式沟通的情感性也是沟通者对沟通心理需求的一种体现。

第四，非正式沟通的效率高、速度快。一般来说，正式沟通主要依赖于正式组织的“层级原则”，这就决定了其沟通方式单调、信息传播速度缓慢的特点。非正式沟通的人际关系网络往往超越了部门、单位以及层级的界限，沟通者之间交往频繁，而且非正式沟通内容围绕沟通者关心的话题进行，通常只把信息在需要这些信息的人之间传递，因此，信息沟通的速度大大加快，效率更高。

第五，非正式沟通信息真实程度的不确定性。有人把非正式沟通称为传播小道消息，这主要是因为非正式沟通中消息来源不固定，传递也不受任何制约，因此无法确保信息的真实性。与此同时，非正式沟通的情感性也更加导致了信息真实性的不确定。

（二）非正式沟通网络

管理学家认为，无论组织设立多么精明的沟通系统，还是要有非正式沟通渠道来弥补其缺点。传闻与小道消息是非正式沟通的两个主要形式。所谓传闻或小道消息是不在组织正式的沟通系统中传达的消息，消息在组织结构中任意流动。其具有三个特点。

①传闻或小道消息属于非正式消息。这种消息总有不确切的成分，但也有许多合乎事实的成分。传播的渠道是非正式的，它可以作为正式渠道的补充。

②传闻或小道消息依靠密集传播线，有自上而下的，有自下而上的，也有平等和斜向的，多属于口头传播。因此这种传播没有永久的成员，易于形成，也易于消散。

③传递速度快，呈现出多变性与动态性。传闻或小道消息，不一定是不确切的消息，其中往往也有合乎事实的消息。

小道消息传播的途径都是非正式的，所以，几乎不可能追查其来源。在每一个组织中，每一个人都可能在传播小道消息中扮演一个角色：有的是谣言传播者；有的是谣言制造者；有的只听不传；有的夸大扩散。美国心理学家戴维斯（Davis）在 1953 年发表的《管理信息沟通与小道消息》一文中介绍了他在一个小公司里对 67 名管理人员进行的一次调查研究，他采用顺藤摸瓜的方法追踪小道消息的来源，发现只有 10% 的人是消息的传播者。另外两位心理学家也在政府机关作了同样的调查，发现传播小道消息的人也在 10% 左右，而且几乎是固定的人群充当“小喇叭广播”的角色，绝大多数人往往是只听不传。

戴维斯通过对传闻(小道消息)的传播的研究,发现非正式沟通有四种网络形式(如图 8–4 所示)。

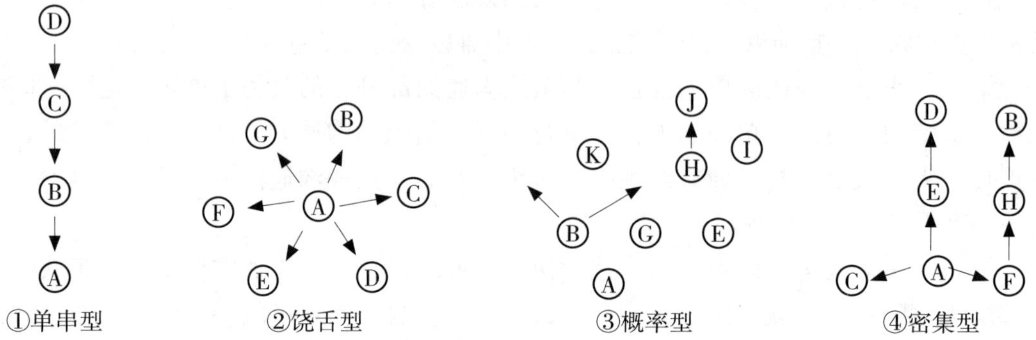

图 8–4　非正式沟通网络形式

①单串型：是通过一连串的人把消息传播给最终的接收人，这种情况较为少见。

②饶舌型：信息由一个人（A）告诉其他所有人，A 是非正式沟通中的关键人物。

③概率型：信息由一个人（A）随机地传给某几个，再由这些人传递给其他人，并无一定的中心人物或选择性。

④密集型：即在沟通过程中，可能有几个中心人物将信息转告若干人，而且有某种程度的弹性，如图 8–4 中的④，A 与 F 就是两个中心人物，代表两个集群的“传播站”。

（三）正式沟通与非正式沟通的区别和关系

1. 正式沟通与非正式沟通的区别

一是沟通信息的性质。正式沟通是组织和团体为达到目标所必须进行的沟通活动，沟通的内容主要关于工作和任务。正式沟通的优点是效果好，有较强的约束力，但沟通速度较慢。非正式沟通多属情感沟通，在非正式沟通中，人们比较容易把真实的思想动机表露出来，并且能够提供一些正式沟通中难以获得的信息。

二是沟通通道的性质。正式沟通是通过组织正式的渠道进行的工作信息沟通，非正式沟通则指在正式沟通渠道之外进行的与组织工作关系不大的信息沟通，如团体成员间的私下交谈、情感交流等。非正式沟通不用在严肃的气氛中进行，使得沟通双方更能达到一定的感情交流，其优点是沟通方便、速度快，用以传递一些不便正式沟通的信息，其缺点在于信息容易失真、被歪曲、夸大和误解。

2. 正式沟通与非正式沟通的关系

首先，在正式组织中以正式沟通为主，非正式沟通为辅。正式组织中起主导作用的大多是通过组织的正式结构和系统进行的正式沟通，正式沟通的优点显而易见，它沟通效果好，信息准确，比较严肃且约束力强，易于保密，可以使信息沟通保持权威性。

其次，非正式沟通在正式组织中起到的作用是不可替代的。我们在看到正式沟通优点的同时，也应看到，正式沟通还存在着沟通速度慢、刻板僵化的问题，有时也会使信息失真。因此，组织为顺利进行工作，还要依赖非正式沟通来补充正式沟通的不足。

再次，非正式组织中的沟通是以非正式沟通为主导的。非正式组织是在任何正式组织内部都客观存在的，并对正式组织具有重要的意义。非正式组织沟通属于非正式沟通，但与一般的非正式沟通在沟通效果和适用范围上存在差异。

第三节 组织内部沟通方法及选择

一、组织内部管理沟通方法

组织内部管理沟通方法指组织在沟通过程中所采取的具体方式与手段。沟通的方法是多种多样的，在组织外沟通中包括广告、谈判公关等方法；而在组织的内部沟通过程中包括发布批示与请示汇报、召开会议与个别访谈等。

（一）发布指示与请示汇报

在指导下级工作时，领导的指示是非常重要的。指示可使一个活动开始着手、更改或制止，是一个组织生机勃勃的动力。指示具有强制性与权威性，它要求在一定的环境下执行任务或停止工作，并使指示内容和实现组织目标密切关联，以及明确上下级之间的关系是直线指挥的关系。这种关系是不能反过来的，如果下级拒绝执行或不恰当地执行了指示，而上级主管人员又不能对此使用制裁方法，那么他今后的指示可能失去作用，其地位将难以维持。为了避免这种情况的出现，可在指示发布前进行认真调查研究听取各方面意见，对下级进行训导，或将下级尽可能安排到其他部门工作。

请示是下级向上级表达要求的一种十分常用的沟通方法。它可采用书面与口头两种方式。如果要求上级给予支持的事项较为复杂，且涉及的部门较多，可采用书面形式；如果要求的事项较为简单，且不须经繁杂与严谨的手续和程序就可以解决的，可采用口头形式。

汇报是下级在执行上级指示及工作任务过程中，将其所遇到的困难与问题、工作的进展等情况向上级反映与提出设想的一种沟通方式。汇报通常也可以分为书面汇报与口头汇报两种。对所碰到的问题需要经过上级批示及两个部门以上组织的协调才能加以解决的，一般采用书面形式；如只需向上级反映工作进度的，可采用口头汇报形式；而带有总结性质及规划意向的，为显示其严肃性与权威性，通常是在书面形式的基础上，附加口头汇报的沟通方式，如组织的年度工作总结及工作计划、政府工作报告等，采用的就是书面与口头相结合的沟通方法。

（二）召开会议与个别访谈

指导与领导工作的实质是处理人际关系，而人与人之间的沟通是人们思想、情感的交流，采取开会的方法，就是提供交流的场所和机会。会议的种类很多，包括汇报会、研讨会、论证会、总结会、表彰会、座谈会等。必须强调的是，虽然会议是主管人员进行沟通的重要方法，但决不能完全依赖这种方法。在当今信息沟通技术相当发达的社会，随着人们生活节奏的加快，竞争的加剧以及人们效率意识的提高，利用计算机网络实现的电话会议、视频会议可以打破空间的界限，克服会议人员集中的繁琐性或困难，提高办事效率。

个别访谈，是组织内部为了收集决策依据及了解决策执行状况而向组织成员进行个人访问谈话的沟通方式。这种沟通方式能够拉近上下级之间以及组织成员之间的情感距离。由于它是一对一、面对面的直接沟通，所以获得信息的可信性相对较强，因为它消除了在会议上给人们所造成的心理压力。因为在这种情况下，人们往往更愿意表露真实思想，提出不便在会议场所提出的问题，从而使领导者能掌握下级人员的思想动态，在认识、见解、信心等诸方面更容易取得一致。

（三）组织内部沟通的其他方法

组织内部的沟通需要借助各种媒介和有效的方法。除了以上介绍的方法外，可采取以下几种书面媒介作为组织内部的沟通方法。

1. 企业内部刊物

企业内部刊物主要是以内部公众为读者对象的刊物（有些企业的内部刊物同时也对外发行），主要有报纸、杂志、电子读物，时事通讯、企业消息、文化艺术、体育娱乐等类型。内部刊物一般是以免费赠阅的方式定期或不定期发行。

2. 墙报

墙报作为一种传媒形式，其特点是固定在墙上（如黑板报、墙报等）或固定在橱窗里供读者阅览。墙报具有成本低的优点，但具有不便保存和阅读等缺点。

3. 员工手册、信息手册、书籍等

员工手册主要是用来对新员工或来访者详细说明企业的发展概况、企业的规章制度、工作性质、在企业工作的收获等等，重点是培养新员工的集体主义精神。信息手册涉及企业的建议制度、医疗方案、利润分享、劳保措施、退休制度、娱乐设施、培

训教育以及企业的方针、政策等多项内容，使员工在工作和生活中能非常方便地查找到所需的专门信息。此外，企业还编写出版一些书籍，如企业的发展史、企业“英雄人物”传记以及企业创始人的回忆录等。例如，北京市百货大楼编写的《张秉贵传》、日本华歌尔公司董事长塚本所著的《我的经营理念——其源流记录》和《WACOAL基本精神》等书籍常常作为内部员工培训的教科书，向员工灌输企业哲学观、价值观、行为准则，树立学习的榜样。

4. 意见箱

在企业工作场所的重要地点设置意见箱，以接受职工的建议、意见或评论。

5. 印刷的宣传材料

这是企业根据需要写作、摘编或复印的一些宣传资料。例如，企业简介、CIS资料、企业工作总结、企业重大事件情况汇报，与企业生产经营、各项政策措施有关的报纸（刊物）或文章，以及各种宣传资料等。总之，宣传材料是企业专门针对一些敏感或容易引起争议的问题而编发的沟通材料，因此它具有便于控制和掌握、针对性强、沟通效果较好的特点。

6. 标语和公告

标语是企业里常见的一种宣传方式。公告有公告栏、公告板、计算机网上公告等形式。它主要用来向全体员工发布一些消息或通知事项等，是向员工传递信息、引起注意、驱散谣言、稳定人心的一种简便易行而有效的沟通方法。

7. 调查问卷

这是定期在员工中进行的各种问卷调查，也是搜集信息、加强沟通的有效手段之一。

二、选择管理沟通方法要考虑的因素

当管理者面临某种沟通需要时，究竟应该采用哪种沟通方法最为适当？这是一个相当复杂的问题，没有哪一种方法绝对有效，也没有哪一种方法可以应用于任何情况。不过以下所列举的四方面因素可以为管理者提供参考。

（一）沟通的性质

沟通的性质是一种相当广泛的说法，我们可以按不同情况对沟通的性质进行分类。

1. 按照沟通任务的复杂性分类

按照沟通任务的复杂性，由简到繁，沟通可以分为：①传达命令；②给予或要求信息或资料；③达成一致意见或决定。当产生意见分歧时，第3种沟通的任务尤其复杂。此时，首先应分析不同意见间有何共同之处，通过非正式沟通先行协调，然后再将私下（非正式）商量的结果经由正式途径加以肯定；反之，如果一开始便企图通过正式途径讨论，将分歧意见公开化，会使得不同意见双方的立场和态度愈发僵持和对立，即使由于正式职权的行使勉强达成决议，但也会因此可能造成关系上的裂痕，影响日后的合作。

2. 按沟通内容的合法性分类

按沟通内容的合法性，沟通可以分为：①沟通的内容依照规章或惯例行事，大家视其为理所应当；②沟通的内容与法规或惯例颇有出入，例如对于公司政策采取变通或弹性的措施。在这种情况下，究竟应采取正式还是非正式沟通，采用书面还是口头沟通形式，也是颇有讲究的，但是似乎并无统一的标准答案。

3. 按沟通所涉及资源的多少分类

如果一项要求、命令或决议涉及大量人力和财力资源，必须有人负责这种资源的支出及其效果评价。因此，有关人员为求责任分明，希望此种沟通能通过正式和书面的途径进行。当然，这种希望的程度和上述沟通内容的合法性有密切关系，当沟通的内容愈是属于变通或弹性的处理性质时，可能愈要求有正式和具体的根据。

（二）沟通人员的特点

所谓沟通人员，是指信息发出者、信息接收者、中间传达者（媒体）以及他们的上级主管人员。这些人员的特点与沟通方法的选择有密切的关系。主要的特点如下。

1. 目标或手段导向

达到目标和完成任务是员工工作的基本导向之一。在目标导向下，有些员工变更甚至不顾规定及手续的要求，但是有人却坚持必须合乎规定或手续的规则，甚至以规定及手续作为工作的目的。如果属于后类人员，则倾向于正式和书面的沟通；反之，对于目标导向的人，则比较愿意采取非正式和口头的沟通方式。

2. 受信任的程度

沟通人员受信任的程度是指人们对沟通的媒介者或接收者对于所沟通的信息能否正确解释并促成其有效沟通，甚至增添某些有用的信息的评价。如果在沟通过程中能找到这种媒介，将可增进沟通效能；反之，如果媒介者不能正确了解和传送沟通信息，那么就要设法避开它，用书面和口头并用的方式加以补救。

3. 语言能力

沟通者语言能力是选择沟通方法的重要因素。除此之外，语言能力也影响到沟通的内容及其表现方式。

（三）人际关系的协调程度

人际关系的协调程度是指对沟通过程所涉及的人群之间协调关系的评估。高度协调者，表现为成员间接触频繁，关系密切，互助合作，在这种状况下，沟通常常采用口头而非正式的方法；反之，如果个人间极少往来，互不相干，则沟通只能依赖正式及书面的方法进行。

（四）沟通渠道的性质

1. 速度

不同渠道的沟通速度相差颇大，例如，一般来说，口头及非正式的沟通方法比正式与书面的沟通速度要快。

2. 反馈

利用不同的沟通方法所得到的反馈速度和正确性也各不相同。例如，面对面交谈可以获得立即的反应；而书面沟通有时却得不到反馈。

3. 选择性

选择性是指沟通渠道对信息的交流加以控制和选择的程度。例如，在公开场合宣布某一消息，对其沟通范围及接收对象毫无控制能力。反之，选择少数可以信任的人，利用口头传达某种信息则富于选择性。

4. 接收性

接收性指同样的信息通过不同渠道造成不同的被接收的程度。例如，正式书面通知可能使接收者十分重视；反之，在社交场合所提出的意见，却被对方认为无关紧要，并不加以重视。

5. 成本

选用不同渠道也可能涉及不同的人力物力费用。例如，在地区相隔遥远而分散的情况下，利用口头亲自传达会造成高昂的费用。但利用信件则所费无几。

6. 责任建立

信息的沟通常常也意味着责任的付托，例如动用资源、完成任务之类。随着使用渠道的不同，这种责任的建立或交待的严格程度也会不同。利用正式书面所传达的责任，其严格程度与清晰程度最高，所以有时为了快速的需要，即使开始先利用非正式的口头沟通，仍需利用后续的正式书面的渠道再加以确定，这就是为了建立明确的责任。

第四节

移动互联网时代的组织内部沟通

当企业或者组织的规模逐渐扩大，层级不断拉长，部门划分越来越多，员工要处理的工作任务越来越繁杂时，组织内部沟通的顺利进行都会受到严重阻碍。但在现实中的大型企业不可避免地面临着以上的诸多因素的影响，如何才能在这样困难的情况下保障良好的组织内部沟通呢？互联网科技的发展使其成为可能，近年来持续火热的智能手机移动应用也开始向企业级移动办公领域渗透，这就是企业移动办公应用。企业内部的员工通过使用统一的移动应用软件，可以完成信息的传递与交流，比传统的沟通更加有效、准确，并且不受时间、空间的限制，因而成为越来越多的企业在任务沟通协作、人力资源管理、企业文化建设方面的选择。

一、企业移动办公平台的概述

企业移动办公平台是一种集合软件、硬件、网络和通信功能的办公平台，该平台是信息化软件开发商在移动终端设备上设计和开发完成的。它其实就是一款安装在智能移动设备上的应用软件，根据不同的客户企业需求制定相应的功能模块，使员工可以在特定模块中完成组织内部的信息沟通，实现移动办公的信息化。

移动办公平台的推出主要是为了满足企业用户在移动化环境下使用手机、iPad、平板电脑等可以随身携带的移动终端来完成组织内部任务协作及沟通交流的需求。相比较传统的 PC 端信息化办公平台（如 OA 系统），移动办公平台的优势自然非常明显，首先它可以满足用户的移动办公需求，员工可在任何时间、任何地点处理与业务相关的任何事情，这种全新的办公模式，可以让员工摆脱时间和空间的束缚，组织内部信息可以随时随地通畅地进行交互流动，工作将更加轻松有效，整体运作更加协调。其次，移动办公应用的功能可以定制，客户企业只要把想要实现的功能告知软件开发商，可以实现适用于企业自身的特殊功能，使得系统更加轻盈、实用、价廉。

目前，移动办公应用市场正处于一个快速发展的关键时期。有调查显示，移动应用开发重心正逐步从“消费级”向“企业级”转移，而相关统计数据也表明，2018 年企业级移动应用市场规模已经达到百亿美元，未来市场规模或将突破万亿人民币大关。毫无疑问，企业级移动应用已经迎来了发展的春天。

互联网巨头的 BAT 自然也想从这个万亿级的市场中分得一杯羹，百度的直达号、腾讯的微信企业号、阿里巴巴的“钉钉”.... 另外专注于企业级软件开发的金蝶、用友、SAP 也推出了移动端的应用。与此同时，还有越来越多中小型软件公司加入到企业级移动办公应用的开发行列中来，面向企业级的互联网市场呈现出一片欣欣向荣的景象。由此可见，移动办公正在逐渐成为企业的刚性需求，而组织内部的沟通也将发生巨大的变革。

二、企业移动办公平台的功能

企业移动办公平台按功能划分可以分为作业任务管理、行政人事管理和非正式社交三种。

（一）作业任务管理

在移动办公平台上的作业任务管理和行政人事管理主要是指业务方面的沟通，即一种比较正式的沟通方式。比如企业可以通过该平台向员工发布实时的新闻动态和公告，确保组织内部信息自上而下传递的畅通无阻；还可以便于项目协作的管理，每个人的任务分工、完成进度、工作汇报等都在平台上完成，使得整个项目团队的目标一目了然，员工的任务职责更加明确，也便于项目管理者掌握工作情况和进度；平台还可以提供问卷调查接口、匿名建议箱等功能，让下级员工可以将真实心声传达给上级领导，保障了自下而上的沟通；平台还提供了企业通讯录的功能，与 QQ 不同，通讯录的好友都是企业内的同事，专门用于工作中人际沟通和即时通讯的需要；为了方便资源获取，平台还可以为企业提供云盘服务，企业内部资料和工作所需的材料都可以及时存放在云盘中，实现组织内部资源共享，而资源的管理者、上传者、下载者必须被设置严格的权限。

（二）行政人事管理

很多企业还会利用移动办公平台来处理繁琐的职能类工作，例如管理者需要审批的一些公文材料、财务报表、销售数据等相关资料会被汇总在一个功能模块中专供拥有阅览权限的管理者查看和审批；在人事行政中员工的入职、离职、户口办理、五险一金的缴纳都可以直接在平台上办理，而最终的数据将统一整合在企业数据库中，这样不仅节省了 HR 和员工的时间，还降低了人工录入数据可能导致错误的情况发生。这是一个可以二次开发和拓展的平台，只要是企业工作上需要的，软件开发商都可以定制个性化的功能，不断丰富功能的种类，改善沟通的模式。

（三）非正式社交

员工在移动办公平台上也可以实现除工作任务用途以外的交流和沟通。很多移动办公平台都具备社交化性质，为企业内部提供类似朋友圈和微博的功能，即在一个留言墙上，所有同事，包括上司和下属，都可以在上面发表心声，分享照片视频，而其他人可以在分享栏中给他评论留言，或点赞转发等。这种企业社交化平台聚焦的是企业最根本的单位——“人”，聚焦的是每一位员工所产生的信息，由此可以拉近组织内部成员的关系距离，促进员工感情沟通，同时这也是一个推动企业文化转变的好时机，组织可以利用这个机会传达企业的经营理念和价值观，比如有的管理者会在特定的节日里通过这个分享圈向所有员工传送祝福，表达企业未来的愿景，激励员工的干劲；员工们把部门聚会活动的照片发到分享圈的过程其实就是一种传递和强化组织凝聚力和参与感的最好方式。企业移动办公平台设立非正式沟通的功能，也是为了达到活跃平台气氛的目的，让平台不仅仅只是“工作”的代名词，也是一个有趣、轻松、充满人文关怀的地方，从而带动现实中的工作氛围，更大限度地激发员工的潜能、激情和创造力。

三、几种企业移动办公平台

面对蓄势爆发的企业在线软件服务，真正有能力主导市场的其实还是两大门派：传统互联网巨头，譬如阿里巴巴、腾讯；传统企业级软件巨头，譬如金蝶、用友。以下是对金蝶推出的“云之家”和阿里巴巴推出的“钉钉”的简要介绍。

（一）金蝶“云之家”

作为中国最大的企业管理软件企业之一的金蝶，一直致力于运用前沿科学技术，为超过 400 万家企业和政府组织提供管理信息化产品及服务，旗下三大业务包括企业管理软件、中间件业务以及互联网服务市场。

为了将发展眼光投向更广阔的移动互联网云技术，金蝶早在 2010 年就启动了“下一代服务平台”计划，用互联网思维来构建企业应用平台，理念是“做以人为中心的企业办公”，满足碎片化的工作场景，并于 2011 年推出了“金蝶微博”。在微信横空出世之后，金蝶尝试将微信的“对话式交互”和“消息流设计”这些元素融入移动办公，用户好评如潮，这就是现在的“云之家”。

“云之家”的核心思路是构建一个聚合各类移动工作相关服务的平台，它基于组织通讯录，使用插件的形式，将即时消息、签到、请假、文件、公告等各类办公应用服务集成在一个平台上，这些应用既有“云之家”提供的基础功能，也有金蝶ERP的各类服务、WPS、滴滴出行等第三方办公应用，以及企业需要定制的功能应用。企业通过“云之家”进行移动办公与团队协作，可以打破部门与地域限制，提高工作效率，加强团队内部有效沟通，激活组织活力。

通过对“云之家”上 100 家活跃企业的调研访谈显示，使用“云之家”后，企业的平均工作时间节约了 22%，邮件减少了 30%，企业解决问题的时间缩短了 45%，而 IT 行业的总拥有成本反倒还降低了 20%。可以说，“云之家”让企业里每个环节中的人都能通过统一的平台共享信息、沟通交流，企业内部信息产生和流通的速度远远大于以往传统的点对点模式，现代企业可以利用这种全新的信息交互方式，实现企业内部的高效沟通和高效协同。

（二）阿里“钉钉”

“钉钉”（DingTalk）是阿里巴巴集团专为中小企业打造的沟通协同的多端平台，提供PC版、Web版和手机版，支持手机和电脑间文件互传，帮助中小企业通过系统化的解决方案（微应用），全方位提升中小企业沟通和协同效率。针对传统办公流程时间长、不透明、到达率低的问题，“钉钉”将OA、文件存储、邮件统一整合为通讯功能，目前“钉钉”主要有以下功能：

1. 企业沟通功能

①团队内部的商务电话功能能够随时随地实现团队的有效沟通，并且因为是免费功能所以可以降低沟通成本，还可以实现高清的电话语音会议。

②“钉钉”发送的DING消息将以免费电话、免费短信或站内通知消息的方式传送给对方，实现免费沟通的同时，还能确保消息的完整无误。

③用户可以在应用内任意组建新的团队，这些团队可以是企业内的部门、临时建立的项目组、兴趣小组等等。

④基于消息分层理念，“钉钉”发送的信息不可被复制，用户不用担心被录音，姓名、头像都会被打马赛克，保障信息的安全。

⑤使用企业通讯录便于找到同事和团队成员。

⑥支持创立企业群，支持公告发布，促进企业内部信息沟通顺畅。

2. 企业办公协同功能

①审批、公告、日志、日历、签到等日常管理功能。

②与即时通讯高度融合的商务办公邮箱，把Email进化为C-Mail，已读未读一目了然，沟通进度可追踪、可推动，避免错过重要邮件。

③与统一通讯打通的企业云盘体验，提供基于专业的阿里云服务。

此外，钉钉也保持着开源开放的心态，可以实现与企业原有OA系统的打通，使企业内部沟通信息化变得更加容易。

附：组织内部沟通检查表

如果你是一名管理者，你在日常的沟通中做得如何呢？下面是一份沟通检查表，供你在检查自己的沟通行为时参考。如果你对多数问题的回答感到困难或答案是否定的，则你有必要改进你的沟通。

沟通检查表

●你经常和其他部门负责人交换意见吗？
●对于自己的问题或员工提出的问题，你知道应找谁去问？
●你是否明确了解自己和别人职责的划分界限？
●你所在部门和其他部门的工作衔接得好吗？
●你和同事们在工作中能保持良好的关系吗？
●你是否能叫出所有下级的名字？

- 你的下级是否明确知道他们的上司是谁?
- 你知道你的上司是谁?
- 你的员工是否知晓为什么要做自己正在做的工作?是否仅仅出于领导要他们去做的原因?
- 你在自己部门试用新方法时,是否使大家感到非常不安?
- 你能否倾听员工的建议并根据建议采取行动?对于无法采纳的建议,你是否做出解释?
- 你是否能深入一线进行调查研究?
- 你是否将手下的管理人员当作知己对待?
- 你在对员工进行上岗前培训时是否注意使他们尽快地成为工作团队的一员?
- 你的所有下级是否都知道他们的工作职责是什么?
- 在你的部门中有没有危害组织的小道消息在流传?
- 信息在上下流动中是否很少绕过你的下级管理人员?是否很少绕过你?
- 当你的下级向你提出你回答不了的问题时,你是否会责备他们?
- 你的下级是否能保持对其工作的兴趣?
- 你是否经常巡视你的部门?(最少每天一次)
- 下级遇到问题时是否能及时找到你?
- 你的下级需不需要经常地找你询问你已传达过的通知?

本章小结

企业管理已跨越了"以机器为中心"的时代,进入"以人为中心"的时代,信息交换上升到第一重要的地位。不仅是企业的最高管理者需要获得信息,包括基层管理者以及一线员工在内的其他层次也有相应的信息需求。

企业内部沟通包括正式沟通和非正式沟通。企业内部沟通的方法主要包括发布指示与请示汇报、召开会议与个别访谈以及借助各种媒介等。同时,随着网络基础设施的不断完善和智能移动终端的大规模普及,人们的工作平台逐渐转向了互联网移动端,企业级移动办公平台在被广泛应用,使现代组织内部沟通真正意义上发生了质的改变。

企业内部沟通的影响因素包括组织结构、企业中的位差效应、组织规模、空间约束与企业文化。提高企业内部沟通有效性的策略包括选择合适的组织结构形式、避免地位差异带来的沟通障碍、综合运用正式沟通渠道和非正式渠道、减少沟通的层级、创建有利于沟通的企业文化等等。

课堂讨论

1. 如何选择有效的组织内部管理沟通方法?

2. 结合前面的内容,试分析金蝶"云之家"和阿里"钉钉"这两大企业级移动办公平台各自的优缺点是什么?你认为这些平台应用在实际中还有哪些改进之处?

[案例 8-2]

亚马逊的备忘录、格言和股东信

亚马逊的沟通，有一个特点，特别重视书面文字。以文字作为载体，亚马逊在对内和对外沟通时，使用了三种非常有效的工具，分别是：备忘录、格言和股东信。

第一个工具是备忘录。亚马逊内部不允许在开会时使用 PPT。2004 年 6 月 9 日，贝佐斯发了一封邮件。邮件里说，亚马逊员工在开会时不允许使用 PPT 来做展示，任何想法都要写成备忘录。贝佐斯写道："4 页纸的备忘录比 20 页的 PPT 难写，原因是好的备忘录的叙述结构，迫使你有更好的思考，对什么东西更重要以及哪些东西是相关的，有更好的理解。PPT 多少会以表象来掩饰想法，使得相对重要性不够突出，并且忽视了想法之间的关联性。"备忘录写作，要求从四个维度来阐述自己的想法：要讨论的观点或者目标是什么；团队过去是怎么处理这个问题的；演讲者有什么不同的打算；亚马逊为什么应该重视这种做法，比如这样做对公司有什么好处？提交备忘录的方法，可以避免会议中的一个常见现象：个别人主导整个会议，而且大量想法只是临场发挥。它可以促使发言者提交一个经过深思熟虑的想法，然后激发大家的讨论。

备忘录是亚马逊内部用于提高会议和讨论效率的沟通工具。对内沟通的另一个重要任务是，要让团队所有人，都能了解到公司想要强调的事。对于亚马逊而言，这意味着要传达到超过 60 万人。2018 年第三财季，亚马逊全球员工达到了 61.3 万人。这就要依靠亚马逊的第二个工具：格言。

贝佐斯擅长利用格言来让整个公司目标一致，其中最著名的短句包括："每一天都是第一天。"（It is always Day 1.）"过程代替结果"（process as proxy）"高速决策"（high-velocity decision making）。通过格言来传递想法的好处是：它更容易被记住，而且，它会沉淀成集体的共同知识背景，不需要解释，马上大家就能理解。它也可以更好鼓励员工去做公司希望大家做的事。通过这种格言，亚马逊成功地让自己的企业文化触达到超过 60 万员工，让大家都知道公司提倡什么、反对什么。

在对内沟通上，备忘录提高讨论的效率和质量，格言帮助传递企业文化。在对外沟通上，由于贝佐斯本人和亚马逊的高管较少接受采访，亚马逊最好的沟通工具就变成了一年一度的致股东信。贝佐斯亲自操刀的致股东信，已经像巴菲特一年一度的致股东信一样，成为很多人每年必读的读物。

贝佐斯的股东信有个突出的特征，就是从不回避问题和质疑，非常坦率讲出自己的想法。这样做，虽然会让那些不喜欢的投资者离场，但却会吸引真正信任亚马逊做法的投资者。比如，第一封股东信中，贝佐斯就说，亚马逊不会考虑短期的利润和华尔街的反应，而是更看重长期竞争力。他不会掩饰失败，反而会宣布，不管面对多少失败，都会继续试验新业务。同样，那些不喜欢这种方法的人，尽可以卖出股票。他会清楚地讲出自己思考问题的方式，他是怎么想的、怎么做的、怎么失败的、从中学习到了什么。在股东信中公开讲明白自己的策略，最大的好处就是，让那些不喜欢这种策略的人，可以尽早离开，而那些真正喜欢和信任亚马逊及其策略的人，可以持续持有。这其实也是在对投资者进行反向的筛选。

以上就是亚马逊在进行沟通时会采用的三种方法。通过备忘录提高内部讨论的质量和效率；通过格言来让公司所有人目标一致，让企业文化深入人心；通过股东信直言不讳表达公司策略。

资料来源：搜狐网 http：//m.sohu.com/a/303423028_394375?clicktime=1570279024&enterid=1570279024

问题提示：

1. 亚马逊的三种沟通工具分别有哪些优缺点？
2. 请结合案例谈谈移动互联网时代下企业应当如何进行有效的内部管理沟通？

复习思考题

1. 企业内部沟通的影响因素有哪些？
2. 管理者和一线员工在对信息的需求上有什么区别？
3. 如何提高企业内部沟通的有效性？

主要参考文献

[1] 苏勇，罗殿军. 管理沟通[M]. 上海：复旦大学出版社，2014.

[2] 盖勇，王怀明. 管理沟通[M]. 济南：山东人民出版社，2003.

[3] 康青. 管理沟通教程[M]4版. 上海：立信会计出版社，2018.

[4] 贝克. 管理沟通：理论与实践的交融[M]. 康青，译. 北京：中国人民大学出版社，2003.

[5] 罗锐韧，曾繁正. 管理沟通[M]. 北京：红旗出版社，1997.

[6] 魏江，严进. 管理沟通：成功管理的基石[M]4版. 北京：机械工业出版社，2019.

[7] 胡魏. 管理沟通：案例101[M]. 济南：山东人民出版社，2005.

[8] 杜慕群. 管理沟通[M]3版. 北京：清华大学出版社，2018.

第九章 会议沟通

学习目标

⊙ 明确什么是会议沟通，了解会议的组织；

⊙ 了解群体沟通的特点；

⊙ 了解视频会议的发展和应用；

⊙ 掌握会议成效的影响因素和有效会议的组织策略。

关键概念

会议　有效会议　视频会议

[案例 9－1]

一次常规会议

程强，立昌农机制造有限公司市场部经理，正驱车前往公司设在市郊的总部。他望着窗外田野美丽的风光，遐想着公司的销售前景。上周末，程强请求他的老板——公司总经理吴莉召开会议，讨论公司下一财政年度的销售目标。当他步入会议室时，会议正要开始。其他与会者有生产部经理严力臣，仓储控制主管路遥，人事经理王贤石。

程强首先发言，回顾了市场销售的近况："我刚参加完年度销售总结会，发现去年我们丧失了比预料的还要多的市场，主要原因是工厂出现了延期交货的问题。同时我们也进行了下一年度的销售预测，认为下一财政年度的销售量可到达 11 万台。我们认为这个数字是现实的，如果做得好，还有望突破这个目标。"

正在这时，严力臣打断道："程强，你是在开玩笑吧？就在 3 个月前，同样在这间办公室，我记得你对下一年度销售量做出预测是 10 万台。现在，你却将预测提高了 10%。面对一个不断移动的目标靶，试问我们如何去做生产计划？”

吴莉插话说：“老严，我理解，你的担心是有道理的。但是我们必须对变化着的市场做出相应的调整，现在刚到 9 月，我们还未对下一个年度做出一个既定生产计划，只是讨论计划。我想利用这个最新数据，尽快做出下一年度的生产综合计划。”

程强补充道：“最近，我们与许多老顾客接触，得悉他们不断抱怨在旺季的交货滞后现象。有些人甚至威胁，如果明年还得不到好的服务，将不再订购我们的产品。我想，我们的目标是生产出足够多的产品，而且是适销对路产品。”

路遥表示忧虑道：“我们必须降低生产成本。去年，我们的库存太多，占用了不少资金。鉴于我们高达 30% 的库存成本率，我认为明年不能再维持如此高的库存量。”

王贤石接着说：“若降低库存成本，采用跟踪需求的综合生产计划方案，则意味着雇员逐月发生波动，这样会引起雇佣和解雇成本上升。目前，我们招进一个人的成本是 800 元，解雇一个人的成本是 1500 元。”

严力臣又担心地表示：“为了实现这个较高的销售目标，我们不得不增加晚班，采用二班制，因为依靠现有的一班制，即使满负荷生产也无法到达这个预期目标。我想，在做出决策增雇一班人前有必要弄清这个销售预测目标是否可行。”

在大家你一言我一语的发言中，不知不觉到了午餐时间。吴莉总结道：“老严，请根据最新的预测数据拟定一个综合生产计划，我不想在下一个旺季到来时，看到我们公司重蹈今年的覆辙。”

会议暂告结束，大家去用餐。

第一节 会议沟通概述

会议在管理工作中起着十分重要的作用，它是制定决策的重要方式，也是信息沟通的主要手段。一些管理者用于参加会议的时间占工作总时间的 1/3 之多，可见，会议的效果好坏和效率高低直接关系到管理效能的高低。因此，我们有必要对会议以及会议沟通做一个全面而深入的了解，从而使会议沟通变得更为有效。

一、会议的含义与特征

1. 会议的含义

会议沟通是群体或组织中相互交流意见的一种形式，它是一种常见的群体活动。

根据不同的目的和要求，可以将会议看作一个集思广益的过程，也可以将其看作一种信息传递的方式。通过会议，可以将许多人聚集在一起，就某些问题相互交流思想并提出相应的对策。会议沟通是向上沟通意见的途径之一，管理者可以借开会的机会听取下属或员工的意见，同时组织成员还可以聚集在一起，相互交换思想，进行横向沟通。

2. 会议的特征

会议的基本特征体现在会议的普遍性、目的性、组织性和集体性。

（1）普遍性

所谓普遍性，一是从时间上看，会议存在于人类的一切社会形态之中；二是从空间上看，凡有人群活动的地方都存在会议这种活动形式；三是每一个人（或一切有正常社会活动能力的人）都会不可避免地、或多或少地要参与会议活动。

（2）目的性

所谓目的性，指的是会议的召开不是盲目的、无意识的，而是有一定目标和愿望的，是为了某种共同目的而聚集在一起的活动形式。

（3）组织性

所谓组织性，指的是会议这种活动形式一般都是有号召、有发起人、有领导的，且有时间、空间的约束，而不是自发的、“无边无际”的、无规则的“集合”。

（4）集体性

所谓集体性，指的是通常所说的会议是由多人参与的集合体。它既不是一个人的单独活动，也不是两个人的活动（对仅有两个人参与的活动有其确定的意义，比如约会、会见，指的是见面谈话），而是一种集体性质的活动形式。

二、会议的目的和类型

1. 会议的目的

现代企业强调给员工提供更多的参与机会，鼓励管理者与员工一起作决策，以创造更加和谐的工作氛围。一个成功的会议正是完成管理沟通目的的最佳工具，会议的目的大致包括：

（1）开展有效的沟通，交流信息

通过会议，管理者可以将有关政策和指示传达给下属，同时也可以从他们那里及时得到反馈及获得其他方面的有关信息。部门与部门之间、部门与员工之间也可以进行横向沟通，实现信息和资源共享。

（2）给予指导，监督员工

企业通过会议组织员工培训，提高他们的技能，使他们更好地适应工作。上级可以通过会议了解下级的工作进展和存在的问题，掌握下级的工作心态，对工作提出具体的指导意见，督促员工做好工作。

（3）解决问题，协调矛盾

会议可以帮助员工之间澄清误会，处理各种冲突并利用他人的知识和技能来解决问题。

（4）开发创意，完善决策

会议可以集思广益，集合群体智慧，从多方面衡量解决方案，评估潜在的问题和风险，从而做出正确的决策。一个有效的会议能够使与会者心情舒畅并积极参与，让大家通过有效的方法得以沟通，从而获得有用的信息或达成一致的合作协议。

（5）激励士气，提高员工满意度

会议也可以帮助营造民主的气氛，给组织成员提供共同参与和共同讨论的机会。举行一次成功有效的会议，将极大地激励员工的士气，提高员工的工作满意度。

2. 会议的类型

无论是企业还是其他各种组织，都会经常举行各种各样的会议，会议普遍存在于各种组织中，不论其规模大小、技术是否先进。因此，会议的类型是多种多样的，根据参与人数分为团队会议和一对一会议；根据开会方式分为面对面会议、电话会议、视频会议等；根据会议的目的分类，其主要类型有：

（1）谈判会议

谈判会议的目的是解决双方在利益上的冲突，常采取双向互动式的讨论方法，力求达成一致的意见。

（2）通知会议

通知会议的目的是传播信息，其传播方式常常为单向式。在这里，一般不鼓励讨论，否则会影响信息的传播。

（3）解决问题会议

解决问题会议的目的在于利用团队的创造力来解决各种问题。通常情况下要将待解决的问题开诚布公，与会者提出解决的办法。在这类会议中，人们都会为探求解决方案而努力，不会停留在过去状态的讨论之中。

（4）决策会议

决策会议的目的是在不同方案中权衡利弊，做出抉择。与会者不仅要参与讨论和决策，而且要遵守会议的最终决议，即便自己持不同观点。

（5）交流会议

交流会议的目的在于集思广益，常采取头脑风暴法，即安排5~7人，每一位与会者都可以发表自己对问题的看法，并从他人的发言中得到启发，激发灵感，产生创意。此类会议鼓励讨论和提问。

三、会议的组织

会议开得成功与否取决于会议的组织。因此，为了保证会议的成功有效，必须做好以下三个阶段的工作：会前准备、会议进程的控制以及会后工作。

1. 会前准备

（1）明确会议的必要性

会议的组织工作常常是从分析会议的主题和必要性着手。就设定的议题而言，若不经多方讨论协商便不能解决的问题，就有必要召开会议；如果通过其他方式能使问题更有效地得到解决，就尽量不要开会。

（2）确定会议的目标

一般来说，企业中常见的会议主题有两类：一是讨论工作中出现的问题，二是分析将来工作中可能会遇到的问题。一旦明确了主题，就应当设置一个具体的目标，如达成协议或通过策划方案等。

（3）拟定会议议程

明确会议主题和目标后，就可以决定会议议程。即按会上将要讨论问题的重要性和类别依次排序，并限定各项内容商议的时间。通常，会议议程应包括会议日期、时间、地点、议题及参加对象等。一次会议讨论的问题不宜太多，讨论时间也不宜太长，因为在有限的时间内讨论太多的问题常常不能解决问题。

（4）准备会议文件

为了顺利地召开会议，会前应收集和整理与议题相关的信息。如果有必要，应装订成册。如果内容太多，可以以要点摘录的形式准备会议文件。

（5）分发预阅资料

会前先将会议安排和整理好的文件分发给与会者，使大家对将要讨论的问题事先有所准备。

（6）确定会议主持人

会议的成败在很大程度上取决于会议主持人。一位优秀的会议主持人，不仅要主持会议，而且要以政治家、鼓动者、调解人或仲裁人的角色参与会议。作为主持人，他应具有敏捷的思辨能力，沉着自信，表达能力强，富有幽默感，并且有较强的领导能力。一般情况下，主持人常由群体中职位高的管理者担任，高层管理者作为会议主持人，在会上常常能显示出领导者的气度，但有时不利于活跃会议气氛。因此，可以尝试选择群体中具有相当知识和经验的人来担任主持人，或者采用现在比较流行的做法——让公司秘书担任会议主持人，或者由与会者轮流担任主持人。

2. 会议进程的控制

会议能否顺利进行，很大程度上有赖于主持人对会议的节奏和方向的把握。具体来说，控制会议进程，大致可以按以下步骤进行：

①宣布会议的主题和目的；

②根据会议议程顺序提出议题，然后征求有关与会者的意见；

③给每个人表述自己意见的机会；

④控制讨论进程。如果发现讨论与议题无关或深入到不必要的细节，应该及时引导讨论回到议题本身；

⑤如果会上出现各种不同的见解，主持人应该根据自己的理解将各种观点加以概括；

⑥遵守预定的时间，不要拖延；

⑦在每个问题讨论结束后加以概括，以便达成共识或做出决策；

⑧在会议结束时，对已取得的结论进行概括。部分问题如确有必要作进一步讨论，可以再安排下一次会议；

⑨确定下一次会议的议题和时间。

3. 会后工作

会议结束后，会议组织者还需做以下工作。

①为了贯彻会议精神，执行会议决议，可将会议记录或会议简报下发至与会者及其他相关人员。会议记录应该准确无误，会议中所形成的决议要突出承担任务的责任人姓名、时间及验收标准，并明确下一次会议的日期和时间。

②根据会议精神，对执行工作进行监督和检查。

第二节

有效的会议沟通

会议是最常见的群体沟通形式，为了有效地组织和安排会议，首先必须对有关群体沟通的特点、影响会议成效的因素有足够的认识和全面的了解，进而提出切实可行的组织策略，保证会议沟通的有效性。

一、群体沟通的特点

群体是为了达到共同的目标，两个或两个以上的个体以一定的方式联系在一起进行活动的人群。群体的特点主要有：成员有共同的目标；成员对群体有认同感和归属感；群体内有共同的价值观等。群体具有生产性功能和维持性功能。群体的价值和力量在于其成员思想和行为上的一致性，而这种一致性取决于群体规范的特殊性和标准化的程度。群体规范具有维持群体思想和行为、评价和导向成员思想和行为以及限制成员思想和行为的功能。

群体之间的沟通在最近10年变得日益盛行，这主要是由于在现今的商业社会中，组织变得愈发庞大和复杂，所有决策需要的信息已不再是某个人、某个专业领域所能充分吸收、评价和决定的。

美国沟通专家梅尔（Maier）指出群体沟通比个人工作的优越之处在于：

①可以产生更多的注意和信息，解决问题、考虑问题更为全面，决策质量也更高；

②增进团队成员之间的理解，关系更加融洽；

③由于“社会效应”，当人处于他人包围之中时，会更有干劲和活力，所以团队中有较高的动力和业绩水平；

④消除影响问题分析和解决效率的个人偏差和盲点；

⑤更容易采用“风险转移”的观点，选择更冒险的方案和更创新的行动。

英国管理沟通专家尼基·斯坦顿（Nicky Stanton）认为群体沟通具有两大优势：

①能够产生更多承诺。当人们参与决策过程时，对决策会承担更多义务，因为群体在参与决策制定的过程中更容易持赞成态度。

②能够产生更好的决策。原因在于：

a. 群体决策可提供更多的可利用信息，如头脑风暴法就是基于这个原因提出来的；

b. 群体决策可以产生更多更好的决策；

c. 群体决策可以产生更大胆的决策；

d. 群体决策能够产生更高的生产率，因为群体成员在工作时常常会为了取得团队的承认而更加积极认真。

但是，以群体沟通合作的方式解决问题，也存在着很大的局限性。群体沟通的缺陷主要表现为以下几个方面。

①时间与效率。以群体沟通的方式制定决策，往往会消耗大量的时间，团队会因为集体思考而降低行动效率。尤其是在时间紧迫的情况下采用群体决策的方式，如果所有人不能达成一致意见，便会延误决策的制定。

②群体压力。群体沟通时的“从众心理”可能导致不好的决策。由于其他人的存在会产生群体压力，进而导致个体接受一个平庸的决策。

③专家或领导压力。在群体沟通过程中，当专家或领导不是以平等的团队参与式的风格与其他成员沟通，或者其他成员不能适应专家或领导采取的平等、民主的参与式沟通风格时，充分的双向沟通就难以实现，不利于问题的解决，还有可能造成群体关系的恶化。

④说而不做。群体更容易倾向于以说代做，因为大家有一种“反正不是我一人的决定”的消极思维，不愿意积极解决问题。

二、会议成效的影响因素

影响会议成效的因素是多方面的。从沟通的目的看，会议成效主要有两个方面：一是问题得到解决，即提高了沟通的效率；二是组织成员之间的关系得到良性强化，也就是成员满意度的提高。

虽然会议是一种得到广泛运用、必不可少的组织活动的形式，但这并不意味着所有会议都能达到预期目的，会议失败是常有的事。我们常常会听到对会议有这样或那样的抱怨，这往往是因为会议主持人没有很好地控制会议的进程，或者与会者没有明确的目的。我们应该了解，会议沟通是群体沟通的一种主要方式，影响群体沟通绩效的因素也决定着会议的成效，因此，在安排会议之前应充分考虑会议的具体特点，遵守相关的会议规则。就会议本身而言，影响会议的因素归纳起来主要有以下几点：

（1）会议目的不明确

由于事先准备工作没有做好，与会者不清楚会议的议题，致使讨论漫无边际。

（2）会议持续太久

会议时间拖得太长，导致与会者过于疲倦，参与会议的积极性减弱。

（3）简单问题复杂化

一个很简单的问题，原本三言两语就能得到解决，与会者却要不断地讨论，结果不仅花费了大量时间，还往往使问题变得复杂，引起许多不必要的矛盾。

（4）发言者过于健谈

一些发言者过于滔滔不绝，会影响其他与会者的情绪和积极性，使多数与会者心生厌烦。

三、有效会议的组织策略

会议是一项耗时耗力的活动，如果达不到预期效果，不但浪费了组织成员的工作时间，还可能引发员工的不满，导致组织内部的矛盾和冲突。因此，若要提高会议的效率，就必须要了解有效会议的特征，并在此基础上掌握一套行之有效的组织策略。

1. 有效会议的特征

（1）明确的会议目的

高效的会议一定有明确的目的，绝不无的放矢。多余的会议既是对员工时间的浪费，也是对其精力的消耗，容易令人疲倦。

（2）会前的精心筹划

成功的会议都是经过精心安排和筹划的，从会议的议题、人员的参与、会议地点的选择到会议时间的安排都是经过反复考虑的。

（3）拟定和分发议程表

会议的议题和时间安排事先通知与会人员，让与会人员能够有针对性地准备和安排。

（4）遵守时间

与会人员都按时参加会议，会议的进程也严格遵守设定的议程。

（5）一切按部就班

会议在事先筹划的计划内进行。

（6）请最有经验的和有才能的人出席

针对会议讨论的议题，邀请最有资格、最合适的人员参加，以保证会议能够充分吸纳和听取建设性意见。

（7）做出评论和归纳

会议要避免议而不定，议而不明。会议当场要做出明确的决定，并要对其进行总结，消除理解上的分歧，达成一致的会议共识。

（8）记录所有建议和决定

会议的过程、与会人员的发言、会议达成的共识都被记录下来，并经过会议负责人的确认，作为会后督办和检查的依据。

2. 有效会议的组织策略

（1）不搞形式主义

只有在需要多方协商或有较多信息需要在一定范围内迅速传达的情况下，才召开会议。许多企业一般每周或每两周召开一次例行会议。有规律的员工会议可以使部门员工感到一种较强的内聚力，并有助于员工为实现部门的目标而努力工作，但是并不需要在每周或每月的例会上都进行“回顾”。

（2）明确会议的目的和目标

用书面的形式将会议的目的与目标记录下来。多数情况下，会议的目的包括“讨论”或“以备评估”等，目标的范围比较具体，如“购买A品牌产品还是B品牌产品”或“是否需支出10万元装修办公室”。

（3）提前分发会议备忘录

在召开会议前，应以备忘录的形式提前通知与会者，以便他们有充足的准备时间。备忘录的内容包括时间、地点、与会者名单、主要议题等，这些议题都应在送呈的议事日程中体现出来。

（4）选择合适的与会者

主要邀请那些能够起到积极作用的人参加会议，对于那些优柔寡断、缺乏主见的人则尽量不要邀请。

（5）控制好会议进程

按照议事日程上的安排按时召开和结束会议。

（6）分发会议纪要

在会议结束后24小时之内将会议纪要分发下去。会议纪要应该列出会议决策以及主要措施的具体实施日期和具体负责人。

第三节

远程会议

随着经济的发展和竞争的加剧，企业对视频会议系统的需求越来越大。电子信息软件业的发展，使得普通用户享受高清晰的视频通信不再是一个遥远的梦想。越来越多的视频会议系统呈现出提高工作效率、增强协作能力、降低公务成本的优势，使其正成为政府部门和各行业信息交流及传递的重要手段。

一、视频会议系统概述

1. 视频会议系统的背景

随着 Internet 和视频压缩技术的飞速发展，Internet 网络成为信息交换和传输的重要手段之一，简单的数据计算、数据存取、数据访问已无法满足政府、教育、企业等新的需求，如数据、音频、视频的双向互通，实时的多方位信息沟通。因而，以 IP 网络为基础的多媒体视频会议已成为主要的发展趋势，受到国内外市场的普遍关注。个人计算机的普及、微电子技术和多媒体技术的飞速发展、综合业务数字网的建立及宽带综合业务数字网的研究发展，都有力地推动了视频会议的发展。

目前，随着现代宽带网络技术的迅速发展，基于IP网络的视频会议系统正成为会议系统发展的主流。当前的多媒体会议系统大多基于硬件插卡方案，以满足实时应用的要求，但存在很大缺点，它需要额外的资金购买硬件，而且一旦出现新的协议或算法，就必须更换硬件。基于IP交换网络的视频会议系统由于其成本的低廉、交互性强大、多点共同参与的特点和优点取代了传统的电视、电话会议，成为了人们通过远程进行会议交流的理想选择。基于IP协议的交换技术的发展，使传统电信业务和互联网数据业务的整合成为可能。它能为用户提供直接、全面的沟通交流，并能节约时间、降低成本、提高生产率，在社会性的信息交流中发挥了巨大的沟通作用。

中国视频会议系统市场规模逐年扩大，视频会议系统不断向各行各业渗透。中国政府使用视频会议的用户比例达到了 30% 左右，金融、能源、通信、交通、医疗、教育等重点行业机构的使用比例也不断提高，但仍存在巨大的发展空间。政府视频会议网络将覆盖至乡镇，金融、电信、能源等行业也将开始更细致的市场管理，这将对视频会议系统市场的发展起到极大的促进作用。

相比之下，广大中小企业将是视频会议系统行业发展新的增长点。中国中小法人企业数量超过 5000 万户，占企业总数的 99% 以上。随着企业对成本费用的控制和经营效益要求的不断提高，视频系统将会成为中小企业解决上述问题的重要途径。

2. 视频会议系统的概念

视频会议系统是指通过传输线路及多媒体设备，两个或两个以上不同地方的个人或群体将声音、影像及文件资料互传，达到即时的互动沟通。根据参会地点数目的不同，视频会议可分为点对点会议和多点会议。日常生活中的个人对谈话内容的安全性、会议质量、会议规模没有严格的要求，可以采用如腾讯 QQ 这样的视频软件来进行视频聊天。而政府机关、企业事业单位的商务视频会议，要求有稳定安全的网络、可靠的会议质量、正式的会议环境等条件，则需要使用专业的视频会议设备，组建专门的视频会议系统。由于这样的视频会议系统都需要用电视作为显示屏幕，也被称为电视会议、视讯会议。

视频会议系统是集通信、计算机技术、多媒体技术于一体的远程异地通信方式。使用视频会议系统，参会者可以听到其他会场的声音，看到其他会场参会人的形象、动作和表情，还可以发送电子演示内容，使与会者有身临其境的感觉。在召开视频会议时，处于两地或不同地点的与会代表以及会议中展示的实物、图片、表格、文件等，与真实的会议无异。在实际应用中，视频会议系统能够提高工作效率，降低远距离会议的费用。

3. 视频会议系统的发展历程

总体来说视频会议主要经历了模拟视频会议、数字视频会议和国际统一标准的数字视频会议三个阶段。

（1）模拟视频会议

在 20 世纪 60 年代发达国家就开始了模拟视频会议的研究，并逐渐使其商用化。早期的视频会议系统以模拟方式传输，尽管传送的只是黑白图像并局限于在两个地点之间，但还是要占用很大的带宽，费用很高，因此没有得到发展。其代表有美国贝尔实验室的可视电话、英国 BT 公司黑白会议电视会议。到 70 年代中期，数字图像和语音编码技术有了很大的进步，使得模拟系统开始逐渐转向数字系统。但由于早期的视频会议并没有统一的标准，都是在各自研发的技术基础上实现的，使得各种视频会议产品很难实现互通互联。

（2）数字视频会议

随着微电子、计算机、数字信号处理及图像处理技术的发展，视频会议的理论研究以及实用系统研制方面得到迅速发展。数字视频会议系统取代了模拟视频会议系统，在某些地区开始形成了视频会议网。大规模集成电路技术飞速发展，图像编码解码技术取得重大突破，信道费用降低，为视频会议走向实用提供了很好的发展条件。

（3）国际统一标准的数字视频会议

基于 TCP/IP 协议的 Internet 网络规模、用户数量以及业务量呈指数型增长，计算机互联网的飞速发展对电信产业产生了巨大而深刻的影响。基于分组交换网络的多媒体通信系统逐渐成为研究人员和电信、网络及计算机厂商关注的焦点。

采用视频会议，可以实现多人实时通讯和面对面通话。在全球各地的办公室和教育机构，视频会议还能够用于学习、培训和与联系人会面。视频会议不仅能够节省电话费，而且通过取消旅行还有助于改善环境和减少业务开支中安排员工外出开会的差旅费。此外，朋友和家人能够利用视频会议与居住在其他国家的亲人保持联系，甚至在海外作战的士兵也能够利用视频会议与家里的爱人保持联系。视频会议解决方案在经济衰退期间是可行的，在经济好转时能发挥关键作用。以前的经济衰退表明，在经济危机的时候投资 IT 和通讯的企业在经济风暴过去之后将处于强有力的竞争地位，甚至能够从竞争对手那里夺取市场份额。那些对于有能力并且愿意在经济衰退期间继续投资 IT 的企业来说，可视化通讯和协作产品与服务应该是他们生存战略的核心部分。这种投资将使这些企业在经济复苏的时候处于有利的竞争地位。随着社会的发展，视频会议的应用越来越广泛，同时对视音频质量、数据协作共享、灵活易用性、易管理性的要求也越来越严格。

随着计算机处理能力和软件技术的提高，视频会议系统也开始向软件化发展，越来越多基于服务器端或客户端模式的软件产品出现，引领视频会议向办公交流、业务培训、市场营销等多领域扩展，并且这种相对低成本、便捷化的应用正在逐步为大多数中小型企事业单位接受。网络视频会议是软件视频会议的最新发展，它完全基于Internet互联网，支持面向全球的协同工作；同时以互联网时代最常用的浏览器模式使用，极大地扩展了应用场景和地点。

4. 视频会议系统的类型

根据运行环境和支持标准等要求，视频会议系统可以划分为以下不同的类型：

①根据会议节点数目的不同，视频会议系统分为点对点视频会议系统和多点视频会议系统。点对点视频会议系统应用于两个通信节点之间，多点视频会议系统应用于两个以上节点之间的通信。

②根据运行终端可以划分为以下不同的类型：

a. 桌面型视频会议系统：桌面视频会议日益受到青睐，因为它有效地利用了现有的资源，仅仅是桌面上运行的多种应用之一。桌面型视频会议系统要求在普通计算机上增加一些附加设备，主要利用计算机软件完成会议功能。

b.会议室视频会议系统：在带有环境控制设备的会议房间里装置一个或多个大屏幕，系统由屏幕、摄像机、麦克风和辅助设备等组成。这些配置是永久性的，它们不能移动到别的房间或大楼内，但可以提供高质量的视频和同步音频。

c. 可视电话系统：该系统用于点到点通信，它满足了在电话上进行视频会议传输的需求。系统组成包括一个小屏幕、内部摄像机、视频编解码器、音频系统和键盘。

二、视频会议系统的趋势

1. 软硬件视频会议的融合

为了满足随时随地接入会议，并兼顾极致高清和虚拟真实会场的企业用户需求，软件视频会议和硬件视频会议（远程呈现）将走向融合。融合会议的发展会经历三个阶段。

第一阶段：实现硬件视频会议、软件视频会议及 UC（统一通信）的互连互通，初步实现普通电话、IP 话机、UC 软终端、Web 客户端、移动终端和智真会议室终端能同时接入会议。该方案既保留了两种不同类型的会议体验，又可以实现多终端同时参加会议。如果企业需要开一个非常重要的正式会议，分支机构可以使用智真会议室终端参加会议，出差员工可以通过 PC（UC 软终端或 Web 客户端）远程接入到软件视频会议系统，然后通过软硬件视频会议的级联接入到智真会场。

第二阶段：从平台架构上实现统一的会场控制和会议管理。在信令控制层面实现基于 H.323/MCU 的硬件视频会议与基于 SIP/HTTP 的软件桌面视频会议的统一，通过 SIP 协议和统一的 AS（应用服务器）控制各类终端的接入，对各类会场媒体资源进行管理；并提供统一网管用于融合会议系统的整体网络设备管理，提供统一的管理 Portal 用于业务配置、会议预定提供统一入口和会议管理体验。

第三阶段：实现各类媒体资源服务器的融合，提供统一的媒体综合汇聚和转码中心，媒体中心根据终端的能力，推送合适编码格式的码流给多媒体终端，实现多屏一致体验。通过多媒体能力共享平台，可以实现音频、视频、文本和数据统一部署与能力共享，实现各类终端与媒体中心共享音视频引擎，提高复用能力，最终完成各类会议终端和会议系统的完全融合。

2. 低带宽高质量的音视频

当桌面终端从公网接入会议时，能够采用智能算法，根据网络传输质量、结合网络模型给出适配当前网络的最佳编码及传输方案，以保障在网络发生变化时，仍然能为用户提供良好的业务体验。比如，当网络变差时，智能采用低带宽语音编解码，保障语音正常通话；而当网络好转时，则采用宽带编解码提升用户体验。更为重要的是，在这个变化过程中，语音质量能实现平滑变更。

3. 分享与协作

随着现代企业的不断发展，跨地域虚拟团队的合作模式成为常态，也促使会议从以沟通为中心转向以分享和协作为中心。传统硬件视频会议实现了语音和视频的信息沟通，软件视频会议在音视频的基础上引入了数据协作的能力，能够提供屏幕共享、文档共享、电子白板、文字聊天、电子投票等协作功能，但仍欠缺会议内容的传播、分类、搜索、多对多的异步分享和协作等功能，需要进一步扩展其协作能力。

结合社交网络的信息传播手段，将在会议系统中引入“会议空间”来实现会议内容的传播与共享，在会前可由会议组织者或与会人员上传会议资料，并发送会议通知给与会方提前了解会议主题，基于权限可对文档进行修改、上传新版本，有文档更新自动提醒与会者；在会中，由系统直接使用提前上传的会议资料，减少会议中进行文档共享的时间，并能够实时录制会议内容并上传到“会议空间”，对于公开的会议能够提供会议直播；在会后，可对会议资料、会议录像和会议纪要等分类标识，提供点播和下载，提供讨论空间供会议后续讨论和交流。从而在信息沟通的基础上，做到信息的传播，实现企业虚拟团队的分享与协作。

随着移动互联网的发展和移动宽带的普及，企业员工身边的自有移动设备（智能手机、平板电脑）越来越多，并形成了稳定的使用习惯，他们迫切希望能够使用自己熟悉的自有设备灵活地随时随地参加会议，这样既可以提升效率、降低企业成本，也能显著降低企业能耗，提升企业经营综合效益。融合会议也将支持各类移动终端的加入，除了提供音频、视频沟通以外，也能够提供屏幕共享、电子白板协作以及消息聊天等功能，方便企业员工在机场、酒店、家里等各种场合方便地参加会议。会议系统的互联互通是新的行业热点，这也将极大提升企业会议系统的使用范围，随时随地的协作能力也将为不断革新的业务形态注入新的活力，助力企业获得更加广阔的发展空间和更加敏捷的市场竞争力。

三、云会议

云会议是基于云计算技术的一种经济、高效、实用、便捷的网络会议形式，可即需即用。云会议系统融合音频、视频、数据网络通信技术，实现了多方远距离的实时沟通和协同办公。 在开放、灵活、无缝对接的现代通信时代，云会议很好地满足了当今社会流行“远程”的时代需求。云会议系统支持多服务器动态集群部署，提供多台高性能服务器，大大提升了会议稳定性、安全性、可用性。云会议的应用程序在服务提供商的数据中心运行，会议中数据传输、处理、存储等复杂技术由云会议服务商帮助使用者进行操作。使用者无须再购置昂贵的硬件和安装繁琐的软件，只需通过互联网界面进行简单易用的操作，就能快速、高效地与全球各地团队及客户同步分享语音、数据文件及视频。

由于云会议可以在桌面、会议室、移动终端等环境下自由应用，通过云会议，人们可以在任何地点、任何时间、使用任何终端召开或参加多方网络会议，极大地提升了信息价值。云会议将改变人们的工作方式：居家办公更加普遍；外包人力的管理和沟通更方便；跨地域团队协作更高效；企业差旅和会议成本更低。云会议对降低企业成本，提高客户满意度具有非常积极的意义。

近年，作为目前商务领域最主要的办公方式，视频会议因能大幅提高沟通效率，持续降低沟通成本，带来内部管理水平升级，获得了众多用户的欢迎，已广泛应用于诸多行业领域。云会议是视频会议与云计算的完美结合，它的出现彻底颠覆了视频会议市场。云会议凭借更灵活多变的会议形式和更快捷的数据处理方式，促使视频会议的数据处理能力、资源调配能力全面升级，带来好用、稳定、高效、流畅的远程会议体验。视频会议运用云计算后，在方便性、快捷性、易用性上具有更强的吸引力，迅速占领市场，掀起行业应用热潮：高清云会议因其高质、高效开会的特色而成为政府应用首选；开放式云会议令中小企业活力倍增；云会议为交通信息化注入动力，助交通部门缓解节日压力；贸易业借云会议“对外开放”；远程医疗服务水平因云会议而跃升。

随着无线城市建设的展开，WiFi 全覆盖全力推进移动商务应用。移动云会议近年发展迅猛，这与国内移动网络加快建设密不可分。移动云会议具有高清音视效果好、适用平台广、硬件要求低、信息传输快、应用便捷、经济等优势。移动云会议为更自由的商务沟通所建，充分拓展了视频会议的应用空间，让用户离开指定地点，没有专业设备也能轻松召集或参加会议，无论是在候机厅还是火车上，甚至是在全球漫游，都能够保证不间断的商务交流。随着 WiFi 和移动网络技术的飞速进步以及智能终端的日益普及，移动云会议的应用还将向更广阔的 SOHO（家用办公）及个人用户市场发展。

本章小结

会议沟通是群体或组织中相互交流意见的一种形式，它是一种常见的群体活动。具有普遍性、目的性、组织性、集体性的特征。

群体是为了达到共同的目标，两个或两个以上的个体以一定的方式联系在一起进行活动的人群。群体的特点主要有：成员有共同的目标；成员对群体有认同感和归属感；群体内有共同的价值观等。群体具有生产性功能和维持性功能。群体的价值和力量在于其成员思想和行为上的一致性，而这种一致性取决于群体规范的特殊性和标准化的程度。群体规范具有维持群体思想和行为、评价和导向成员思想和行为以及限制成员思想和行为的功能。

影响会议成效的因素是多方面的。从沟通的目的看，会议成效主要有两个方面：一是问题得到解决，即提高了沟通的效率；二是组织成员之间的关系得到良性强化，也就是成员满意度的提高。

视频会议系统是指通过传输线路及多媒体设备，两个或两个以上不同地方的个体或群体将声音、影像及文件资料互传，达到及时的互动沟通。根据参会地点数目的不同，视频会议可分为点对点会议和多点会议。

课堂讨论

1. 指出什么情况下会议沟通可以发挥最佳效果，并讨论会议沟通的优势和不足。

2. 根据实际会议写一份会议记录，然后对会议成效进行评价。

[案例 9-2]

紧急会议

翔达公司是一家汽车零部件生产企业，其主要客户是A公司、B公司和其他汽车总装厂（如C公司、D公司等）。

上半年，翔达公司在轿车外饰件产品的供货质量和供货及时性方面受到了来自A公司和B公司的巨大压力。A公司和B公司一直对翔达公司在提高产品质量和供货能力方面所作的努力表示怀疑，总是抱怨翔达公司对外服务质量差、不重视客户意见、纠错措施不力等。因此，公司在整个轿车制造业内的声誉受到了不良影响。

翔达公司的执委会（总经理、3名副总经理）对当前的处境很是不安，他们清楚地知道造成这种局面的根本原因：一是翔达公司在轿车外饰件领域的产品开发能力和生产制造能力不足，对生产工艺研究得不够深入，相关的技术专业人员紧缺，从而缺乏对产品质量的控制手段，造成产品质量不稳定，产品合格率较低；二是生产线的生产能力紧缺，现有的生产线只能满足产品开发初期的预计产量，然而因为市场需求的增加，A公司和B公司的需求量大大超出翔达公司当初的预期，两种因素的叠加造成了目前这种尴尬的局面。

翔达公司的执委们在广泛听取下设各相关部门（如生产制造部门、产品开发部门、质量部门和市场部门等）的意见后，基于对目前客户意见的分析和对未来轿车市场以及相关的零部件市场发展趋势的总体研究，一致决定尽快筹建新外饰件生产线，扩充生产制造能力，以解决公司目前在供货质量、供货能力方面存在的问题。

经过预测分析，新生产线的总投资要2000万美元，该公司财务制度规定，超过10万美元的投资必须经过董事会批准。而翔达公司的董事会一年召开2次，分别在每年的4—5月和10—11月召开，而现在已到了6月，第一次董事会刚开过，第二次要到11月才召开。可是，目前的形势十万火急，已不容再等，所以执委会申请召开紧急董事会，专题讨论新生产线投资事宜。

7月中旬，紧急董事会如约召开，形成如下决议：一是要求执委会加大对现有生产线产品质量的监控力度，组成技术质量攻关专题小组，以提高产品质量和产品合格率；二是加强与客户的交流沟通，了解客户所需，请客户理解并相信翔达公司在产品质量提高方面会作出努力，相信翔达公司在对客户负责方面所作的承诺，并加强现场服务，采取更加行之有效的、能缓解目前用户抱怨和担心的一切措施；三是组织新生产线项目组，要求各部门为项目组提供一切支持，包括人员、工作程序等方面，同时项目组必须确保在第二年8月前使新生产线全面投产。这是一份军令状，因为翔达公司的所有员工都清楚公司所面临的处境。根据市场预测，翔达公司的原生产线只能满足轿车总装厂第二年7月的生产量，而第二年8月的产量比7月将有很大的提升，原生产线根本无法满足。所以，如果新生产线不能如期投入运营，就意味着翔达公司产品质量和生产能力不足的问题将造成A公司和B公司等轿车主装厂的全面停产。这对整个轿车工业来说影响非同小可，而且更重要的是，A公司和B公司的停产将直接影响到D市的生产和销售等经济指标，从而间接影响D市在国内的影响力，这很有可能会转变为一个带有政治色彩的经济运作问题。

翔达公司在董事会结束后马上行动，全面出击，并在公司范围内进行宣传动员，把新生产线的筹建作为公司第一号工程来抓。公司执委会任命工厂工程部经理张凌飞担任新生产线项目负责人，全面掌管整个项目的费用、进度、技术，包括基建、公用动力、生产线设备等。张经理接受任命后，马上挑选项目组工作人员。一天后，一份项目组工作计划就送到了执委们的手中，其中详细描述了项目组的组织机构和各工作小组人员名单及其工作职责。经得执委会同意后，张经理马上集合所有项目组成员召开动员会。

动员会上，张经理首先向大家简单分析了翔达公司目前所处的危机以及应对危机的措施，然后把整个项目的规模、时间进度等要求作了详细说明，最后宣布了项目组人员名单以及各工作组分组情况。项目组下设四个专业小组：规划组——由规划科科长王剀高级工程师担任组长，主要负责项目审批工作；生产设备组——由外饰件生产厂工艺主管刘先生担任组长，主要负责设备技术参数要求的制定，该小组成员来自工业工程科（车间平面布置）、设备技术科的设备维修组（提供设备机械和电气方面的支持）和现场工艺组（提供生产工艺方面的支持）；基建环保组——由工程部基建环保科李开为工程师担任组长，主要负责新生产线所需厂房的建设和项目环境保护方案的制定和落实；公用动力组——由动力科科长蔡先生担任组长，主要负责为新生产线的准时投入运营提供公用动力保证。同时，张经理还预先考虑了另外一个小组，即生产启动组，因时机还没到，在会上就没有公布。

介绍完毕后，张经理向在座的各位成员征询意见。规划组组长王剀高级工程师是一位白发苍苍的老者，很有学者风度，面对张经理的做法，他颇有微词。他首先发言："今天是7月15日，该项目是2 000万美元的投资项目，其审批权是在北京，而不是D市。从以前的经验来看，可行性文本编写至少需要2周，组织上级主管部门内审至少1周，文本修改后再送D市主管部门（商务委、规划局、环保局、消防局、劳动局、供电局、用水办等）审查需要2周，再到北京商务部、环保总局等审批至少需要2个月，然后再进行设计文本编写需要1个月，组织上级主管部门内审需要1周，送D市相关部门外审需要2周，再送到北京相关部门审批又需要2周，总共需要至少4个月时间（以过去的经验来看，这确实是最快的速度了）。再加上开工前的前期工作，如基建开工手续（办理执照、招投标、报检等）至少需要1个月，则该项目至少要到12月中下旬才能正式启动，现在要求9月17日厂房开始打桩，这是不可能的。”

张经理沉着地对王剀说：“王工，能否把基建项目单独立项，使其列入D市的审批范围？而且上级主管部门和市商务委、规划局等对此事都表示全力支持，审批工作可以从简。王工，你们组的工作进度是我们项目进度的首道关卡，相信你能够在这件事上与政府部门通力合作，尽快办妥项目立项审批工作。你在这方面有足够的经验，相信你会出色完成任务的。”

此时基建环保组李开为工程师插话了，他资历深厚，说话十分老练。他说：“即使是由D市来审批，最快也要1个半月即到9月上中旬才能完成审批，批文下达后办理开工前期手续也要1个月，也就是要到10月中旬才能开工，9月中旬开工是不可能的。即使是9月17日开工，但要求在明年2月底开始安装设备也绝对不可能，简直是天方夜谭，要知道这是将近2万平方米的钢结构厂房。”他的话说得很坚决。

李开为工程师是张经理的部下，因为时间匆忙，这个进度计划还没来得及与他沟通。张经理想了想说：“是的，大家都觉得时间很紧，都认为这个计划是不现实的。是的，我承认这个计划有点脱离目前的现实，但目前的现实我们是否可以去改变它？我们一定要以一种特事特办的工作思维方式，和制度赛跑，和时间赛跑。我们可以把文本送批和施工设计同步进行，然后征得相关政府部门的支持，简化操作手续，如减少审批等待时间、政府各部门同时审批等，而不是像以往一样一个一个传递，这样至少可以节省2周时间。当然，有些必要的过程绝不能省，尤其不能违规操作，我相信我们的目标是能够实现的。至于明年2月底设备进场安装一事，我想只要组织好厂房现场施工管理，和设备安装管理人员加强交流沟通，协调好厂房施工和设备安装进度，统筹管理，对这个时间节点我还是有信心的。李开为工程师在这方面有足够的经验，2月底设备进厂安装对你来说不是不可能。”

尽管这样讲，但张经理清楚，这个目标只有在最理想的施工条件下才有可能实现，但9月至来年2月这段时间要经历寒冬和初春，冰冻天是无法进行混凝土浇筑的，而且冬季的施工进度明显要慢于其他季节，更何况中间还有一个春节假期。张经理之所以这样说，无非是要建立大家的信心。紧接着，生产设备组组长刘先生也表达了自己的担心：“从主装厂A公司和B公司的生产线筹建情况来看，从项目组开始运作到设备投入运营费时将近3年。我们的第一条生产线建设，从项目组成立、出国考察、技术交流、方案确认、设计、施工到安装调试，历时18个月。长春H公司的轿车外饰件生产线规模要比我们的小，厂房、设备、工艺都要比我们的简单，也用时15个月。沈阳H公司的外饰件生产线，其厂房、设备的规模和先进程度根本无法和这个项目相提并论，用时16个月。这些公司完成这些项目的时间都是指施工和安装周期，还不包括项目前期技术准备，如与设备供应商的技术交流和谈判等，而我们的施工安装期只有10个月，整个项目周期也只有12个月。此外，还有一个困难就是设备负重与厂房的设计问题，这是亟待解决的问题，因为我们首先要进行技术交流、制定方案，然后进行商务谈判、签订合同，最后进行技术交底、提供设计参数、设计厂房，可厂房设计能等这么长时间吗？再者公司要求在10月签订供货合同，时间不够。一般而言，从技术交流到方案确定，再到签订合同至少要6个月。”

刘先生是一位年轻有为的干部，技术出色，工作认真，只是不善于和下属进行有效交流，下属对其评价不高。他刚才提出的问题也是张经理所担心的，因为他知道，这么大的投入，选用一个有信誉、有雄厚技术支撑、价格合适的设备供应商是项目成败的关键。而技术方案的制定又是最关键的，要在两三个月时间里完成，难度相当大，更难的是要在没有确定供应商的前提下，对设备的布局、设备的各种参数进行风险确认，这些都是厂房设计需要的信息。

张经理点点头说：“刘先生的担心是正确的，可我们现在是在制定战略，我们的战略目标要一致，具体的战术会后我们单独再谈。但我还是相信，只要战术得当，战略目标还是会实现的。”

张经理已经有了一套完整、有效的谈判思路，这在之后的技术和商务谈判过程中得到了验证。

公用动力组组长蔡先生随后发言：“时间，还是时间！计划要求6月提供动能供给，可锅炉房、冷冻房要到5月才完工。锅炉、冷冻设备安装调试的时间不够；另外，厂变电间要到4月才交付设备安装，时间实在太紧了。”

蔡先生是张经理的部下，张经理对他的个性了如指掌，蔡先生的脾气比较暴躁，说话嗓门很大，但办事很尽责。张经理对他的话不置可否，因为他相信蔡先生会尽力做好每一件工作，只是提醒蔡先生一句：“6月是夏天了，现有的锅炉能力在夏天是有大量富余的。我想冷冻设备和电力供给是你的重要任务。”

张经理见大家不再说话，就问：“大家还有什么问题？”

生产设备组组长刘先生说：“我们组是比较特殊的，成员来自各部门，需要集中办公，希望能解决场所和办公设施的问题。”

张经理说：“你的问题公司领导都已经想到了，生产设备组的临时工作办公室设在质保部楼的办公区域内，你们的办公用品有需要移动的，请与李开为工程师联系，他会提供搬运帮助的。”

稍停片刻，张经理说道：“以后项目组每周召开一次协调会，由各组汇报一周来的工作进展情况和下一步的工作计划以及需要支持的内容等。会议通知会在每周广播上公布，各工作组之间如有什么问题，请各组组长及时协调解决。”

张经理继续说：“希望各小组成员振作精神，团结一致，为公司摆脱危机献策献力。你们是公司的栋梁和精英，相信你们能够出色完成公司交给你们的任务。”

会议在张经理的鼓励声中结束。

问题提示：

1. 工程部经理张凌飞是在怎样的情况下主持召开由所有项目组成员参加的动员

会的？

2. 在会上，规划组组长王剀为什么反对工程马上启动？张经理是如何应对的？

3. 刘先生在会上提出了什么问题？为什么张经理在回答时建议会后再细谈？这样处理有什么好处？

复习思考题

1. 会议的特征有哪些？目的是什么？

2. 群体沟通的特点是什么？

3. 有效会议的组织策略是什么？

4. 简述视频会议的发展。

主要参考文献

[1] 康青 . 管理沟通［M］5 版 . 北京：中国人民大学出版社，2018.

[2] 魏江，严进 . 管理沟通［M］4 版 . 北京：机械工业出版社，2019.

[3] 杜慕群 . 管理沟通［M］3 版 . 北京：清华大学出版社，2018.

[4] 冯云霞，沈远平 . 管理沟通——基于案例分析的视角［M］北京：中国人民大学出版社，2015.

[5] 谢玉华 . 管理沟通［M］3 版 . 大连：东北财经大学出版社，2017.

[6] 王叶 . 论会议沟通［J］. 市场周刊：理论研究，2008（8）：35-36.

[7] 仝志强 . 浅析远程视频会议系统的应用［C］. 天津市电视技术研究会 2013 年年会论文集，2013.

[8] 李莉 . 基于 IP 网络的软件视频会议系统的研究和实现［D］. 中国海洋大学，2005.

[9] 吴震 . 视频会议系统的研究与实现［D］. 电子科技大学，2006.

[10] 董昕 . 高清晰视频会议系统的研究与设计［D］. 北京邮电大学，2012.

第十章

变革沟通

学习目标

⊙ 熟知变革沟通概念；

⊙ 了解变革沟通的重要性及媒介；

⊙ 认识变革沟通的内容；

⊙ 熟悉变革沟通的策略。

关键概念

组织变革　变革沟通　变革管理者角色

[案例 10-1]

愿景沟通失败

一家电信分公司的总经理说，去年有一支团队规划出了一个变革愿景，并且投入了大量时间对其进行广泛宣传。但当深入到基层中去时，人们对此产生了较大的疑问："愿景？什么愿景？"通过进一步考查，才发现这种现象的深层原因。高级经理的确付出了大量努力来传达愿景，占用年度战略规划会议上的宝贵时间来讨论这个话题并在公司的刊物上就这个问题刊登了三四篇相关的文章。一位高级经理甚至还花了好几个小时帮助制作了录像片并给员工观看，而且这一问题被列入高管会议日程的次数也不下十几次。如果再进一步问那些业务经理，他们虽然也承认的确听到过一些相关的内容，但是他们坦言，的确没记住什么内容，主要是因为他们被各种信息所淹没，而其中只有一小部分信息和这个新愿景有关。有人说："这些信息主要是关于顾客和合作关系的吧？”其中有一些更坦白的人会说：“这些东西啊，说了等于没说。新愿景提出后，不出两周，他们就提拔了一个不知天高地厚的家伙，他的运营方式和新愿景也可能会完全背道而驰。”

资料来源：根据2015年5月第一版《领导变革》中的文章改编

第一节 变革沟通认知

一本《谁动了我的奶酪》风靡全球，许多跨国公司将该书作为教材发给员工。薄薄的小册子就讲了一个主题——变化，陈述人们面对变化的不同态度。今天的组织面临充满不确定性因素的动态变化生存环境。这样的环境给组织的生存带来了更大的挑战，也提出了更高的要求。一个组织要想更加长久地生存与发展，就不能仅仅维持现状，还必须要提高组织适应环境变化的能力，改变员工行为方式，进行组织变革和组织发展。组织变革是组织主动地、自觉地因条件变化而做出的相对反应，是组织为了实现自身的目标，根据外部环境和内部因素的变化，对组织现状主动地进行修正、改变和创新的过程。对变革进行必要沟通和讨论，对于变革的成功来说至关重要。

一、变革沟通定义

变革是推动企业不断向前发展的车轮。变革研究者发现，沟通是促使变革成功的主要因素。根据刘易斯（Lewis）（1999）等对变革情境下管理沟通的理解，我们得出变革沟通是在变革过程中组织及其管理者对组织变革的一系列声明、解释以及为了让员工做好相关变革准备的一系列信息传达和交流过程。变革沟通主要包含以下三方面的内容：任务工作沟通、职业沟通和沟通响应。

任务沟通体现的是在变革情境下，上级对下级下达的任务指示，并向下级解释工作的任务、要求和政策等改变的内容和程度。

职业沟通体现了变革过程中，管理者为下属提供与职业相关的培训机会、信息的多少以及对下属提供相关职业规划的建议等的程度。

沟通响应体现的是管理者愿意倾听下属的心声并对相关问题做出积极反馈的程度。

二、变革沟通的重要性

如果组织对下列问题大部分或全部的回答是“是”，那么组织需要变革。

（1）你是否被点头称是的人所包围?

（2）你的下属是否害怕向你承认自己的无知和疑问?

（3）决策者是否过于偏重折中方案以至于忽略了价值观、长远目标和组织福利?

（4）管理者是否认为他们的最大乐趣是不惜代价维持组织中的和平和合作效果?

（5）决策者是否过于注重不伤害他人的感情?

（6）管理者是否认为在奖励方面德高望重比有能力和高绩效更重要?

（7）管理者是否过分注重获得决策意见的一致?

（8）员工是否对变革表现出异乎寻常的抵制?

（9）是否缺乏新思想?

（10）员工的离职率是否异常低?

变革为何需要沟通呢? 因为人们对变革存在心理障碍，这些障碍表现在：第一，对习惯的打破，习惯培育一种安全感，变革则是对安全的威胁；第二，时间限制，担心变革打乱现有秩序，使人更忙碌；第三，结果的不可预见性；第四，如果变革缺乏足够的沟通，管理者对员工的想法和问题不能充分理解，员工也不知道变革的相应理由和行动方案。如果变革方案缺乏风险评估和后续工作来巩固改革成果，变革的障碍将会变得更大，员工也可能会随之产生心理恐惧，制造对抗性消息和谣言，进而反对变革。由于人们的心理障碍，变革时期的效率会显著降低。因此，就变革进行沟通和讨论，对于变革的成功来说显然是非常重要。在变革的过程中沟通的重要性表现在能够促进愿景，增强反馈，提供社会支持，有助于在变革过程中对变革进行调整和研发，使管理人员建立可信赖感，说服个人参与变革创新的过程。

三、变革沟通的媒介

在对变革进行沟通时，可以使用许多标准化的组织媒介。勒格尔（Lengel）和达夫特（Daft）用他们所谓的“丰富性”，也就是说，不同的沟通风格所包含的人际互动的方式来说明这些媒介。他们认为，虽然面对面的沟通最适合于塑造行为，但在沟通媒介统一体另一端的非个人化静态媒介最适合于共享信息。

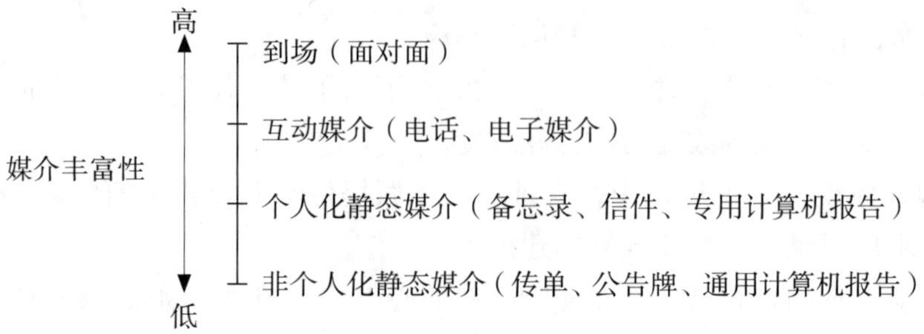

图 10-1　媒介丰富性层次

资料来源：Lengel and Daft，1998：22

这些策略表明，如果增加型变革只是在现有的活动基础上完成的，那么这类变革可能是非常“常规的”。而更加剧烈的、广泛的变革可能会以一种非常规的方式挑战、改变或转变现有的组织活动，因而这两者应该使用不同的沟通媒介。当在大型组织中发生后一种变革时，由于组织规模大，实现沟通“丰富性”的能力则会更加薄弱。在这种情况下，在宣布实施某项变革时，变革管理人员就需要做出某种权衡。

而其他一些变革研究者却倾向于在所有情况下都统一使用同一种沟通媒介。例如，拉金（Larkin）认为面对面的交流是最好的。他们认为视频和出版物等可能对于传播技术信息是有用的，但是这两种方式在用于变革沟通时都存在着一定的局限性。视频的问题在于观众不会对视频采取一种严肃的态度；与此相似，使用卫星设备传送的实时演讲和问答也可能会产生一些管理上的陈词滥调或成为无法发挥作用的动员口号；公司出版物则往往是人们的批评对象，因为其内容常常缺乏可信度。因此，在实践中常常需要针对某种特定的变革情况，综合采用这些沟通策略。

在互联网时代背景下，沟通的媒介更加丰富，人与人之间的沟通方式也越来越多样化，QQ、微信、智能手机、邮件、即时通信等已经成为人们工作生活中不可缺少的一部分，大量的沟通方式为企业变革沟通提供了便利条件，使得变革沟通呈现以下新特点：第一，沟通的覆盖范围更加广泛，不只是企业的所有利益相关者知晓组织变革的信息，与组织无关的人也可能会了解到组织变革；第二，信息渠道更多，变革信息的传播不再局限于传统的方式，由以往的线下交流转向更多的线上交流；第三，沟通从传统的单向沟通变化为双向沟通，变革沟通可能不再是上传下达，便利的沟通方式使得上下级之间有了更多的交流，共同推动变革的顺利进行。

第二节

变革管理者的角色与沟通内容

一、变革管理者的角色

变革管理者的角色往往会影响变革管理者的沟通策略和技巧。

1. 指挥者

确保人们能够理解将要发生什么，要求他们做什么。为人们提供变革中涉及的“为什么”“是什么”“谁”“如何”“何时”等问题的答案。当采用应变方法的观点时，可能意味着需要调整提供的信息类型和领导者风格，以“适应”变革的类型和使用这些变革信息的组织层次，需要利用沟通策略来确保不存在信息过载或信息曲解。

2. 导航者

与指挥者角色相似，这一角色需要向员工描述出变革的本质，但是需要注意找出员工的其他兴趣点，包括性别差异、权力关系、行动等可能影响计划中变革的要素。这样就可以确保这些要素能够被妥善处理，或者为了在当前条件下产生可能的最佳变革结果，而对变革过程自身进行调整。在变革过程中，可以使用“讲述并推销”的沟通方法来说服员工。

3. 看护者

这一角色需要将注意力集中到使人们理解变革“为什么”会发生，也就是说，变革的不可避免性以及如何最好地应对变革，顺利度过变革。

4. 教练

关注的重点是确保人们能够共享相似的价值观，了解在这些价值观存在的条件下，什么样的行动是恰当的。指挥者角色关注的重点是如何将变革的信息“泄露出去”，而教练角色则更关注如何通过共享的价值观及利用“正面的情感”，让人们 “接受”变革的信息。此时最适合的变革沟通风格是以团队为基础的、CEO 领导的沟通风格，而不是自下而上的沟通。

5. 解释者

解释者角色通过讲故事、比喻等来为员工提供一种关于“正在发生什么”的认知。这一角色关注的是给组织内部以及外部的不同群体赋予变革的意义，也就是提供关于变革的最具有说服力的解释，来确保尽可能多的人能够形成关于变革的共同认识。他们需要认识到并非所有的人都会接受变革的事实，但是也要让尽可能多的人接受变革。

6. 培育者

承担培育者角色的变革领导者强调，即使少数人将会在变革发生之前预测将会发生的事情，变革过程也总是无法预测的，变革结果常常具有创新性和创造性。

二、变革沟通内容

在成功的变革案例中，指导团队并没有将变革的愿景与策略束之高阁，而是把它们广泛地传达给所有参与者，让他们理解和接受。这样做的目的就是让尽可能多的人行动起来，实现变革的愿景。

而能否让人们“接受”信息，取决于他们所接受的信息是什么；他们是否认为这些信息是有用的，以及在他们看来变革是否是正确的。员工可能会希望无论变革结果是好是坏领导都会做出其相应的解释……如果不向这些员工提供一种对于问题的解释，他们可能就会感觉到完成变革的程序是不公平的，在许多情况下就会导致对决策过程和决策制定者的怨恨。

因此我们需要对变革的内容进行沟通。

表 10–1　对变革进行沟通

为了变革进行沟通	一些提示	需要思考的问题	提出一种沟通计划方案
1. 解释变革如何展开 ·变革是什么 ·变革将对自身有何影响 2. 讨论变革的必要性 ·变革的背景 ·谁决定变革是否必要 ·为什么现状不能继续 3. 提出变革的业务 ·描述未来 ·描述变革为组织、部门和个人带来的好处 4. 确定变革计划 ·新的作用、期望、责任、关系、技能和绩效评价是什么 ·组织将会为个人提供什么样的支持以适应和完成这些变革	1. 明确变革的实质 2. 解释原因 3. 让员工知道变革的范围，包括有利的和不利的信息 4. 不断重复变革的目的以及变革是如何发生的 5. 利用图表 6. 实行双向沟通 7. 确定主管 8. 通过新的学习过程来支持变革 9. 指出变革引发的过程 10. 不要将沟通途径限制为会议和印刷品 11. 将关于变革的信息流动过程制度化 12. 自己将变革模型化	1. 为什么 ·变革的必要性 ·变革的类型 ·变革的实施时间 ·变革会对组织的不同部门所产生的影响 2. 是什么 ·变革是什么 ·什么会受到影响 ·需要如何准备 ·将会带来什么样的成功 3. 谁 ·谁会受到影响 ·谁会进行投入 ·谁会告知人们关于变革的信息 ·谁应该接收哪种特定的变革信息 4. 如何 ·变革如何进行 ·通过怎样的方式促进变革 ·人们如何知道变革是否成功 5. 何时 ·变革将会何时发生 ·关于变革的信息是否会被交流	1. 什么将会发生变革，以及需要做什么，将会在何时发生 2. 为什么需要变革，以及变革将会带来什么好处 ·变革与业务中正在发生的其他问题的关系是怎样的 ·存在什么影响，有什么意义 ·将会产生什么样的结果 ·反馈将如何发生 3. 可以从过去的组织变革中学到什么，以及这些经验如何被用于当前的变革

第三节

不同变革阶段的沟通策略

只有在大部分员工都支持，甚至是愿意做出短期牺牲的情况下，重大的变革才可能产生。但是人们通常是不愿意为此做出牺牲的，即便他对现状并不满意。除非他们真的认为变革带来的好处是有吸引力的，并且相信变革是可能实现的。不经过大量相互信任的沟通，是没有办法充分理解员工的内心想法，而在变革的不同阶段也有着不同的沟通策略。

一、管理变革调研期的有效沟通策略选择

调研期的行动目的是在短时间内快速了解目前企业运作模式、部门运作流程，诊断企业存在的问题；其次，要调查员工的心态，了解员工对企业的看法、观点与建议；最后，要通过调研找到此次管理变革的突破口以及支持与反对变革的力量。非正式沟通的沟通形式多样，沟通开放、直接、灵活，能快速了解员工真正的心理倾向与需求，了解民意、期望和看法。借助“外力” 的调研比如咨询顾问公司或外聘专家，则更有必要采用开放式的非正式沟通。调研期沟通策略的关键要素在于沟通主体，可以从沟通者的目标、沟通风格和沟通者的可信度进行剖析。沟通者进行部门调研、工序调研或个体调研前，首先必须明确本次沟通总体将要达成的目标，同时设定具体的、可度量的并有时限的行动方案并选择适合的沟通对象。其次，对于沟通客体来说，沟通者可信度的高低直接影响沟通的效果。沟通者的身份和形象能影响沟通对象并提高可信度，且沟通主体最好不要与沟通对象产生利益冲突或给其带来不良的影响。最后，在沟通风格策略上，依据沟通内容以及受众参与程度的高低可分为：告知、说服、征询和参与四种形式。调研对于信息的控制要求低，期望听众积极参与，更期待良好的反应和反馈，所以要尽量采用开放式的参与策略，当然，调研过程也应适当带入叙述或征询策略。

二、管理变革启动期的有效沟通策略选择

管理变革的启动属于攻心策略，其目的就是向全体人员灌输管理变革的理念和企业进行变革的决心，激励全体人员积极参与，获得全体人员认同并达成高参与度的沟通效果。因此，信息的组织、沟通形式的选择、沟通主体的确定、沟通渠道的选择策略和文化策略等非常重要。从文化策略方面分析，依据霍尔斯泰德（W.C.Halstead）对不同国家或地区的文化价值观的五个维度研究，中国属于高权力集中国家，而国内的企业本身就属于高度集权组织。为了达到所要的沟通效果，影响沟通对象的心态和决心，且体现企业组织的权威性和严肃性，增强约束力，建议由企业领导人通过正式公告形式发布变革信息，同时辅以正规、严肃的沟通渠道，比如：由企业领导人组织召开管理变革动员暨启动大会，传达公司进行变革的必要性以及变革的决心。在文化氛围上，可通过公告栏、宣传横幅等影响员工对变革的认知。但启动后，企业内部中员工的心理状态大致将存在或依次经历观望、抵制、融合、接纳或积极参与等过程，据不完全统计：员工中有 20% 的人反对，20% 的人支持，而 60 % 则处于观望状态。所以，变革启动后，有必要采取正式沟通和非正式沟通双管齐抓的沟通策略。正式沟通可阻止谣言的蔓延和消除小道消息的负面影响，避免内部成员的相互独立，甚至形成派系或小团体。依据霍尔斯泰德的五维度研究，对于高集体主义文化背景的组织，喜欢参与和征询的非正式沟通方式易让观望者和反对者改变对变革的态度。

三、管理变革资源整合期的有效沟通策略分析

资源整合期的目的是调动企业内部的人力资源、物力资源和信息资源，重新进行结构调整、人员整合、流程优化，构造“塑造企业的凝聚力和打造企业的控制力”的管理模式。这个时期，人的因素占重要位置，所以可以从沟通对象的策略着手。现按照人的心理需求情况和对信息处理的不同方式的心理特征相应采取的沟通策略进行如下分析。

1. 按照心理需求的不同分为成就需要型、交际需要型和权力需要型，可从心理需求不同的沟通对象进行沟通策略分析。

表 10–2　按照人的心理需求情况分类

项目	成就需要型	交际需要型	权力需要型
心理特征	有具体的目标与标准，努力实现自己的目标	看重友情和真诚的工作关系，有收获的工作氛围	对工作负责，有很强的权利欲
沟通策略	给予大量的反馈信息，对其表示肯定的态度	以朋友的姿态和口气与之交流，坚持平等相待原则	采用征询或建议的沟通方式，对其工作职责表示肯定

2. 按照其对待接收信息的处理方式的不同可分为：思考型、感觉型、直觉型和知觉型。不同类型的人采用不同的沟通策略完成企业变革的资源整合，让员工通过学习、参与讨论和培训来了解和接受变革的新模式，感受变革将给企业和个人带来的利益，为后期变革项目的具体实施阶段打下坚实的基础。

表 10–3　按照其对待接收信息的处理方式分类

项目	思考型	感觉型	直觉型	知觉型
心理特征	思路清晰，善于逻辑思考，重事实、数据	以个人价值和判断处理事务，公关意识强	有丰富的想象力和创造性思维，凭直觉、预感和可能性处理事务	精力充沛、实干实战，善于行动而不善于言辞，处理问题当机立断
沟通策略	为其提供成为主动沟通方的机会；以谦虚的态度与其沟通；给予他充分的信任并客观、始终如一地对待事务	明确表达主动沟通方的价值观；在信息组织上突出主动沟通方的支持和合作，不让其有受威胁的感觉	不要轻易否定其观点，要告知主动沟通方的想法、观点和目的	清晰地交流，抓住要点

四、管理变革推行期的有效沟通策略设计

由于员工对新运作模式的不习惯或对改变旧的模式的抵触，因而管理变革的具体实施推行阶段是变革阻力最大也是最易失败的阶段。变革推行过程中，一旦员工在接受新的工作体系中发现局部的错误和不合理之处或由于培训、沟通不充分导致人与系统不匹配或其他问题、困难时，就会谣言四起，甚至原本的反对者也会随之发起对变革体系的集体抵制。所以，推行期的有效沟通策略就是“以点带面”，找准管理变革的切入点，集中优势兵力主抓最易有权解决实效且有迫切需要的问题点，既可稳定军

心和人心，将原本的观望者扭转成为变革的支持力量，又可逐个击破，防止反对者的乘虚而入，甚至可以转化反对者对变革的态度。中国属于高权力集中国家，注重集体主义精神，因此也可匹配相应文化策略，如人际关系奖励、精神奖励、惩罚等行政管理手段，加强沟通效果，推动变革进程。

五、管理变革收尾期的有效沟通策略分析

管理变革是一个反复和相持的过程。变革进入收尾阶段，员工的工作熟练度、变革的参与性和对变革的认知度已提升，为了维持变革的稳定、成熟和持续发展，可选择适合的文化策略，帮助员工解决变革过程的心理压力，及时了解员工的想法，获得员工更大程度上的支持与认同。同时建立学习型的组织、采取沟通者可信任的人际关系奖励、精神奖励、物质奖励或员工通过变革后既得利益的分享等沟通策略巩固变革成果。

本章小结

在瞬息万变的社会，组织也必须随之变化，变革是一个组织生存和发展的根本。沟通是影响组织变革是否成功的重要因素。因为人们对变革存在许多心理障碍，所以才需要沟通，消除障碍。丰富的沟通媒介为变革沟通提供了便利条件，但在具体的变革情境中，需要慎重选择。变革沟通需要告诉人们为何要变革、变革有何好处、不变革有何坏处、怎样参与变革。变革沟通还因为变革阶段的不同，侧重点也会有所不同。

课堂讨论

使你的暗喻组合起来

马沙克（Marshak）认为，变革管理人员需要确保他们使用的变革语言能够与他们想要实现的变革类型保持一致。

情景：你的组织需要变革，高层管理人员决定在变革中采用你提出的变革观点，他们希望你能够为他们提出建议，找出相对于组织当前采用的描述变革的方法来说更好的方法。

你将会使用什么样的比喻语言？

- 机械图景
- 发展图景
- 过渡图景
- 转换图景

简要举例，分别用于佐证在组织当前的活动中，能够与你的变革观点相匹配的图景。利用不同的图景举例简要说明不适合于你想象中的变革类型。

你的员工对于这种图景的接受程度如何？是否能够让他们“接受”这种图景或者产生共鸣？你应该怎样进行调整，才能使得这种语言的力量最强大？

作为变革管理人员，你是否更擅长某种变革图景或者语言？你是否会不管变革的具体情况如何都倾向于使用这种图景？你是否需要掌握某些新的技巧才能使用这些不同的变革暗喻？

复习思考题

1. 如何检测组织的变革需要？
2. 为何变革需要沟通？变革沟通的困境有哪些？
3. 如何进行有效的变革沟通？

[案例 10-2]

唯一不变的只有变化本身

对于陈春花教授来说，在新希望六和的第一项工作就是挽救公司难堪的业绩和股价。她如外科医生一般拆散了公司最大的禽肉养殖板块的管理结构，切掉了总部与一线之间冗繁的层级，将总部下沉。并且按照市场将原来的板块划分成5个区域，提拔了5位年轻领导者。同时，总部对每个区域拥有直接进行资源调配和市场决策的权力。她还把原本自成一体的生产与销售结合起来，形成了一个上下游合同供给关系，强化了公司的横向管理。在此期间，陈春花教授相继关闭了70家落后的养殖和屠宰工厂，裁员接近2万人。

在如此巨大的变动下，陈春花教授首先迎来的是来自于底层员工的强烈反抗。在进入公司第100天的时候，陈春花教授在改革最为剧烈的青岛召开了一次交流会。表情严峻的员工冷嘲热讽地直接向她发泄了心中压抑许久的不满和困惑，甚至陈春花教授左右的团队高层也保持沉默。当时，没有显露一丝犹豫的陈春花教授冷静地告诉他们，市场比他们想象的更加残酷。不久后的另外一次会议上，陈春花教授再次陷入了信任危机。更加严重的是，这一回站出来挑战她的是公司的高层。由于当时的季度财务报告显示，新希望六和集团的亏损仍然在扩大，而且毫无起色，陈春花教授之前所做的改变随即遭到怀疑。

面对变革中的种种冲突，陈春花教授认为明确传达出指令、及时沟通是重中之重，为此她采用了一个特别的方法跟管理层沟通——写内部交流信，七封内部交流信使得公司上上下下团结一致，共同应对、参与转型，最终获得了惊人的回报。她上任半年，公司即止住了下滑的势头，而且还是在前三季度行业均遭遇亏损的情况下完成的。2014年的财报更是令人喜出望外，利润和股价双双达到了历史高点，更重要的是公司的高效率和新业务布局展现出了前所未有的活力。

以下是内部交流信的部分内容。

当我们明确了未来三年的战略方向的时候，是什么能够保证这些规划的数字变成现实呢？途径只有一个，那就是我们自己，我们的志向、我们的心智、我们的行动。

最近3年，行业发生了巨大的变化，一方面源于行业自身发展的影响，一方面源于市场环境发展的影响，特别是互联网技术发展的影响，以及消费者认知发展的影响，这些发展虽然带来压力和挑战，但更多的是带来变化和机遇。如果我们不能够理解这些变化，不能够利用这些变化以获得经济与能力上的增长，变化与机遇对于我们来说就没有意义了。

要么转型，要么灭亡。

在过去的一年里，不得不淘汰落后产能这件事让我很痛苦，这个动作影响了很多人的生活和发展，也影响了合作伙伴的发展和选择。每遇到这种情形的时候，我都在内心反问自己，这样的情形难道不可以避免吗？我在心里回答说，是可以避免的，如果这些落后的地方能够奋起转型。在这个时候，我会想到阜新一体化和庆华及团队，会想到荣山和鲁西北团队。我记得2013年7月第一次到阜新调研，那时看到的经营情况不堪入目，仅仅不到一年的时间，庆华和团队就闯出了一条路，让我们看到了从未有过的成效。有人告诉我说，禽产业在原有的一个大的行业逻辑中，很难突破，但是荣山和鲁西北团队就不受这个环境和逻辑影响，创造性地做出了自己的业绩。

就是这些一线的同事们，让我看到：没有什么挑战能够面对一种决然前行的付出。当我和主动转型、持续努力的同事们站在一起，我确信，是我们自己开拓了我们的未来，我相信三年的战略规划也一定能如愿达成。

以未来决定现在。

也许我无法说清楚未来是什么样子，当我自己迷茫的时候，我会问问自己，我的目标是什么？有了目标就可以让我脱离开现实的迷茫。我为什么如此明确地和大家一起来再一次确认我们的愿景：为打造世界级农牧企业和美好公司而奋斗。是因为这愿景能带动我们去思考未来，去转向全球，去成就内心的善。

我和继涛来到昆明新希望农业科技有限公司，这是希望集团首次尝试省外市场的两家公司之一。22个春夏秋冬尝尽了起伏跌宕，而今迎来了全新的开始。走在朴素的厂区中间，感慨同事们推陈出新的创造力，从质朴中走过，向新天地迸发，美好就会常在。国明和云南片的同事们用努力和行动，让我相信一定会看到大家再次崛起、再创佳绩的到来。我常常想，22年光阴的故事，一定会有沉甸甸的收获，化解未知、消除障碍、拓疆建功、感恩成长，这不是22载烟云消散，而是8000个日夜的超越生长。

"改变"会成为我们最大的资产。

三年战略规划的确定，表明我们在做一件农牧行业今天需要做的事，"基地+终端"。我们进行了深入地讨论，仔细地分析，去理解和认知消费端对于产品和产品可靠性的要求；去理解养殖端的效率、痛点和瓶颈在哪里；去认知我们自己的困难、问题和资源的状况。最令我开心的是，我们已经上下同欲，达成共识。

从我回到团队中的一年多以来，非常希望能唤醒我们的企业家精神，重新激起伙伴们主动改变现状，并信任自己和团队成员，创造出真正伟大的产品的热情。所有创新的成果——出乎意料的肉品，全新的生产设计，引人入胜的可追溯体验，都将重燃我们与顾客之间的情感联系。

——节选自《第五封内部交流信》

2015年已经过去一半了，这半年我们大家一起成长的过程，让我深深感受到一些艰辛，一些痛苦，一些变化，这些感受让你我更加紧密地在一起，也让我们加深对自己和变化的认识。现在无论是海外中心的拆分，山东片联的一体化重组，还是福达计划的深化，新业务平台的组建与合作，每一个变化，都带来阵痛与挑战。可喜的是，接受变化与适应变化，在公司内部已经成为常态，也许一些改变还需要时间去深化，最让我开心的是，大家已经不再拒绝变化和惧怕变化，即便是内心会有冲突，但是行动上提速已经成为文化取向的共识。我们所做的这些努力，市场给予了美好的回馈，这些回馈再一次让我们理解：市场乐见做出改变的公司，而我们让自己成为改变者。

也正是在2015年过半的时刻，我打算和大家谈谈我最近看到和想到的一些事情，也对半年的工作做一个梳理，明确接下来我们要走的路。

始终对变化保持敏锐性。

公司如果要持续经营，就需要对变化保有敏锐性，不要认为变化是一个阶段的需求，是某个特定时期的选择。有人曾经问我："企业转型在什么时间去做比较合适？"我回答说，"企业转型是一个持续性的话题，任何时间都需要去做。"是的，变化是个永恒的话题，没有人可以回避。我们已经持续转型整整两年的时间，现在初步看到了转型带来的效果，到了这个时候已经有一些同事反馈给我建议，是否应该调整一下策略，不要让大家总是在变革中，转型中，这样长期下去，大家会受不了。对于正在展开的更深入的变化，也有一些同事觉得动作太大了，写邮件给我，建议应该缓一缓。我倾听大家的建议，也观察每个区域和部门的行动，觉得有必要与大家明确这个话题的结论，那就是，必须持续变化与转变，因为，停滞就意味着已经落后。

落地实现才是王道。

在战略转型中，我们确定了很多策略，各个区域与事业单元还有一些自己细化的策略。这些都是很好的选择和概念，重要的是如何把这些策略一一地落地实现，而不是停留在策略创新或者概念创新中。

禽肉事业部在最近一年的变化，让我看到执行落地的效果。李兵亲自督促，蒋凯带着团队一点点去抓落实，把事业部与生产工厂、分销渠道、合作伙伴以及每一个成员结成一个有价值的网络，持续的执行与落地，让2015年上半年业绩有了大幅提升的成效。看到禽肉事业部的变化，同样说明，一个好的策略，好的想法，只有加上超棒的执行力，才可能获得效果。

福达计划的推进，让我看到另一个值得骄傲的执行团队。在曹博士的带领下，组合和创新团队、片联与区域、经营管理部、饲料管理部、财务与人力资源、信息中心。在大家持续关注和帮助下，以更快的速度覆盖和推进，让公司拥有了更加全面养殖数据及动态把握的能力。

开放合作是对每个成员的要求。

从公司内部来看，每个成员的合作开放意识与行动更是同等重要。农牧行业发展的今天，需要以更有竞争力的成本，更可靠的品质以及更加便捷的方式为顾客创造价值，而农牧行业本身的特点，决定了需要在产业链的效率上获取竞争力，而我们本身就是一个选择产业链发展模式的公司，只有内部开放合作，整体效率才有可能获得改善。

自我批判：恐惧造就伟大。

与大家在一起工作的这两年，我总结转型的阻力，其核心都是来自于不肯对自我做出否定和超越，主要表现在四个方面：第一，过于迷恋已有的核心竞争力。30多年公司所积累的核心竞争力——饲料，所以大家习惯了用饲料的逻辑来判断一切，很多同事习惯于规模与成本之间的逻辑，习惯于依赖行情进行经营选择，但是市场已经发生改变，行业与产业的格局已经从饲料转向食品端，可靠性成为必要条件。两年来我们做出了调整，但是否定自己的确是一件不容易做到的事情。第二，管理者自身已经落伍。无论是行业评价标准的改变，还是互联网技术带来的改变，对管理者能力的要求都发生了根本性的改变，如果管理者不能够自觉地跟上变化，那一定是会落伍的；特别是那些对于新方向、新做法想都不想就直接否定的管理者，那些不愿意学习新知识，增加自己新能力的管理者，一定要自问自己是否已经落伍了。第三，想尽办法避免冲突。改变一定会带来冲突，但是一部分人不愿意面对冲突，所以这些人就尽可能去避免冲突，甚至会为了不冲突做出不改变的选择。第四，恐惧变化。转型的两年中，我们的确做出了很多调整和变化，而且这些调整和变化还在持续中，很多经理人会在交流时问我，我们还需要变到什么时候，我只能回答，变是一个恒久的话题。只有接受变化，主动变化才会保持活力，所以恐惧变化本身是需要超越的。

各位看到这封信的时候，2015年的下半年已经展开，新的成长也同样展开，期待我们可以战胜艰难与自我，创造一个属于我们自己的新高度。

——节选自《第七封内部交流信》

资料来源：根据微信公众号（CCH_chunnuanhuakai）推送文章改编。

问题提示：

1. 描述在变革期间，陈春花教授是如何让员工接受并参与变革的。

2. 此案例带给我们有关变革沟通的哪些启示？

主要参考文献

[1] 谢玉华 . 管理沟通 [M] .3 版 . 大连：东北财经大学出版社，2017.

[2] 康青 . 管理沟通 [M] .5 版 . 北京：中国人民大学出版社，2018.

[3] 罗锐韧 . 管理沟通 [M] . 北京：红旗出版社，1997.

[4] 苏勇 . 管理沟通 [M] . 上海：复旦大学出版社，2014.

[5] 王磊 . 管理沟通 [M] . 北京：石油工业出版社，2001.

[6] 魏江，严进 . 管理沟通 [M] 4 版 . 北京：机械工业出版社，2019.

[7] 杜慕群 . 管理沟通 [M] 3 版 . 北京：清华大学出版社，2018.

[8] 罗军，禹玉兰 . 管理变革中的有效沟通策略剖析 [J] . 管理纵横，2011 (03) .

[9] 万芳 . 组织变革过程中组织沟通的重要性 [J] . 经营管理，2014，01 (05) .

[10] 李国威，等 . 以沟通促进变革 [J] . 中国经营报，2003，06 (30) .

[11] 曹凯 . 变革管理的制胜之道：变革沟通 [J] . 经营管理，2010，10 (05) .

第十一章

与客户沟通

学习目标

- ⊙ 了解企业与客户信息沟通的基本载体；
- ⊙ 认识客户可感觉的质量与服务的价值；
- ⊙ 掌握客户沟通的基本模式；
- ⊙ 掌握客户沟通的主要程序；
- ⊙ 了解与客户沟通的有关技巧。

关键概念

质量和服务　“由内而外”的沟通模式　“由外而内”的沟通模式

[案例 11-1]

创业公司 Engage：在线旅游企业如何与客户即时互动沟通？

不同的用户在进行旅游产品预订的时候，进行产品预订考虑到的因素千差万别，仅靠网站的图片展示和文字描述并不能让用户完全理解自己将要预订产品的各个细节。这时候旅游网的即时人工服务就显得尤其重要，不同于传统的电话（Cdd Call）、邮件反馈方式，Engage 可以提供即时文字、视频、语音综合的销售辅助服务。一直以来线下实体店一对一的人工的服务方式都是在线旅游网站的短板，现在通过 Engage 或许能够弥补在线旅游企业们在此方面的不足。

在线旅游企业烦恼的新解

聊天式的用户交互方式已经引起了很多在线旅游企业的兴趣。Engage所提供的技术工具正好击中了市场上的需求点。Engage表示，公司的解决方案并不是给旅游行业专用，但公司会将服务重点放在旅游行业。旅行社与客户的线上沟通以及Cdd Call一直存在问题，而他们严格的业务预算往往又限制他们选择更好的交互工具。Engage所提供的用户即时交互的解决方案创造性地解决了这些问题，但它仍然有很多工作要做。

Engage是一家位于美国西雅图的创业公司，它创建通过聊天式的界面使旅行社能够连接到他们的客户，并帮助包括旅行社在内的旅游企业生成更多的客户端数据。只要用户曾经使用过这样一次互动服务，那么当客户再次回来的时候，他就能够找到之前已经接触过的服务人员，而不是一个随机的连接。Engage公司表示，如果旅行社使用这项互动工具，它将可以得到更高的转化率，互动转化平均约为5.5%，以及约12%的实现最终服务提交。到目前为止，它的主要客户群是旅游客户端的网络代理和豪华旅行专家Virtuoso。

Engage的业务是想解决什么问题?

如今，约有70%的旅游客户与旅行社的首次互动是在互联网上发生的。那么这种模式会有哪些成本?

正如我们所知，旅行社要做的不仅仅是找到最低的机票和酒店价格，他们还需要提供通过“自动化”系统所不能够实现的个性和卓越的服务来建立长期的客户关系。实际上，旅行社所提供的个性化定制和高质量的服务体验根本无法通过自动化来实现。

在这种大环境下，Engage提供的便是一个功能强大的新技术，将焦点回到一个旅行社的服务细节：知识性和信任度。

Engage可以帮助客户立即找到并选择开始在旅行社网页上的购买过程。

Engage一方面可以帮助旅行社提供更好的服务给现有客户，另一方面可以生成新的基于网络营销活动的客户端数据，这样有利于旅行社更好地改进服务方式和服务质量。

它们把旅行社放在互联网上来提高对客户的回应时间。Engage的技术使得旅行社的优点能够很好地在那些感兴趣的客户面前呈现出来，一对一的线上互动最终转换成预订，同时形成一个有效的客户关系。

Engage是唯一一个基于无缝集成通信系统（文字聊天，语音和视频会议）的即时客户互动工具，并通过一个在公司网站内部的代理来连接。它成为旅行社在互联网上的销售交换机，来确保旅行社在正确的时间连接到正确的客户。

Engage通过人性化的互联网交互体验，提高了用户忠诚度，并减少了旅行社对于客户的回应时间。

盈利模式是什么?

我们每月收取旅行社 7 美元的服务费。用户可以在任何时候注册或取消注册而不会产生任何费用。旅行社可以在 15 分钟内完成注册并开始体验全新的销售过程。

为什么 Engage 所提供的服务是旅行社需要并愿意为此付钱的解决方案?

Engage 将客户和旅行社实现即时连接，同时也可以实现旅行社的合作伙伴外部与内部网站的连接。数据显示，这样的有效连接将实现 5.5%的转换率以及约 12%的最终的服务提交。

Engage 集成了所有的通信方式，包括社交媒体和表单提交功能，它嵌入一行代码将自己的网站隐身于旅行社的门户网站内，而无须使用额外的程序，同时客户端数据完全由 Engage 自己来跟踪和控制。它可以为一个人、一个部门或者一个完整的企业来实现线上的即时交互，跨越部门和地理位置的限制。真正实现了用户在互联网上的完全购物体验。Engage 的 CEO 表示，公司将专注于品牌的体验，而不是仅仅作为客户实时会话之外的方案提供者。

目前,Engage 得到了以风投为背景的优质资金支持,将专注于提升销售和客户体验。

资料来源：根据微信公众号执惠旅游（tripvivid2）推送文章改编。

第一节

企业与客户沟通的基本载体

对于许多客户而言，他们与企业的唯一接触就是他们购买了企业的产品和服务，企业的产品和服务就成了传达企业信息的唯一工具和载体。因此，提供优质的产品和服务是企业与客户沟通的根本所在。

一、优质产品

产品对于企业而言，既是企业进入市场的前提条件，又是企业在市场中存活的根本原因。如果没有产品，企业就没有与顾客交流的平台，也就没有了在市场中存在的理由，顾客在认知企业品牌的时候，感受到的正是企业的产品。企业提供的产品是供客户使用的，因而质量的标准是由用户认定的，而非生产者。企业应当根据客户的需求和建议去制造产品，而不是仅仅只根据自己的主观判断。

让我们通过李健熙与乔布斯的例子来看看世界领先企业是如何运用优质产品与客

户沟通的。李健熙认为以往三星电子的遥控器设计过于复杂，技术人员没有充分考虑使用者的方便，他提出要设计出容易握在手上，而且只有启动和关闭功能，操作简单的遥控器。这一细节突现三星产品的人性化设计理念。产品的最终消费者是人，如果企业只是研究开发产品而不考虑消费者的需求，那么这个产品是无法打动客户的。乔布斯认为如果你是正在打造漂亮衣柜的木匠，你不会在背面使用胶合板，即使它朝着墙壁，没有人看见，因为你知道这其中的真正原因。所以，你依然会在背面使用一块漂亮的木料。为了能够在晚上睡个安稳觉，美观和质量必须贯穿始终。这是苹果产品创造奇迹的原因，也是值得人们借鉴和学习的核心。

再让我们看看杜邦化学公司的欧文·期奈多(Owens Venado)是怎样看待产品质量的。

“质量不只是一个检查员的事，它也不只存在于产品之中……，但是质量是什么？我们如何给它下定义，使我们能够掌握和利用它？……我请大约 50 位产品使用说明书的编写人员围绕他们打交道最关键的因素即产品性能、规格来帮助我给质量下定义，下面是所得到的回答：‘规格指标是我们据以生产一种产品的最低要求’‘指标告诉制造厂生产什么’‘指标告诉销售人员什么是满意的产品’我告诉他们，这些回答都是很有意义的。但是没有一个回答总结出我们首先要有规格指标的基本要求，这就是‘规格指标应规定出能使用户满意的要求’，这也是质量的全部作用：使用户心中感觉到产品的卓越和优秀。兹举一例，一家欧洲客户数年前来到这里，并带来了他们自己测试地毯泡沫衬垫的规格指标。我们有点为难：有人认为他们可能比我们测试得更好。我们告诉他不要担心。因为本公司对分子重量分布、黏性强度等所有重要指标都进行测试。我们也告诉他：‘你将得到最好的真正的质量！’哪知我们三次给他发货，他三次退回。后来这件事弄得人有点不愉快了。我们问他：‘到底怎么回事？’他告诉我们：‘你们的产品通不过我的滚凳试验！’‘滚凳试验，那是什么？’原来，“就是把一张办公室椅子的下半部，即把底架和小脚轮取下，其上置上重物，在一块测试地毯样品上旋转 3 万次。他甚至有一个小计数器保持日夜跟踪，如果这块地毯样品不与泡沫层脱离，你就通过了测试，得到订单。结果我们未能通过。于是我们重新回到实验室研制。终于，我们拿给他一种产品，能经受住 8 万次旋转而不脱层。这个教训十分清楚地表明：质量是用户所需的质量，而不是我们自己测试后感到满意的质量。”

斯图·伦纳德公司的一次听取客户意见的会议，也充分反映了客户心目中质量的含义。当时在座的一位女士站起来说道：“我讲一点自己不喜欢的事——我不喜欢你们公司出售的鱼。”公司发言代表问：“你不喜欢我们出售的鱼，具体是指什么？”她说：“你们的鱼不新鲜。我喜欢去鱼店买新鲜的鱼。”鲜鱼部的负责人也在场，他站起来说：“你说鱼不新鲜，这怎么会呢？我们每天早上都是从富尔顿鱼市场或波士顿码头直接进的货，都是很新鲜的鱼。我可以保证，鱼肯定是新鲜的！”她说：“但是，你们的鱼是带包装的，是用塑料纸包装之后专在超级市场出售的。”于是公司在那次会议之后立即动手，设了一个鲜鱼筐，筐里放着冰块，上面摆鲜鱼。现在公司工作站里有一处供应包装好的鱼，而隔一走道就是放在冰块上的鱼，价格一样，由客户挑选。

公司用塑料纸包的鲜鱼销售量丝毫未减，可是，我们的鲜鱼总销售量却翻了一番。以前每周销售 25000 磅鲜鱼，而现在每周销售量为 50000 磅。

这就是所谓用户可感觉的质量，质量是用户感觉的，厂家是为了满足用户的这种感觉。然而，用户对质量的感觉可能是不合乎常理的。正是这种“不合乎常理”，使得许多企业不屑一顾，而错过许多机会甚至遭受失败。正如管理大师彼得·德鲁克（Peter F.Druker）所言：不合乎常理的事情往往孕育着巨大的创新机会。

二、优质服务

通过无形的服务传达给客户的关于企业的信息甚至比有形的产品所能传达的还要多。优质的服务，往往能为企业赢得永久的客户并形成正面宣传效果，从而提升企业的形象。

两位著名学者 B. 约瑟夫·派恩（B.Joseph Pine Ⅱ）和詹姆斯 H. 吉尔摩（James H.Gilmore）出版的一本书中指出体验经济（experience economy）的来临。而我们正处在这个体验经济时代，关于优质服务的认识必须知道它的两个基本特征：行动、承诺。

（一）优质服务是行动而非形象

对于服务与形象的关系，很多人认为甜美的形象可以向顾客传递服务的理念，甚至用航空公司空姐的例子来说明。这些例子和观点似乎得到了很好的验证，但是如果还是这些漂亮的空姐，但是飞机一直晚点，应该配给的餐饮没有送到，那么航空公司的服务是否还是很好？

青岛的海景花园酒店总是给客人不寻常的感受，总是能够让顾客在细微之处感受到被照顾和关怀，而这一切都是透过一线员工一点一滴的行动感动着顾客。

有位顾客在海景香园楼多伦多厅宴请朋友吃饭，吃饭的时候，这位顾客 8 岁的儿子要看他喜欢的卡酷动画，要求服务员帮他调出动画频道，搜了好多频道，都没有发现“卡酷动画”，后来知道，包间的电视不是有线的，所以顾客就安慰儿子能不能看他喜欢的《喜羊羊和灰太狼》，告诉他回家从电脑上补上落下的那一集。当顾客聊天聊得正高兴的时候，突然听到儿子“咯咯”地笑个不停，一看，原来他已经被动画片逗乐了，才知道服务员已经用随身带的对讲机连线网络部门远程遥控调出了动画频道，这让顾客非常感动，服务员的这一做法，真正诠释了海景的文化理念之一“设法满足顾客需求，让顾客有一个惊喜。”

顾客宴请完朋友，电话咨询了解到晚上的美容美发营业到凌晨 1：30，晚上 9：40 后，到了美容美发中心，做完美容后，询问服务员回房间后，刚做完美容的脸是不是可以洗澡，服务员笑着告诉她：可以帮忙洗洗头发，回去就可以不用洗脸和洗头发了。服务员的快速反应，以及站在对方角度上为客人着想的服务态度，立刻让顾客产生了好感，洗完头发后，顾客感觉很开心，其实顾客就仅仅想做个美容，没想到服务员又帮忙洗了头发，而且并没有增加费用，给顾客的也是一种惊喜。顾客回到房间已经是晚上11：40了，洗完澡想刷牙入睡，挤牙膏的时候，突然发现带的牙膏旁边多了一个“伴”，是一支新牙膏，旁边有服务员的一张小留言条：“看到您自带的牙膏不多了，为不耽误您用牙膏，特意送您一支高露洁，希望您能喜欢。”

海景精神是“以情服务，用心做事”，注重以充满真情和细致入微的服务打动客人，进而打造品牌。海景人都懂得，没有给客人留下可以传颂的服务故事就是零服务，努力实现“三个境界”：“让顾客满意—让顾客惊喜—让顾客感动”。海景成为一所育人学校，十几年中不断提炼和升华企业文化，坚持以文化育人，企业文化学习成为员工的必修课。先后编写了《企业文化手册》《优质服务》和《理念一句话》等多种手册，构建了有自己特色的文化体系。十几年的文化渗透，使酒店好的文化理念深深植根于员工之中，使顾客意识和服务观念潜移默化为员工自觉的意识和行动。

“海景人”的行为习惯就是想方设法、竭尽全力去解决顾客的一切问题，看似没有问题也要发现问题，用实际行动带给顾客超出心理预期的惊喜，其实是一种对顾客体贴入微的习惯，而这种习惯是体现在意识到行动的。

（二）服务是承诺而非态度

大部分的情况下，人们都认为服务好的标志是“微笑”，很多窗口单位，在提倡或者强调服务的时候，都会要求做到“微笑服务”。但是这真的就是服务好坏的关键吗？服务的好坏可以用微笑来表征，因为微笑服务表明人们的立场和态度，表明人们愿意为做好服务而付出努力，但是这绝对不是服务好坏的关键，因为衡量的标准是承诺，而不是态度。

在北京的“海底捞”常常可以看见食客排长队的现象，甚至三伏天也有食客排长队。海底捞是靠什么赢得首都火锅爱好者的青睐？

通过那些三伏天在门外排队的食客了解到，之所以三伏天还在这里排队是因为海底捞提供的服务，一些顾客说“这里的服务很‘变态’。在这里等着有人给擦皮鞋、修指甲，还提供水果拼盘和饮料，还能上网、打扑克、下象棋，全都免费啊！”“这里跟别的餐厅不一样：吃火锅眼镜容易有雾气，他们给你绒布，头发长的女生，就给你橡筋套，还是粉色的；手机放在桌上，吃火锅容易脏，还给你专门包手机的塑料套。”“我第二次去服务员就能叫出我的名字，第三次去就知道我喜欢吃什么。服务员看出我感冒了，竟然悄悄跑去给我买药。感觉像在家里一样。”

百胜中国公司曾将年会聚餐放在海底捞北京牡丹园店，并说这顿饭的目的是“参观和学习”。百胜是世界餐饮巨头，旗下的肯德基和必胜客开遍全球，而当时海底捞总共不过20家店，海底捞的创始人张勇说：“这简直是大象向蚂蚁学习”。次日，在百胜中国年会上，张勇应邀就“如何激发员工工作热情”做演讲时，被这些“大象学生”追问了整整三个小时。

1994年，还是四川拖拉机厂电焊工的张勇在家乡简阳支起了4张桌子，利用业余时间卖起了麻辣烫。14年过去，海底捞在海内外开了100多家店，张勇成了近20000

万名员工的董事长。张勇认为，人是海底捞的生意基石。客人的需求五花八门，单是用流程和制度培训出来的服务员最多能达到及格的水平。制度与流程对保证产品和服务质量的作用毋庸置疑，但同时也压抑了人性，因为它们忽视了员工最有价值的部位——大脑。让雇员严格遵守制度和流程，等于只雇了他的双手。

大脑在什么情况下才有创造力？心理学家的研究证明，当人用心的时候，大脑的创造力最强。于是，服务员都能像自己一样用心就变成张勇的基本经营理念。怎么才能让员工把海底捞当成家？答案很简单：把员工当成家里人。海底捞的员工住的都是正规住宅，有空调和暖气，可以免费上网，步行20分钟到工作地点。不仅如此，海底捞还雇人给员工宿舍打扫卫生，换洗被单。海底捞在四川简阳建了海底捞寄宿学校，为员工解决子女的教育问题。海底捞还想到了员工的父母，优秀员工的一部分奖金，每月由公司直接寄给在家乡的父母。

要让员工的大脑起作用，除了让他们把心放在工作上，还必须给他们权力。200万元以下的财务权都交给了各级经理，而海底捞的服务员都有免单权。不论什么原因，只要员工认为有必要，都可以给客人免费送一些菜，甚至免掉一餐的费用。聪明的管理者能让员工的大脑为他工作，当员工不仅仅是机械地执行上级的命令，他就是一个管理者了。按照这个定义，海底捞也是一个由6000名管理者组成的公司。

海底捞把培养合格员工的工作称为“造人”。张勇将“造人”视为海底捞发展战略的基石。海底捞对每个店长的考核，只有两个指标，一是客人的满意度，二是员工的工作积极性，同时要求每个店按照实际需要的110%配备员工，为扩张提供人员保障。

能够打动顾客的是海底捞员工们的努力，而公司的理念也通过员工们的行为传递出去，无论是跑步送菜的员工、还是像表演一样拉面的员工，还是站在顾客身边做服务的员工，所看到的都是发自内心的快乐，细腻而准确地解决问题，一餐饭给予顾客的一定是愉悦的心情，“顾客满意”这四个字可以很清晰地传递出来，不是口号，不是理念，是实实在在的顾客感受。

通过无形的服务传达给客户的关于企业的信息甚至比有形的产品所能传达的还要多。优质的服务，往往能为企业赢得永久的客户并形成“1 ： 300”的正面宣传效果，从而提升企业形象。

第二节

客户沟通的模式和技巧

一、与客户沟通的模式

根据沟通——影响——购买的基本模式，在具体的客户沟通策划过程中，有两种基本模式。

1. “由内而外”的沟通模式

传统的营销是为完成销售与利润目标，根据自身的产品与服务特点寻找需要的客户，然后与客户沟通，提供产品与服务。这种背景下建立起来的客户沟通是“由内而外”的沟通模式（见图 11–1）。

这种“由内而外”的沟通模式所要寻找的是“我们想要的客户”，而不是要找出“客户要的是什么”。此种由内而外的沟通的法则，造就了许多不切实际、又徒劳无功的沟通活动。

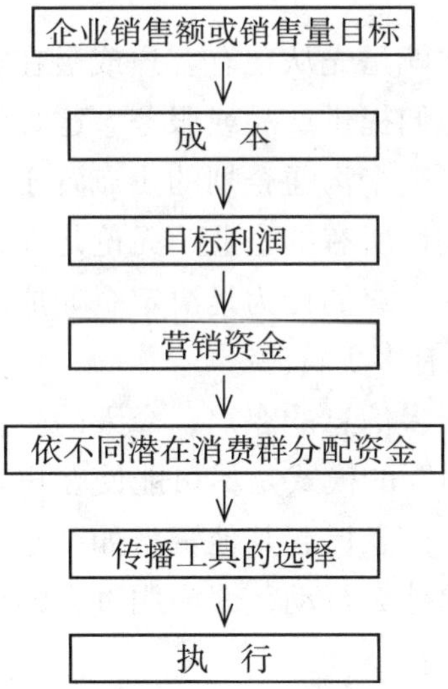

图 11–1 “由内而外”的沟通模式

2. “由外而内”的沟通模式

在今天这个信息技术高度发达的市场形势下，很多高价值客户掌握着沟通的主动权，他们决定着企业的“生杀大权”。如果企业依然单方面地替客户做出种种决定，无疑要被客户淘汰。

因此，我们必须对原有的客户关系沟通模式进行彻底改革，采用“由外而内”的沟通模式（见图 11–2）。

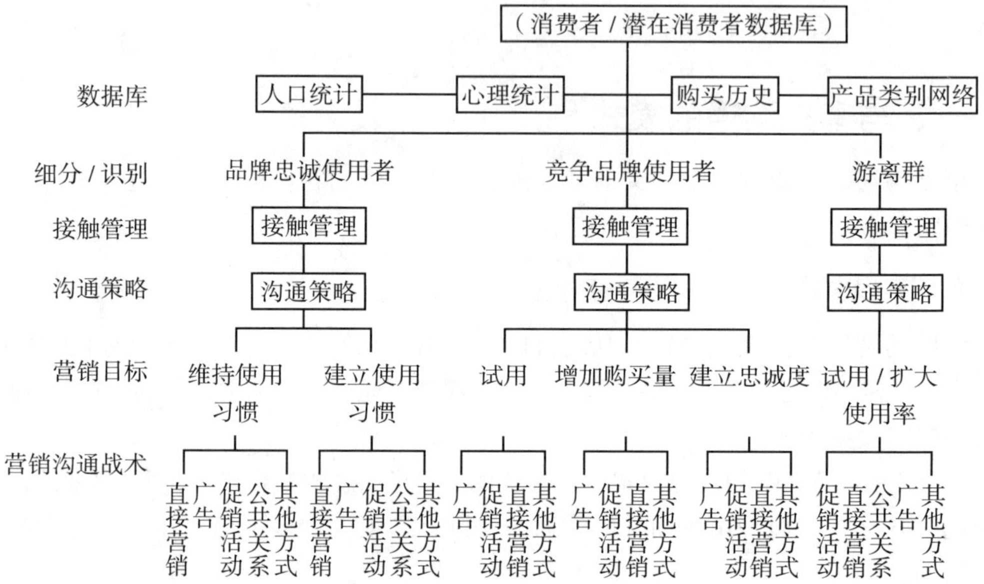

图 11–2 “由外而内”的沟通模式

“由外而内”的沟通模式就是先从现有客户或潜在客户着手，努力去找出他们的需求，然后再针对其需求向他们提供产品或服务。这种沟通管理模式和传统沟通模式最大的不同，在于该模式是将整个沟通企划的焦点置于客户及潜在客户身上，而不是企业的目标营业额或目标利润。所有的企业，无论是在销售量或是利润上的成果，完全依赖客户的购买行动。这些客户的行为是决定企业成功与否的主要因素，而不是企业高管多么精明或是他手上握有多少资源。

面对激烈的竞争与掌握众多信息的客户，今天的企业唯有“服务客户”方能立于不败之地。而且，“由外而内”的模式是尽可能使客户及潜在客户的行为信息作为市场细分的工具。客户“行为”信息比起其他资料如“态度”测量结果等，更能够清楚地显现一个人在未来将会采取什么行动，因为用过去的行为推论未来行为比较直接且关联性较高。

二、客户沟通的技巧

（一）直接接触，收益多多

当今在企业管理中存在的一个重大问题是管理者高高在上脱离了基层人员和客户，

从而也就脱离了发现问题和创新的源泉。他们被成堆的数据报表、无休止的会议所淹没，而企业经营状况却并没有改善。

曾担任美国尼曼—马库斯公司董事长的斯坦利·马库斯（Stanley Marcus）说道："美国企业界面临的最大问题是让经理返回本职岗位，关注他的客户和产品。现在只顾参加长远规划会议的经理太多了，他们打高尔夫球都忙不过来，往往不再了解客户在说些什么，也不了解客户接待方面的实际情况；他们深入生产现场的时间少，甚至不了解产品是怎么制造的，不了解进货员为商店采办货物的具体情况。结果，自设陷阱，使企业蒙受惨重的损失。"

与客户直接接触沟通，就是要不拘泥于形式，通过各种可能渠道、各种方式与客户直接地、不断地保持沟通联系，它不仅是保留客户的绝妙方法，也是企业不断创新、改进老产品、推出新产品的源泉。以下是几家公司的实例。

1. 卡索尼公司

卡索尼公司所有管理人员每3个星期会在办公桌上看到一张5×7英寸的黄色纸片，上端的标题是："日常实况点滴"。标题下面开列了一个客户的姓名和电话号码，这个客户约在6星期前买了该公司的一项新设备（该公司生产医用消毒器，一种供外科用的器材）。更值得称道的是，纸片上所列电话号码的联系人就是该设备的实际使用者。

这件日常工作的要求在一份内部备忘录中作了详尽的阐述：我们只是想请客户谈谈，他们对我们的产品是否满意。这样做有三个目的：让客户知道，对于我们来说，他们是举足轻重的；早发现问题，以免酿成大错；使管理部门时刻意识到真正的世界在哪里——在我们的驻地代表和客户之中。

2. 坎贝尔汤料公司

坎贝尔汤料公司的董事长高登·麦戈文（Gordan Mcgovern）在接触客户方面迈出了一大步，《商业周刊》报道说："最近，麦戈文把董事们召集到一家超级市场的办公室举行董事会，会后董事们分头在商店货店的通道上深入了解购物者对坎贝尔产品的意见。麦戈文定期派出公司高级职员，深入全国大约300位主妇的厨房，了解她们准备饭菜的情形。并坚持要求，本公司的经理人员要亲自购买家用的食品杂货。"

麦戈文每星期六总是亲临离其住所最近的超级市场，采购自家食品。新泽西考德威尔金斯超级市场公司总经理艾伦·比尔德（Allen Beard）说："高登已经把深入市场、结识了解各式各样的客户作为他分内的事了。"由于美国整个食品工业都在竞争满足人们不断变化的口味，麦戈文的决心便是实现其梦想的关键：把坎贝尔公司改造成其经营范围内对市场变化最敏感的公司——对于这家昔日小心谨慎的食品加工企业来说，几乎是方向性的大转变。

3. 苹果计算机公司

苹果计算机公司的操作系统软件的主要构思者约翰·库奇（John Couch），编该软件的两年中每个周末至少有一天，在父亲经营的一个计算机商店工作，顶班站柜台，而且还不敢道明身份。他由此了解到一般初次上机操作及颇有经验的使用者经受的种种担忧。该操作系统在“方便用户”方面的突破正是来源于此。目前，苹果计算机公司的全体高级职员主动提出要安排一定的时间聆听用户通过免费号码打来的电话。可见，深入接触客户，倾听客户的意见，建立与客户畅通的沟通渠道，有时会给企业带来意想不到的收获。

（二）微笑服务——创造奇迹

令传统的管理者们感到困惑的一个问题是，客户为何变得如此难以理解，以至于宁肯花钱去买个“微笑”，而购买商品的目的却屈居第二。微笑服务真的那么重要吗？答案是肯定的，与客户的沟通有时并不是很复杂，一个微笑可能就已抓住了客户的心。来看看美国人民快运航空公司的例子。

“人民快运航空公司已经取代东方航空公司，成为纽约首屈一指的航空公司”。东方航空公司迈阿密代理人罗杰斯（Rogers）先生是对参加常规培训的一些同事们讲这番话的。东方航空公司为什么要介绍本公司最大的竞争者呢？

最初，对于人民快运航空公司，除了它的标价低廉外，几乎一无所知，于是，东航公司雇员参事委员会决定选派两人去纽瓦克市，返程时乘坐人民快运航空公司的班机，进行实地考察。被选中的两个人就是罗杰斯和迪蒂·韦尔什（Ditty Welsch）。他们假扮成一对新婚夫妇，前往迈阿密度蜜月。1984 年 9 月 14 日，他们乘坐东方航空公司的班机抵达纽瓦克市，返程时开始了对人民快运的考察。

“我们扮糊涂忙乱的新婚夫妇，”韦尔什说：“我们朝纽瓦克国际机场的 C 号候机楼走去，人民快运航空公司在那里营运其国际航班和横贯美国的洲际航班。”

“罗杰斯夫妇”无论走在哪里都遇到笑容可掬的工作人员，受到真正的友好的接待。罗杰斯对同事们说：“人民快运的工作人员看上去不像专业人员，但是他们对人表示关心、态度总是十分友好。我们接触过的每一个人都帮助过我们，都很礼貌，我和迪蒂根本就没料到会碰上这样的好事。”

罗杰斯一行沿途拍摄了许多人民快运航空公司的设施、客运服务经理人员、随机经理人员的照片，以印证他们的观点。

“经理人员”在空中收取机票款和行李托运费。他们还出售廉价的饲料和食品，“你买不买无所谓。如果你想买点什么，只需把面前椅背上的小桌板放下来。一切都是实实在在的。机上工作人员总是面带微笑，气氛十分友好。”韦尔什说道。

为考验他们的微笑服务，罗杰斯对人民快运航空公司的一位“经理人员”说，他希望在飞行中喝点香槟酒，欢庆蜜月，而人民快运公司的机上没香槟酒，但那位“经理人员”并没有简单地拒绝，而是答应“想办法解决问题”。当飞行到迈阿密上空时，机长通过有限广播系统宣布，罗杰斯夫妇在人民快运航空公司的本次航班上开始蜜月，他为此致谢，并祝福他们，而且罗杰斯夫妇在机上享用的饮料和快餐均由公司免费供给。

“整个旅程都觉得非常愉快。由于人民快运航空公司工作人员的努力，这次旅行乐趣无穷，我建议在座的各位不妨一试。”韦尔什说。

“这些曾经前往迈阿密的旅客大都曾经是——不错，曾经是——东方航空公司的乘客，可现在他们是人民快运公司的主顾！”

同事们鸦雀无声，曾经帮助人民快运的不过是以低廉的票价来“收买”客户，现在看来真正帮助人民快运确立竞争优势地位的原来是再简单不过的事情——微笑。

（三）以温情代替冷漠

有些企业利用先进的计算机技术使电话系统实现自动化，用户拨通电话听到的是机器的录音，尽管很及时，也节省了费用，同时降低人工成本，似乎提高了与客户沟通的效率，但是，事实是否如此呢？

实际上的结果往往是事与愿违。以机器来代替人与客户进行沟通，只会给人一种冷漠的印象。相反，客户在电话中听到一个人的应答会使他感到高兴和亲切。来看看两个实际的例子。

1. 太平洋煤气电力公司

1982 年，因受暴风雪的影响，加利福尼亚州整个北部地区的供电全部中断。该公司以前一直采用播放录音回答客户询问的方式介绍整个供电系统的状况，如检修人员在什么地方、检修工作要多长时间等。录音的内容定期更换，反映事件发展变化的情况相当及时。然而，客户还是不断提出意见。尔后，该公司改变了这种做法，开始由人直接答复客户的电话。实际上，无论是反映情况的及时性，还是提供的具体信息，这位专职人员都比不上定期变换内容的录音介绍。但是，该公司的这一做法却受到了客户的热情好评！

2. 美国航空公司

美国航空公司总经理鲍勃·克兰德尔（Bob Crandall）十分重视这方面的问题。有许多乘客提意见，抱怨该公司查询丢失托运行李采取的做法，即如果乘客在某地发现遗失了托运行李，而当时该地区恰好也已过了正常上班时间，这位客户在拨通“失落行李查询处”电话时，听到的只能是预先录制的声音，请他（她）第二天上午再打电话查询。于是，克兰德尔做了具体安排，把各地打给“失落行李查询处”的电话，随时转给昼夜有人值班的一个中心，由一位客户代理负责接听。其实，值班人员了解的情况并不比录音上的内容多，而且实际上也是请丢失行李的乘客第二天上午再打电话查询。但是，乘客感受到的现实是，值班人员回答中富有同情的口气使乘客感到一点安慰，而这也是录音机所无法做到的。

（四）“小题大做”，立足长远

有关客户的任何“小事”，都要引起足够的重视，有时企业还要兴师动众，忙碌一番。

这样的“小题大做”，看似没有效率，实际上，从企业长远的发展来看，最重要的是与客户之间建立良好的关系，树立企业优质服务的形象，因而目光远大的公司莫不高度重视任何有关客户的“小事”。

“小题大做”的传统在IBM公司有着深远的历史渊源。小汤姆·沃森（Tom Watson）在《企业及其信念》一书中描述了这样一个真实的故事。

“随着时间的推移，优质服务几乎成了国际商用机器公司的代名词；父亲生前总爱向人夸耀公司能够做些什么。1942年战争物资生产委员会的一位官员给他提供了一次将夸耀付诸行动的好机会。这位官员在耶稣受难日（星期五）的傍晚给父亲打电话订购150台机器，要求一定要按时供货。星期六上午，他和身边的工作人员分头给公司在全国各地的办事处打电话，指示他们在复活节的周末把150台机器的订货送往华盛顿。为了保证订货人了解实情，父亲指示其工作人员：每辆货车一踏上前往华盛顿的征途，即刻就要给战争物资生产委员会那位官员的办公室或住宅打电话，告知车辆出发时间及预期到达时间。父亲还做了具体安排，请警察和陆军军官护卫昼夜行驶的各辆载货卡车；把客户工程师请到现场；而且在乔治城建起了一所小型的工厂，处理这批机器的接收和安装事宜。那个周末，国际商用机器公司以及战争物资生产委员会都有许多人夜以继日地工作着。”

沃森接着道出这一兴师动众举动的重要意义：“这些并非小事，摆正公司人员与客户的关系，相互依赖，重视公司的信誉，始终坚持客户第一的思想，所有这一切，如果真心实意地付诸实施，那么，公司的前景就是非凡的。”

（五）充分利用流行社交媒体

随着互联网的迅速发展，尤其是社交媒体的发展，企业中几乎所有人都有自己的社交工具，比如Facebook、微信、QQ等，同样的，客户也拥有这些社交工具，这些社交工具对于企业与客户的交流沟通有重大影响。

2008年，加拿大歌手戴夫·卡罗尔（Dave Carroll）在自己价值1800英镑的泰勒牌吉他被美联航的行李运输工摔坏且历经九个月索赔未果之后，制作了一首名为《美联航摔坏吉他》的音乐视频传到著名网站YouTube上，短短十天内该视频就获得近400万人次的点击率，迅速成为互联网上最红的视频之一。美联航在此后一周时间里股价跌幅达10%，市值缩水1.8亿美元。

2016年5月25日晚，小米抛弃了其心爱的国家会议中心和新云南皇冠假日酒店，史无前例地举办了一场纯在线直播的新品发布会，在五彩城的某个小米办公室里，雷军通过十几家视频网站和手机直播APP，以及自家的“小米直播”APP发布了其生态链产品小米无人机。并用其精湛的语言技巧征服了屏幕前大大小小的米粉和少女的心。这场在当晚19点30分正式开始的发布会成功收割了一组不俗的数据，小米直播APP在雷军19点32分正式上线后，于19点53分同时在线人数突破17万，19点58分突破20万，20点26分同时在线人数达到了41万，在发布会临近结束时，这一数字已经超过了 57 万。据估计，这晚小米直播 APP 的下载量也应该创了新高。有一个明显的对比是，北京虎嗅信息科技股份有限公司于 2016 年 5 月 16 日进行了一场走访 8 家公司的手机直播活动，使用的直播 APP 软件就包括小米直播，但在映客 APP 上同时在线观看的峰值为 17 万人，而小米直播 APP 上却只有几百个人观看。借助直播 APP 的这股热潮，小米无人机发布会开创了一种全新的发布形式，甚至可能颠覆传统的发布会，成为未来厂商争相追逐的形式。

（六）倾听客户的意见

日本管理专家大前研一这样写道：尽管收集和分析市场信息已越来越方便，但是解决问题并不在于信息系统完整性，或公司的计划人员多少……经营较为成功的日本电子消费产品公司，现在都让自己的设计工程师每年花6个月左右时间到世界各地走走，去研究消费者最新的需要，调查市场竞争的状况。他们走访经销商和客户，参加交易会，并与经销商、推销员一道主持地区性产品会议，就产品设计和销售可做哪些改进的问题获取直接的信息反馈。他们认为这种办法要比由公司总部发出调查问卷好得多……。

例如，索尼公司的一位工程师看到美国加利福尼亚州年轻人空四轮旱冰鞋，就产生了生产‘Walkman’便携式磁带放音机的设想。……产品开发的传统方法是先研究市场，再让设计工程师把市场开发专家的意见变为产品设计。近年来，这种分工已经在日本许多公司消失了……让既接近市场又接近产品的人从事经营，这才是一种创业之路。市场就在客户手中，倾听客户意见就是把握市场，而仅在办公室里苦思冥想是做不到这一点的。

（七）讲故事

“我给你讲一个故事吧……”这是我在龙湖物业调研过程中听到最多的一句话，从董事长到一线员工，再到龙湖的业主，龙湖物业的故事张口就来。

我们听过太多企业领导者的故事。在中国绝大多数公司里，“企业文化”就是“老板文化”。大家只知道老板或领导者做了些什么，不知道其他人都干了啥。这种“不知道”不只是“忽略”，更是一种“隐性否定”。大多数人的心理是：既然没人知道，那我何必自作多情。虽然每个人都有一颗雷锋的心，但它还需要激活。也许很难再找到一个公司像龙湖物业这么会讲故事。它们的故事里找不到老板和高管，全部是一线员工，是他们和业主的故事。他们把员工的故事讲给业主听，把业主的反馈讲给员工听。

龙湖西苑的一个业主出差到外地，家里的老人有心脏病、高血压，老人怕自己犯病，就对保安说，能不能每隔半个小时往她家打个电话，看她是否清醒，如果有问题，保安就上去帮她，桌子上有存折和医保卡，存折密码在纸条上。知道这个事后，龙湖的保安除了每半个小时打电话以外，每隔一个小时还上去看一次，一直持续到出差的业主回来。业主知道后非常感动。

这是龙湖物业一个非常普通的故事。龙湖物业每年都会收集几百个各类员工和业主的故事，汇集成文，在整个集团内分享，由此形成企业文化的根基。故事一般来自业主的感谢信以及员工日常工作的所见所闻。公司晨会常常会让员工分享心得，并提交公司相关职能部门研究。有典型意义的则上报到负责知识管理的部门汇总和筛选，并传播到全公司和小区业主。龙湖物业也常常会要求管理团队在周例会和月例会上讲员工的故事。

周洪斌说，服务行业是靠口碑传出来的，口碑是靠“故事”传出来的。再来看看这个故事。

一个业主的女儿长了颗恒牙，掉了，按传统习俗，这个牙齿几个小时之内要安回去，否则就不会再长了，但小孩不知道就扔掉了。母亲不是很清楚这个事的后果，父亲在外出差知道后，急忙打电话回来让她赶紧去找。母亲就找保洁员帮忙。由于时间紧迫，保洁员呼叫客服中心和安保中心，有时间的人全部都过来翻垃圾箱找，翻遍了整座楼的垃圾箱，最后给业主找到了那颗牙。

龙湖物业的企业文化则是确保员工能够让业主“惊喜”。不难看出，企业文化以故事为根基，在与业主沟通的过程中发挥了巨大作用。

本章小结

企业的产品和服务是企业与客户信息沟通的基本载体，提供优质产品和服务是企业与客户沟通的根本所在。

与客户沟通，有两种基本模式：一是“由内而外”的沟通模式，二是“由外而内”的沟通模式。

客户沟通的程序首先是受众分析，然后根据客户的反应设定沟通的目标，确定沟通内容，突出考虑沟通诉求点；设计相应的沟通信息结构；选择合适的信源；最后选择沟通渠道。

与客户沟通的技巧包括：微笑服务；以人的温情代替机器的冷漠；“小题大做”，立足长远；充分利用流行社交媒体；倾听客户的意见等沟通技巧；讲故事。

课堂讨论

试分析案例 11-1 中 Engage 是怎样与客户进行即时互动沟通的？

结合 Engage 的案例，谈谈您对互联网下的客户沟通的认识。

[案例 11-2]

非传统的发布会

数百万人守在电脑屏幕前或抱着手机看雷军是怎样一种体验?

2016 年 5 月 25 日晚，小米抛弃了其心爱的国家会议中心和新云南皇冠假日酒店，史无前例地举办了一场纯在线直播的新品发布会，在五彩城的某个小米办公室里，雷军通过十几家视频网站和手机直播 APP，以及自家的“小米直播”APP 发布了其生态链产品小米无人机。并用其日渐娴熟的嘴皮子功夫征服了大大小小屏幕前的米粉和少女的心。

整场发布会，最大的受益者是小米直播 APP。这场在 19 点 30 分正式开始的发布会收割了一组不俗的数据。小米直播 APP 在 19 点 32 分雷军正式上线后，于 19 点 53 分同时在线人数突破 17 万，19 点 58 分突破 20 万，20 点 26 分同时在线人数达到了 41 万，在发布会临近结束时，这一数字超过了 57 万。同时小米直播 APP 的下载量也创了新高。借助直播 APP 的这股热潮，小米无人机发布会开创了一种全新的发布形式，甚至可能颠覆传统的发布会，成为未来厂商争相追逐的形式。为什么这么说呢?

一、节省开支，省掉一大笔费用

在线直播不再强调以气势恢宏的现场布景为依托来营造气氛，也不再以发布会主角死记硬背台词、甚至看着后面的提词器朗读为槽点。

传统的发布会，通常会找一个要么如国家会议中心般气势磅礴的正式场所，要么选择 798 这样的文艺之地作为发布会场地。那么厂商需要支付一大笔费用来租用场地和邀请嘉宾及媒体。但在线直播不需要担心这个，场所是小米的办公室，灯光也就是正常的办公室采光，前面摆个机位就能开始直播。虽然画面感微差，但胜在雷军的精湛演说能够很好地融入现实场景之中，起到事半功倍的效果。

除了手机发布会，未来小米生态链的新品发布会可能大多数都会采用这种直播方式，因为每多一次直播，小米直播 APP 的装机量和使用频次也会随之大幅度增加，同时，小米公司的经济利润也会得到一定提高。

二、强调用户参与度，增强了粉丝黏性

线下发布强调门槛。以小米为例，以往的线下发布会所邀请的嘉宾、媒体、粉丝都是经过筛选的，尽管米粉千千万，能来的数量却非常少。但现在则完全不同，只要一部电脑或手机，安装一个 APP 就能在线观看。

虽然以往也可以通过视频观看，但是在线直播的某些重要因素会让观众参与感倍增，比如与雷军的直接互动。雷军直播当晚，对小米直播 APP 上网友的疯狂提问进行了开放式的回答，当问题被偶像看到并亲口回答，这无疑会让粉丝激动不已。据说，

直播当晚很多人对雷军增加了不少喜爱，这就是互动带来的品牌黏性和正面效应，并不是现场发布会能够达到的效果。

另外，雷军甚至把一些小米未来新品的进展和发布时间都通过当晚的那场发布会提前公布了出来。比如小米手环2发布时间确认为6月7日，比如小米正在开发的VR产品将在8、9月份发布，比如小米探索实验室正在开发机器人……

三、获得更高的曝光度，并且直达用户，不存在信息滞后的问题

直播当晚，小米通过自家和合作方一共21家平台同时进行在线直播，还有一些直播平台为了吸流量主动加入到直播大军中来，比如CCTV财经频道。粗略估算，直播当晚的在线人数应该达到上千万人。并且，直接互动也让媒体节省了时间成本。

通过小米和雷军的这次尝试，未来可能会有越来越多的厂商采用这种在线直播的大型脱口秀方式来发布新品。

问题提示：

1. 结合案例，谈谈小米是如何实现与粉丝沟通的。

2. 结合案例和所学知识，谈谈小米这种与客户沟通的方式存在哪些不足？

复习思考题

1. “由内而外”沟通模式与“由外而内”沟通模式的比较。

2. 如何设计沟通信息结构？如何选择沟通渠道？

3. 仔细研读本章中涉及的三星，苹果，海景酒店，小米等案例，分析它们在与客户沟通方面的特色与可借鉴之处。

主要参考文献

［1］［英］恩普森．知识管理的挑战［J］．国外社会科学文摘，2000（5）：12-13.

［2］李蓓．达文波特的“知识管理两阶段论”［N］.http：//www.e-works.net.cn/gygl/zs30.htm.

［3］魏江，严进．管理沟通［M］4版．北京：机械工业出版社，2019.

［4］吴必达．顾客满意学［M］．北京：企业管理出版社，2003.

［5］杨东龙．营销沟通［M］．北京：中国财经出版社，2003.

［6］韦兰，保罗·科尔．走进顾客的心［M］．贺新立，译．北京：经济日报出版社，1998.

［7］胡魏．管理沟通：案例101［M］．济南：山东人民出版社，2005.

［8］李建军，俞慧霞．与客户沟通的N个技巧［M］．北京：中国纺织出版社，2006.

［10］康青．管理沟通［M］5版．北京：中国人民大学出版社，2018.

［11］谢玉华．管理沟通［M］3版．大连：东北财经大学出版社，2017.

［12］杜慕群．管理沟通［M］3版．北京：清华大学出版社，2018.

第十二章

与公众沟通

学习目标

⊙ 了解企业对外沟通的对象和内容；

⊙ 掌握与公众沟通的技巧；

⊙ 认识互联网对公共关系带来的影响和机遇。

关键概念

公共关系　企业形象　网络公关

[案例 12-1]

《奔跑吧兄弟》成功营销策略

《奔跑吧兄弟》是浙江卫视引进韩国 SBS 电视台综艺节目《Running Man》而推出的大型户外竞技真人秀节目，由浙江卫视和韩版《Running Man》制作团队 SBS 联合制作，双方采取混编团队的方法，最终呈现的效果，既有《Running Man》中的特色游戏，也有区别于原版的独特之处。

首先，节目更多地融入了大量中国文化元素，打造出具有中国特色的“跑男”文化。其次，把握受众心理变化，节目在内容设计和嘉宾参与方面结合当前社会热点和舆情走向考虑，设计悬念性、趣味性和时代感兼备的游戏任务，尽量多地选择并邀请舆论认同度和关注度较高的明星艺人加入。再次，注重健康理念的传播，提升节目正能量，导演组有意识地强化了明星和普通人通力合作，宣传永不言弃的拼搏精神。

还有，由于各位嘉宾性格迥异，因此参与此游戏时不免会碰撞出许多火花，让观看此节目的观众觉得趣味性极强。节目自播出以来，受到观众的热捧，收视率居高不下。

第一节

企业对外沟通的对象

外部公众包括消费者/客户、社区成员、政府官员、工会、经销商、供应商、贸易组织、竞争者和其他同组织有一定关联的外部人士。像其他的交流形式一样无论是在危机前、还是危机发生时，有计划地选择正确的措辞和适当的媒介来同外部公众交流是非常重要的。

企业倾向于同重要的外部团体建立同盟，这会使这些团体的成员感到自己是公司的一分子。航空公司因为“常客计划”而获得成功，使得其他行业也试图尝试着借鉴“常客”项目的做法来巩固与外部团体建立的同盟。为了加强公司、组织、商界和社区之间的联系，董事会和社区顾问委员也应运而生。

企业需要对众多沟通方式进行权衡，社会化媒体是最受欢迎的方式，信函、实时通信工具、网页通告、电话通知等方式也是不错的选择。企业与外部对象进行有效沟通，不仅可以减少企业的交易成本，而且能够降低企业的经营风险，为企业的发展带来实实在在的好处。

一、与直接利益相关者沟通

（一）客户沟通

通常，顾客与企业之间的联系主要是通过企业提供的产品或服务进行的，产品和服务是反映企业形象的重要载体。为了满足顾客日益增长的需求，企业必须通过各种渠道保持与顾客沟通，了解他们的需求。例如，顾客问卷调查是企业与顾客沟通的一种基本方式，通过调查了解顾客需求的现状和趋势，采取相应的措施，以达到提高顾客满意度的目标。与顾客直接接触，倾听顾客的意见，不仅是留住顾客的良方，而且是企业不断创新的源泉。微信服务、人性化服务等都是企业与顾客沟通的方式。

企业的客户是企业经营发展的根基，而客户关系沟通就是为企业提供全方位的管理视角，它赋予企业更完美的客户交流能力，为企业利益和客户收益取得最优的平衡。销售、合同签订、售后服务、尾款追收等都需要企业与客户进行长期有效的沟通，在这个过程中也就更需要企业相关人员进行更为人性化的服务，建立长期的企业品牌，在为客户提供优质服务的基础上，应该加强风险意识；在任何合同谈判过程中，应该始终引入专业法律顾问，防止不必要的损失。

（二）股东沟通

股东是企业的特殊公众。与股东沟通的目的主要是获得广大股东的信赖与支持，股东的信赖与支持表现为企业期望的行为——购买或持有企业的股票，使企业获得强有力的资金支持。

企业与股东之间的沟通可以通过中报、年报、召开股东大会等形式，向股东通报企业的有关近况，树立股东对企业投资的信心。

当企业暂时遇到困难时，与股东的良好沟通也有助于企业走出困境。

（三）协作者和竞争者沟通

企业在运营的过程中，由于专业分工不断细化，各种不同的协作者为企业提供各类型的服务。如中介代理、广告策划、媒体沟通渠道等，企业选择专业机构为其服务，可以为企业带来极大的绩效改善——“术业有专攻”，专业的服务机构有专业的知识和能力，外包服务可以为企业解决人力资源冗余的问题。但是，在选择专业服务机构之前，需要进行完整的时间规划与空间预留，为企业项目的完成提供保证。

与协作方沟通的过程中，最重要的是在保证双方利益的前提下明确彼此的权利和义务。但这样做的同时，就会涉及合同管理和诉讼风险，此时企业需要建立完善的法律顾问制度，为彼此关系的管理提供法律上的保证，降低诉讼风险。

企业与竞争者处于博弈竞争的常态中。技术进步越来越快，产品生命周期越来越短，企业竞争优势能够保持的时间也越来越短，单个的企业已不太可能具备所有的优势资源，通过合作获取外部资源已成为竞争优势的重要来源。与竞争者保持合作可以最大限度地减少企业运作中的不确定性，对企业来说，具有巨大的战略意义。越来越多的企业与竞争者共生双赢，结成战略联盟，与竞争者的关系也随之由对抗型转向合作型。合作与竞争就像硬币的两面，共同存在于我们的经济生活中。

二、与间接利益相关者沟通

（一）媒体沟通

作为企业，正确处理危机的关键问题在于，是否能够在企业利益和社会责任之间寻找到平衡；如果无法找到，那么是企业利益还是社会利益优先？而对于媒体而言，他们代表的是公众利益，因此也具有较强的社会责任感，同时意味着他们有责任把危机的真相挖掘出来告诉大众。在这种情况下，企业公关与新闻媒体的冲突无可避免。

媒体是企业与一般公众进行沟通的最广泛、最有效的沟通渠道之一。但媒体也是一把双刃剑，当它为企业作正面宣传时，无异于做一次免费的广告；当它对企业作负面报道时，对企业来说就如同雪上加霜。面对媒体，一方面，企业应遵循诚信为本、顾客至上的原则，遵守商业伦理；另一方面，企业应尊重媒体，以人为本，配合媒体，满足社会民众的知情期望。现在，许多企业已经认识到媒体舆论的重要性，纷纷由企业的高层管理者面对面回答记者提出的问题。这样不仅增强了信息的权威性，同时也能使媒体产生受尊重的感觉，最终有利于企业树立良好的公众形象。尤其是当企业遭遇危机时，与媒体保持良好的沟通是化解危机、渡过难关的重要途径。

媒体公关要注意其长期性和必要性。从日常运作来看，新闻媒体与企业不存在必然的关联，然而，当企业的危机真正来临之时，新闻媒体则成为企业危机处理至关重要的一环。

企业高层或公关部门应主动拜访媒体有关人士，接受专访，建立企业与主流媒体的长期联系，保证主流媒体在危机发生之时不会火上浇油，保证其公正性。在危机处理过程中，企业向媒体发布新闻稿、通过新闻发言人回答媒体提问、召开新闻发布会等形式应对来自媒体和公众的质询。积极、主动地消除公众的疑虑和不安情绪，是企业处理危机制胜的法宝。

企业与媒体沟通有五种主要的途径和方法：现场访谈、随机的或隐秘的采访、公开的面对面采访、新闻公告和新闻发布会。

（二）社区沟通

企业不是建立在真空之中的，而总是与周边环境发生各种联系，社区是企业最直接的外部环境。社区的许多工作都是公益性的，需要资金支持，更需要全社会的支持。企业管理者应该本着相互依赖、同舟共济的理念，主动保持与社区的沟通，积极参与社区讨论，赞助慈善活动，组织志愿者活动等，这样有助于企业从社区中获得资源和支持，使社区成为塑造企业形象的可靠依托。

社区是企业生存发展的外部环境，企业正确处理与社区的关系是企业与社区和谐发展的核心。企业采取适当有效的策略，得到社区工作的支持，与社区建立长期互惠互利的伙伴关系，是企业实现可持续发展的基础。

开放企业某些设施为社区公众提供便利、赞助某些社区活动和项目、参与社区活动的组织管理并提供人力物力支持、参与不同的社区组织等，都可以让企业更好地融入所处的社区中，为社区和企业的共同发展和不断进步打下坚实的基础。

（三）政府沟通

与政府沟通的过程中，企业应该在坚持原则中求得生存。企业应注意和政府的密切合作关系，注意各种政府资源的长期积累和应用。

企业在做好市场运营的同时，必须经营好与政府的关系，这对于中国企业来说尤其重要。中国正处于从计划经济向市场经济过渡的转型期，这一背景决定了企业家需要注意两个方面的问题：一是各级政府对企业经营环境的影响多于西方国家，例如：中国经济与社会的快速且较平稳的发展得益于中国政府对经济的强大规划与影响能力；二是中国企业通过处理好与政府的关系来谋求自身利益的行为比西方社会更为普遍。

企业在与政府打交道的过程中可以谋求两个方面的利益：（1）通过与政府增进相互了解，使影响企业生存空间的法规与政策维度对企业更加有利；（2）充分利用政府的服务功能与资源帮助企业提高其市场与非市场竞争力。

（四）金融机构沟通

目前，经济发展形势错综复杂，全球金融危机给企业发展带来了极大冲击。在重重压力下，很多企业首先面临的就是资金问题。而企业在向银行等金融机构申请贷款的时候，各个银行对企业贷款的调查、审查都有一套严格的管理规定，门槛较高、审批麻烦是常常遇到的问题。

而困扰中小企业和金融机构的主要问题是信息的对称性。企业是否了解银行、银行是否了解企业，这是企业贷款难的主要障碍。由此看来，企业与金融机构建立双方信任、双方沟通的机制是十分必要的。

第二节　与公众沟通技巧

实践证明，企业要利用公共关系进行外部沟通，除了掌握公共关系的基本理论特别是原理、功能、工作程序外，还需要掌握从事公共关系工作的策略技巧即公关之“术”。公共关系学是应用性极强的一门科学，现实公关工作中出现的新情况、新问题，使得我们不能仅仅简单地运用公关原理及方法而东施效颦，而要具体问题具体分析，避免南辕北辙、弄巧成拙的尴尬。

一、公共关系宣传技巧

（一）新闻宣传

公共关系新闻具有客观真实性、时效性的重要特征。新闻宣传主要包括：发现新闻，即通过企业经营管理，发现具有商业价值的新闻；新闻写作，即抓住真实时效的要求，客观评价新闻事件，写出文笔轻松又合要求的新闻稿；新闻联络，即通过加强与新闻媒介的交往和沟通，加深彼此的了解和友谊，争取传媒对企业的支持与帮助。

召开记者招待会和新闻发布会是公关新闻宣传的一种重要方式。“两会”要事先确定主题、主持人和发言人、拟邀请记者的范围和名单以及时间、地点，做好资料、会场、各种器材、签到迎候或会后餐（茶、酒）会等事项的准备。一般来说，最好要有新闻通稿，以便记者采写、编辑、发送稿件。

与新闻界建立良好的关系十分重要。要专人负责和新闻界的联络，熟悉各类媒介的运作特点，最好能够了解主管或负责企业新闻、专题栏目的编辑、记者的职责安排，甚至了解他们各自的性格、爱好和掌握其个人联络电话、电子邮箱、地址等资料，建立互信、互尊、互相支持的良好合作伙伴关系。

（二）广告宣传

公关广告是公共关系宣传的重要形式，又是一种特殊形态的广告，与商业广告有较大的区别。从内容上看，公关广告主要有企业形象广告、公益广告、财经广告三类。

在策划公关广告时，必须遵循真实坦诚、友好诚恳、全面整体、讲究传播面与宣传效率、减少商业色彩的原则，合理地确定广告目标和广告定位，选择最优最适合的广告媒介，恰当把握广告时间的长短和场合的选择，控制广告经费的使用。当然，还要注意政治、社会、文化、教育、民俗、习惯、心理、宗教等方面的要求。对于这一点，任何种类的广告都是一样的。

（三）CI 传播

CI 即组织识别系统（Corporate Identity System）。在公关宣传中导入 CI，可使企业形象个性化、专有化，形象鲜明易认，具有强烈视觉形象的特点。大到企业名称、品牌商标、企业形象与标识、企业环境、厂歌厂徽，小到产品包装、行政办公用品、宣传品、人员服饰、广告宣传等有关企业的一切可视化事物，都可进行统筹策划、设计制作和宣传传播。设计时要注意 CI 的专一性，要具有本企业的鲜明特色和时代感、行业感等（详见第四章）。

（四）企业对内对外的宣传品

这类物品包括报刊、书籍、墙报、电子读物，各种手册和宣传品及其他印刷品、意见箱、标语及公告等。

二、公关演讲技巧

演讲是一种常见的人际传播方式，通过思想交流、感情沟通、信息传递来实现公共关系目标。对于企业内部员工和外部公众，演讲都是较佳的联络感情、树立形象以及宣传产品和服务的手段之一。它作为一门语言艺术，有其自身的规律和要求。要使得公关演讲获得成功，并使人们从中得到美的享受，达到公关目标，必须注意：

①演讲语言要个性化、口语化和规范化，多用双音节和多音节词语以及排比句，尽量不用或少用专有名词和较长的句子；

②演讲必须要形象生动，善用幽默诙谐的语言和比喻、设问以及反问的修辞手法，使听众如临其境、如听其声、如闻其味、如触其物；

③保持平等待人的演讲态度，注意心灵和思想上的沟通交流，避免居高临下、自视过高；

④演讲讲究抑扬顿挫，声音大小、音调长短、语速快慢、停顿时间等都要与演讲内容相协调；

⑤保持良好的演讲风度，姿势、手势、表情、服饰等要得体，举手投足之间，每个细节都会体现出演讲者的学识、涵养、水平和人格魅力；

⑥做好充分的准备，哪怕是细微处的会场布置、讲稿、灯光音响、摄影录音、录像器材、讲台等都会对演讲产生影响。

三、公关交际与谈判技巧

公共关系交际事务中，迎来送往、会见会谈等工作占了较大的比重。在交际工作中，要坚持广交朋友，联络感情，树立企业形象的公关工作宗旨，不管是对团体、散客的接待，还是听取内部员工的上访或汇报情况，或是会见会谈以及记者招待会、新闻发布会、宴（酒、茶）会、有关仪式等，一定要持有互谅互让、平等对待的态度，对待事情不瞒报不漏报，也不留待日后。

需要指出的是，现代信息科技的高速发展将人们推到了一个空前依赖于电话、传真、电脑及网络的时代，许多企业也将这些通信手段引入到其经营管理中。但目前不少企业工作人员忽略了其工作的细节，缺乏应有的常识和礼仪，影响了企业形象。比如，有些企业工作人员接打电话时态度比较生硬，语言不够规范，常以难以让人接受的方式来接打电话。有时候客户拨打企业电话，对方的服务接待人员既不讲“你好”等礼貌用语，也不自报“家门”，甚至在转接失败时，对客户说“喂！……不在！”等粗俗简陋的话语，随即便挂断电话，类似现象对企业形象和开展业务是极为不利的。

谈判是一项复杂多变的活动，需要谈判者随机应变，灵活处理。不过，无论怎样变通和灵活，都要坚持真诚求实、平等互利、求同存异的原则。主动出击固然好，反击策略亦不为差。当然，谈判技巧需要长时间的经验积累，并非一蹴而就。

四、公关危机处理的方法和技巧

公关危机具有突发性、破坏性、影响大等特点，包括企业内部危机、企业关系危机、政府关系危机、媒介关系危机、消费者关系危机、企业与所在社区关系危机等几种类型。出现公关危机时，要快速反应，处变不惊，镇定自若，尽快了解危机事件的基本情况，选择适当时机公布危机事件真相，同时采取有效措施，澄清事实，反驳谣言，消除误解，并做好事件的善后工作。最后，还要争取媒体支持，公布事件处理结果，制定危机事件处理宣传方案，以企业为第一消息来源，化被动为主动，尽快使危机事件的消极影响减小到最低程度。

此外，还要根据具体情况在适当的时期与政府有关主管部门及与事件相关的单位和消费者、客户进行沟通，并向其通报情况，争取谅解和支持，调动各方力量协助企业尽快渡过危机。

（一）与媒体进行公关危机沟通的技巧

媒体在现代社会生活中起着越来越重要的作用，其触角也已经深入到人们生活的各个方面。从地铁到出租车，从商场到家中，无时无刻不感受到各种媒体的包围，如报刊、广播、电视和网络等。媒体正日益影响并改变着人们的生活，因此，在公关危机沟通中，一定要高度重视媒体的影响和作用。

在公关危机沟通的过程中，媒体对危机管理既可以施以积极正面的影响，也可以产生消极负面的影响。因此，企业有必要根据媒体的特点，采取有效的管理措施，使媒体对企业有利的管理工作的方面展开报道。

作为企业的管理者，特别是作为危机应急中心的负责人，身处危急关头要临危不乱、处变不惊，坦然、真诚地面对媒体，将准确的信息传递给公众。如何做到这一点呢？建议管理者从以下八个方面来掌握与媒体进行危机沟通的技巧。

1. 判定沟通政策

在着手进行危机沟通前，应该预先拟定统一、完善的沟通政策，尤其是对于媒体和公众普遍关心的问题应该有一个明确一致的沟通口径。沟通政策一旦制定，应以各种形式传达到危机应急中心成员以及有可能接触媒体的层面，必要时还应将有关规定和沟通政策印制成册，分发给相关人员。企业对外沟通手册应明确说明对哪些问题如何回答，将危机期间人们所关注的问题尽量列举出来，并给予解释、说明和指导。应该特别指出的是，企业在对外沟通策划中应指定一名发言人，准确发布信息，从而避免未经训练的其他人员在面对媒体时信口开河、镜前失言，对危机的处理工作造成一定影响。

2. 做好充分准备

企业发言人或高层管理者在接受媒体采访前，即使对危机事件的来龙去脉了如指掌，也应该预先做好充分准备，尤其是针对媒体可能提出的问题，应尽可能多地收集有关数据和事实，并且努力做到全方位了解，以确保在媒体面前应对自如。

3. 与新闻界保持良好关系

在与媒体接触的过程中，应努力设法与新闻界保持良好的关系。一般来说，新闻记者的职责是让公众了解真相，采访是新闻记者的本职工作。企业管理者或发言人在与新闻界沟通时一定要尊重对方，要以坦诚的态度面对记者。有时记者会站在公众的角度提出一些令人窘迫的问题，甚至提出一些反对性观点，作为企业发言人应该表现出十二分的坦诚与豁达。

在与记者沟通时，应设法了解对方的身份和姓名，以便在接受采访时可以友好地称呼对方，从而拉近彼此间的距离。总之，与媒体保持良好的关系，有利于企业在公众面前树立正面形象。

4. 正确应答

如前所述，企业管理者或发言人在面对媒体、接受采访时，首先要对情况十分了解，这是坦然应对媒体的首要前提。此外，为了保持与媒体的有效沟通，还应该努力做到以下几点：

①回答问题要简洁明了，避免跑题。

②尽量引用客观事实和具体数据，以增强说服力。这样既可以满足新闻报道的需要，又有利于提高所发布信息的可信度。

③应有意识地把话题朝着有利于正面介绍企业的方向引导，例如，当受到质询时，先针对问题作正面应答，然后顺势转向某个相关的事实并延伸下去，这些事实应有利于取信于顾客，维护企业形象。

④切忌重复记者所说的不适当的话，以避免被人断章取义，恶意中伤。企业发言人可以接过对方的话说：“我不同意你的观点，事实上……”另外，如果记者提到一些未经证实的事实或数据，可以坦诚地回答：“对不起，我还没有从任何权威人士那里得到这方面的信息，因此，暂时不能对此作任何评论。”以免混淆视听。如果对一些问题不愿意回答，可以直截了当地说：“很遗憾，对此我无可奉告。”此时，大可不必闪烁其词、模棱两可，这样反而容易产生负面效应。

5. 把握时机

如果企业发言人没有做好充分准备，或者认为目前接受媒体采访不合时宜，可以提出另约会晤时间：“十分抱歉，我现在不能接受您的采访。如果方便的话，可以在明天的上午 10 点在这里接待您。”一般来说，记者不会执意要求根据自己的安排来确定采访时间。

6. 出言谨慎

口若悬河，信马由缰，都是面对媒体之大忌。在媒体面前，如果说错了话，就是真正的覆水难收！因此，在接受记者采访时，应做到出言谨慎，对不了解的问题不必仓促作答，更不要对充满变数的问题发表评论。

7. 掌握主动

面对媒体，企业发言人应该努力掌握主动权。在接受采访的过程中，可以根据自己的意志发表讲话，也可以回避不愿意谈的问题。如何才能掌握主动呢？应该注意以下几点。

①地点。企业有权选择认为合适的地方接受采访，通常应选择比较安静的地方。

②时间。选择认为合适的时段接受采访，掌握采访的时间，可以在适当的时机主动地提出终止采访。当然，在结束采访时，应该记住对媒体表示感谢。

③选择提问。如果同时面对许多记者采访，应该有意识地选择那些态度比较友好的记者，对于有些尖刻刁钻的提问者，应有礼貌地婉拒。

8. 注意非语言沟通

面对媒体，特别是面对摄像机和观众时，应该特别注意自己的非语言信息的传递。例如，在接受电视台采访时，着装应以保守式样为宜，站姿或坐姿以自然放松为好，面部不要显出紧张、拘谨的神情更不要东张西望，要显得自然、自信、真诚。

（二）公关危机处理中的媒体沟通策略

成功的公关危机处理、善后离不开媒体的支持、帮助。公关危机处理中媒体沟通要运用“3T”原则和“7W”策略。

1. “3T”原则

“3T”原则即“以我为主提供消息”（tell your own tale），“尽快提供消息”（tell it fast），“提供事件的全部情况”（tell it all）。

第一个“T”强调了危机处理时组织应掌握信息发布的主动权。信息的发布地、发布人都需要组织确定，以此保证信息传播的真实性，主导舆论，避免信息失真。为此，企业应迅速建立危机新闻中心，并使它成为唯一权威的危机信息中心。

第二个“T”强调了危机处理时企业应尽快、不断地发布信息。如何才能做到迅速发布信息呢？首先，在危机发生后要迅速确定传播媒介，将专门报道危机事件的媒介罗列出来，与它们及其记者迅速沟通。其次，写好危机事件的新闻稿，准备企业的有关背景材料，以便于记者发稿。再次，提供完备的物质条件保证信息沟通畅通。如设立 24 小时开通的新闻专线，接听记者的询问；设立足够的内线电话；准备相关组织和人员的电话号码和地址；设立危机公示牌，随时公布危机的最新情况。

第三个“T”强调信息发布应真实全面，忌“无可奉告”的态度以及吞吞吐吐、半遮半掩的表达，组织越隐瞒真相越会引起公众的怀疑。

2. “7W”策略

危机处理中媒介沟通的“7W”策略包括：

Who——危机沟通中由谁来发布消息。已经建立了新闻发言人制度的企业，由企业新闻发言人来发布信息；没有建立的企业，影响范围较小且问题相对来说比较转缓的危机事件由企业媒体管理人员发布，影响范围较大且问题较为严重的危机事件由高层领导发布。

Whom——向谁发布消息。危机中内部员工、受害者及其家属、媒体、组织中的有关主管部门以及社会公众都是需要传播危机信息的对象，且前三者是重点。

When——何时发布消息。危机中与媒体沟通的两个重要时期是：一是危机刚发生时，要及时向媒体公布危机真相及组织的紧急应对措施；二是危机化解时，应进行大型的媒体宣传，以消除危机在公众中留下的消极影响，重新树立组织形象。

Where——传播渠道。危机中企业对外的传播渠道一般是大众传播媒介，但员工对外的人际传播也不能忽视，因为此时内部员工的亲身经历最有说服力、最能让人信服。

What——传播内容。组织应向外界传播事件的真实情况和处理方案。

Why——危机的原因。企业为危机事件对外界做出科学合理且符合逻辑的解释和说明。

How——如何传播。企业向外界传播危机信息的方式：一是召开新闻发布会，让记者自由采访；二是企业主动做出解释，通过第三方渠道进行说明。一般来说，这两种方式同时进行效果会更好。

第三节 互联网时代的公共关系

除传统的沟通方式外，运用信息技术逐步建立企业内部网、外部网和互联网的三网合一，也是一种有效的沟通渠道。随着传播技术的革新，高新科技的发展，计算机的普遍应用，使公共关系也走上了网络，并出现了网络公共关系。网络的参与性和互动性所带来的网络公共关系的发展，必将为传统的公共关系思想、模式和管理带来诸多的变革。

一、公共关系进入互联网时代

1903 年，埃维·李（Evey Lee）创立了世界第一家公共关系事务所，专门为企业提供传播与宣传服务，协助企业建立和维持与公众的关系。1955 年国际公共关系协会成立，1987 年中国公共关系协会成立，短短百年间，公共关系已经被广泛传播与应用，被称为现代企业的三大支柱之一，即技术、管理和公共关系。

作为 Public Relations 的意译，公共关系主要是指处理各种公开的社会组织之间的关系，它既是一种信息传播，又是一种管理职能。同传播媒介千丝万缕的联系使得公共关系对传媒技术的发展，新媒体的出现有着天然的敏感性。网络传播的介入，改变了公共关系与传播媒介之间既有的关系，为公共关系的发展提供了更为广阔的空间。

美国公共关系研究所在 1997 年所提交的报告探讨了网络驱动下公共关系的变化。如今，这份报告对于我们认识网络时代公共关系的变化以及其前景依然有着深远的影响。

第一，信息在互联网上的传播真正实现了双向传播以及传播者与接受者之间传受双方的主体意义平等。这种与传统媒体完全不同的特性，必将影响公共关系人员与组织的内部、外部进行传播的方式。

第二，网络的异军突起，使得广播、电视、报纸成为传统媒体，而其所依赖的高新技术，更使得网络传播成为人们发布信息、阅读信息的主要形式。公共关系发展的重点也由紧密合作的传统媒体向网络媒体转变，公共关系人员如果不能有效地利用网络进行有效的信息传递，将无法达成预期的传播目标。

第三，网络有一个很重要的特点即信息的迅速传播，没有印刷的周期和节目的档期，也没有时差的限制，直播是其主要的传播方式，这一点对危机公关尤其重要。例如，1999 年，在比利时、法国发生了学生饮用可口可乐中毒事件，比利时政府甚至禁止可口可乐整个品牌饮料在该国的销售。该事件的迅速传播，使得可口可乐公司必须以更快的速度来解决其带来的不良影响。这个时候网络便派上了用场，可口可乐公司在因特网上为比利时的消费者开设专门的网页，回答消费者提出的诸如事故影响的范围，如何鉴别新出厂的和受污染的可乐，如何获得赔偿等各种问题，紧紧抓住信息源，防止错误信息的扩散。可口可乐公司通过一系列危机公关活动，逐步消除不良影响，恢复其形象，为产品的销售扫平障碍。互联网在这次危机公关中也崭露头角。

在网络网际关系行销逐渐成为一个与新技术、新媒体相捆绑的新行业的今天，作为网络网际关系一部分的公共关系也在同网络捆绑之后获得了迅速的发展。据统计，全球著名的公关公司近几年都以 20% 的速度发展，在危机公关、金融公关等方面都有着杰出的表现。其中网络为政府公关带来的影响和变化以及由此而引发的社会影响也是巨大的，值得进一步探讨。

（一）互联网对公共关系的影响

米德伯格（Middleberg）是第一代网络公共关系专家中的典型代表，他于 2001 年出版了《成功的公共关系》一书，系统阐述了自己的网络公共关系思想。他认为现代商业活动，包括公共关系最深层次的本质已经因为互联网的出现而发生了根本性的变化。他断言：新公共关系的群体已经出现，他们是混合了传统的公共关系与网上沟通所创造出的，对客户具有前瞻性的、一体化的商业活动——“电子沟通者”。互联网时代的公共关系是一场全新的竞赛，“公共关系已经彻底地变革了”。新媒体网络的出现强烈地冲击着传统的公共关系运作方式，具体来讲体现在以下几个方面。

第一，公共关系将越来越重要。网络媒体的快速性不仅体现在网络信息的传播速度，还体现在网络舆论的形成速度上。如果这种舆论对组织不利，则危机形成和蔓延的速度亦会大大加快。网络媒体的快速性要求公共关系人员对任何事件，尤其是危机事件能做出更加快速的反应。以往在危机发生后，要求组织最迟要在 24 小时之内做出反应。而在网络时代以 24 小时作为最后期限显然太过缓慢，现在的最后期限应该以分钟为单位。若还要等上十几个小时，甚至二十多个小时，网上早已充斥了各种各样的说法。

这些说法有的合乎客观实际，而有的则与客观实际不相符，若任由它们在网上蔓延，则会损害组织的形象。因此危机发生后，组织应尽快让公众听到自身对于危机事件的权威回应。

第二，公司更容易掌握公共关系的决定权，传统的传播中，企业虽然有选择媒体的权利，但企业新闻消息在报刊上的位置、版面、照片以及内容等都要取决于报刊编辑、记者、导演等其他人，即使在单纯的广告行为中，这也会受到种种限制。有了网络之后，公关人员在传播工作中将会有更大的主动性。企业可以建立自己的网站，在不经过第三方的过滤和筛选下，按照自己的意愿来发布信息。还可以通过网络这一强有力的可控媒体，与其目标公众之间进行更加人性化、个性化的互动，使他们对企业更加了解，从而使企业与公众处于一种良好的公共关系状态。

第三，网络公共关系在成本方面有着无可比拟的优势。传统公共关系策略的实施过程中，需要一定的资本投入。而在网络传播中，一封友好的电子邮件、一个吸引人的公共论坛便可以成为公共关系开展的方式。

第四，方便公共关系的效果评估。对于传统的公共关系策略来说，效果一般是潜在的且难以量化，即使投入了大量资金后，其效果也往往难以立即显现。网络公共关系有着立竿见影的效果，且易于进行数量统计，比如一个简单的计数器操作就可以统计网页的浏览量，当然还可以使公众随时随地获知公共关系活动的相关信息。

第五，公共关系实践的全球化趋势更为突出。一方面公共关系从业人员的构成要更加多元化——可以来自不同的国家、种族及文化；另一方面要求公关人员既要有全球化文化背景的思维方式和知识结构，同时还要有开放的思维、宽广的心胸和包容性。

（二）大数据背景下公共关系的战略原则

2012 年 2 月 13 日《纽约时报》网站刊出了一篇醒目的文章，宣布“大数据时代”的来临。这篇文章认为：随着高性能电脑和互联网络时代的发展，数据的获取和应用越来越普及，随之表现出的重要性几乎无时不有，无处不在。因此在未来许多的领域里，人们的预测、判断、取舍和抉择会变得更多基于数据和分析，而非源自经验和直觉。

大数据时代给我们创造了美好而又便捷的生活，同时也会给我们带来一些烦恼和负面影响。那么，作为当代公关人应该如何处理这些可能的消极因素呢？大数据时代人们的政治、经济、文化等方面都会发生一些特别的变化，公共关系的理论和实践也不可避免的会被打上大数据的烙印。公共关系的活动怎样才能具有有效性，或者说如何才能进行有效的公共关系活动呢？我们需要坚持以下公共关系的战略原则。

1. 坚持客观真实性

无可否认，大数据时代的海量信息为公共关系制定活动战略和策略提供了极大的便利。例如：对客户背景的调查，对市场公众的细分，对目标对象的筛选与确定，为用户提供量身定制的选择等，这些借助大数据时代的云信息可以更快更好地完成。维克托（Victor）曾指出，大数据时代最大的转变就是，放弃对因果关系的渴求，取而代之的是关注相关关系。也就是说只需要知道“是什么”，而不需要知道“为什么”。这就颠覆了千百年来人类的思维惯性，对人类的认知和与世界交流的方式提出了全新的挑战。也许，用“数据说话”“数据为王”的理念会深入到人们生活和公共关系活动的方方面面。

但公共关系有一个重要的原则必须得到足够的重视，那就是客观真实的存在是公关工作的出发点，我们只能在真实的基础上弘扬组织的形象。任何大数据都必须追溯它的真实性和可靠性，我们必须注重海量数据的筛选与判断，不能简单理解成“拿来主义”的运用。数据虽是事实，但往往只是事实的一部分，而不是事实的本身和全部。我们还必须对大数据产生的背景和历史原因，做出自身合乎逻辑的判断，才能还原事件的客观真实性。

2. 尊重公众选择权

公关史上的前辈埃维·李曾说过“公众必须被告知”。爱德华·伯纳斯（Edward L. Bernays）说公关是为了“讨公众喜欢”。亚马逊利用大数据主动地为客户公众服务，代替公众做出选择。从公共关系的视角看，这种做法可能会让公众产生讨巧但却不够被尊重的感觉。我们可以尽全力提供完善的服务，但公关人永远不要替公众、用户、客户作应该由他们做出的抉择。即使已得出了确定可行的结论，形成了最完备的策划方案，但最终的确认和抉择必须由所服务的对象决定（尽管这种决定是预料之中的），并用必要的形式让服务对象觉得这种确认和抉择是他独立做出的。马斯洛的心理学告知我们：人的最高层次需要是自我价值实现，而人的主动选择权是自我价值实现的最集中的表现。尊重公众的主动选择权原则在大数据时代依然是十分重要的。

3. 关注情感

大数据掀起的风暴已经席卷了各类行业领域。在美国，公民的出生记录是公开的，因此孩子出生后，新生儿的母亲就会被铺天盖地的产品广告包围起来，但是，这种方式有时会让母亲们在面对各式信息时无从着手，另一方面还会产生某种厌烦的心理，这一现象在中国也大有愈演愈烈之势。其实，这些公司是因为没有顾及作为新母亲的情感因素，因此广告的效果才不那么明显。

而美国第二大超市塔吉特百货公司为了提前吸引孕妇这一“含金量”很高的群体，通过塔吉特现有的一个迎婴聚会登记表里的顾客消费数据建模分析并发现，许多孕妇在第二个妊娠期会买许多大包装的无香味护手霜，怀孕最初的二十周会购买大量的补钙、镁、锌等类似于善存片的保健品。这样他们就能早早地将孕妇优惠广告寄给顾客，为了避免孕妇因为这些突如其来的广告受到惊吓，他们还非常聪明地将孕妇用品优惠广告与其他的商品优惠广告一起寄给顾客。此事被《纽约时报》报道后，塔吉特这种借助大数据的而又十分尊重公众情感的聪明做法轰动了全美，公司的营业额更是直线上升。全球零售巨头沃尔玛的经典案例“啤酒 + 尿布”也是如出一辙。

在人类的情感因素比较淡薄的信息社会，公关人要学会尊重和爱护公众、客户的心理感受，注重向公众传递组织情感的要素，特别在组织形象需要维护、改善、提升的关键时刻，必须要牢记公关人所做的一切并不是为了改变事实，而是为了改变公众对组织的态度。而这一情感传递过程中，学习塔吉特公司有机地融合大数据与情感要素，并运用“细节决定成败”的策略，公共关系将会彰显它在大数据时代的有效性和巨大能量。

4. 提升组织形象竞争力

在 21 世纪，形象已经成为组织综合竞争力不可或缺的要素。企业、城市、政府、国家都必须不遗余力地重视良好形象的塑造。一个企业不但要产品质量好、服务佳，还要重视诸如：环境保护，热心公益以及提升员工素质培养等方面。一座城市需要在市民、安全、生态、文化、建筑、科技、政府等形象要素方面留下良好的记录，企业、城市和政府将借助互联网络形成的大数据走向全球。在大数据的时代，企业的员工和组织行为都会被大数据永久的记录在册；市民和城市的任何善举亦会被大数据铭记在心；公务员和政府的一举一动都不会被大数据所遗忘。所有的个人和组织都必须明白，大数据决不会主动删除过滤掉负面形象，在信息社会的大数据时代，任何负面的形象都有可能被无限放大，从而使组织不断丧失竞争力，而同样的，良好形象的大数据也会源源不断地带来正面倍增的“马太效应”，让组织的综合竞争力成倍地增长。

二、新媒体对公共关系带来的冲击

（一）信息飞沫化

WEB1.0 带来了信息爆炸，WEB2.0 的“用户贡献内容”机制则进一步扩充了信息海洋。面向公共空间的信息传播，恰似注入大海的一滴水，或向空中弥散的一粒飞沫。人人游弋在无量无边的信息之海，人人皆可发言，停驻和倾听似乎也变得越来越难。舞台不再是唯一的中心，哪里有故事和危机，哪里才是中心。这对公关显然是一个坏消息，糟糕到足以毁掉很多公关机构的基本业务模式：大量发稿。“为产品和公司发五篇、五十篇、五百篇稿子的差异在哪里？”“有谁在看、在倾听我们的表演？”几乎每一个业界受访者都提出了类似观点。

（二）话语权再分配

新媒体改造、重组乃至颠覆了传统意义上由精英主导、定于一尊的信息传播格局。尽管政治、商业和知识精英仍然掌握着占优势的传播资源，但信息由不对称转向相对均衡、价值由一元转向多元的变局已经成为大势所趋。在变局中，公共空间和舆论场域的话语权将实现再分配，进而使公众产生政治、经济和文化等各种现实权力再分配的强烈愿望。这对政府公关、企业公关势必造成严峻挑战，往昔的权威话语权非但难以维系现存秩序，而且其本身也成了大众狂欢和戏谑的对象。

（三）社会关系重构

信息量激增和话语权再分配尚属新媒体推动社会变革的过程和方式，真正的变革乃是重构社会关系。2010 年以后微博、微信等社交媒体的兴起，不仅复活了旧的社会关系，也构建了新的社会关系。传统公关业务是围绕管控“信息流”展开的，即干预信息从传播者经由媒体流通到接收者的过程，而今则应首先致力于“关系网”构建。开放、平等是社交媒体所确立的技术哲学和价值观，是公众要求政治、商业和其他利益团体重构社会关系的原则，也是公关重构组织与利益相关者关系的准则，不开放、不平等，则无对话，更不要信任与认同。

（四）组织社会行动

社交媒体弥合了 WEB1.0 时代虚拟空间与现实空间的断裂，公众成为穿梭于虚拟和现实之间的行动者。这在“阿拉伯之春”“莫斯科之冬”“伦敦街头骚乱”“占领华尔街”等国外抗争和革命运动中被反复印证，也在“PM2.5 数据公开”、全国多地“反对 PX 项目”等国内公民运动中得以充分体现。公众从围观者、表达者“升级”为行动者，一方面可以随时点爆政府、企业和其他社会组织；另一方面为事件营销、事件公关的盛行创造了社会氛围和“群众基础”。

（五）泛化道德困境

新媒体以最低的技术和沟通成本实现了时刻存在的“围观”，造成了普泛的道德困境。首先，在文化意义上，一种随时被围观和凝视的生活是肤浅和愚蠢的，“这虽然保持了透明度，但却失去了从某种更幽暗之所上升到光亮处的性质”。其次，在协商理性层面，围观者以其数量优势和道德优势发起动辄狂欢或狂怒的舆论审判，公关所代表的权力和利益主体则往往处于“开口即错”的道德洼地。最后，在原罪救赎层面，全景围观使被关注主体的一切卑微、自私、猥琐、过错和意外都遭到曝光和批判。技术造就了一个近乎透明的时代，而道德上无瑕的社会主体却自是鲜见。

三、网络公关的策略

现在我们已经知道了网络对传统的公共关系产生了很大影响，且拥有与以往公关方式不同的优势和潜力。那么我们怎样开展网络公关呢？怎样通过网络来展现公司的形象、提升公司的声誉呢？可以从以下三个方面入手。

（一）建好公关型的企业网站

这里要解决的首要问题是：“为什么公关部门的员工要了解网站是如何建立的。”似乎公司中的 IT 部门、市场开发部门，或是广告部门都与此有或多或少的联系。但是，公司董事会能将对外宣传的相关事物交给 IT 部门负责吗？市场开发部门对公司内部运作熟悉多少呢？广告部门擅长“一对一”的交流吗？显然，企业网站并不是要与某一块工作建立简单的关系。它是每个对组织感兴趣的人了解公司方方面面的窗口，因此，能够负责公司各个方面关系的部门正是公关部门。再者，网站还提供了一个与顾客交流的销售平台、服务平台、采购平台和广告平台，因此这是一种重要的关系管理，也是公共关系活动的基本工作。所以对于公关工作而言，网站建设和维护是非常重要的。

（二）利用网络新闻的公关策略

提升网上知名度以及树立总体形象的最佳途径之一就是使用网络媒介。那些传统的印刷媒体也逐渐开始与网络相结合，许多出版物在网上的传播比印刷版还要广泛，人们已经不必等待新闻的打印出版，在网上便可以直接看到。这意味着，无论是网络媒体还是传统媒体，公关人员都需要对网上媒介关系十分清楚。

网络新闻最主要的一个来源是权威机构（如新华社的新闻），传统出版物的网络版本（如人民日报网络版），以及来自网络媒体（如新浪、搜狐、网易等站点）的新闻。目前网络媒体在新闻传播方面的影响力已经丝毫不亚于一些传统的电视、报纸、媒体杂志。通过这些网络媒体来发布关于企业的新闻，是行之有效的公关方法。

不仅如此，如果企业网站有足够的访问量，本身就可以在一定程度上代替传统媒体的新闻发布功能，由组织提供自己的新闻材料，通过网络进行传播。企业还可以通过与企业业务相关的新闻组来发布自己的新闻，同样也可以达到较好的效果。值得注意的事，如果记者想了解组织，在做相关报道前常常会利用互联网进行背景资料的调查，“筛选”某些他们想知道的企业信息。

于是，企业建立一个类似于“虚拟新闻办公室”的媒体关系网页或单独的网站，已经成为记者们的首要信息来源，它可以提供基本的信息和情报，如企业的最新动态和消息，近期企业的公关、促销等活动的日程表，企业产品或服务的资料，以往的新闻通讯稿和企业高层的发言稿，联系方式和联系人等；除此之外，“虚拟新闻办公室”还为记者们提供范围广泛的附加信息，或个性化的信息，以协助他们的工作，并最大限度地让媒体了解企业活动的情况。比如，公司可以准备几份关于企业新项目的宣传资料刊登在企业网站和相关网络媒体上，一份为金融媒介所写，侧重于股东等融资者的关注点，包含详尽的项目的盈利率、投资回收期和风险系数等数据分析及可行性报告；一份为环保机构及相关媒体所写，着重介绍该项目对能源的利用、对废料的回收和环保措施之类的信息等等。

（三）使用电子邮件营销

电子邮件（E-mail）是一种很好的沟通方式，它已经被广泛地应用到了众多领域中，包括大量的商业和人际间的信息交换、广告发布、各个销售环节以及售后服务。

电子邮件营销的好处

作为营销活动的新手段，电子邮件有不少好处，比如，可以将要发布的信息直接精确地传达给收件人，节省收发双方的时间和金钱等。因此，如果处理得当，通过电子邮件发送的营销信息会产生极佳的效果。它是一种直接针对顾客、充满个性化风格的交流方式。

电子邮件的内容

仔细斟酌的邮件内容和措辞反映了公关人员的形象，无论组织在与客户联系时使用哪种语气——客气、严肃、正式、干巴巴、商业化、轻松、友好、过分友好等，都会反映出组织的品性。当然，没有人会愿意收到像法院传票一样的电子邮件。但是如果想要建立一套合理的标准来确立电子邮件内容，很容易使组织陷入一种误区，就是为了与客户建立良好的电子邮件关系而不断地向客户发送无关痛痒的邮件。我们可以肯定的是，为了塑造统一的组织形象，对组织的客户服务、产品、设计、采购、会计以及任何一个可能与收件人发生联系的员工而言，务必要做到以一种"前后一致"的语言方式来使用电子邮件与客户交流。

使用电子邮件对网站的访问者进行回复

建立一个网站实际上就相当于公开邀请访问者发送邮件。对邮件进行快捷的回复，会给人留下深刻的印象。例如，邮件的内容如果是客户索要丢失密码的请求，那么立即回复就非常重要。如果延误了回复，申请者可能会放弃密码，不再进行下一步的交流。但用"自动回复信息"的办法对发件人及时回应，有时并不是一种好方法，因为这样做会让发件人产生被敷衍的感觉，或使其认为自身对公司而言不重要，不值得亲自回复。

垃圾邮件的危害

公关人员可以在对记者、同事和顾客了解的基础上，有针对性地向他们发布不同的信息来满足不同的需求，这样使用电子邮件进行交流才是完美的方式。但是，如果对营销名单上的顾客发送大量商业信息之类的垃圾邮件，不但收不到好的效果，反而会引起人们的反感。不仅是对他们收到的邮件产生反感，还会对发送垃圾邮件的人产生反感。此外，对于未经收件人允许而发送的群发电子邮件和那些收件人无法分辨信息内容真伪的群发邮件（特别是那些带有附件的群发邮件）都会引起收件人的警觉。如果公关人员这么做，将会轻易地伤害与顾客之间建立起来的良好关系。

本章小结

公共关系是一种公众关系、一种传播活动、一种管理职能和一门科学。它的基本功能体现在既可以建立良好的组织形象，又能够沟通协调各方面的关系，而收集、整理和分析信息，参谋咨询的智囊作用以及宣传舆论即是它的一般功能。

企业对外沟通的对象一般包括：客户、股东、协作者、竞争者、媒体、社区、政府及金融机构。

与公众沟通的技巧包括：公共关系宣传技巧、公关演讲技巧、公关交际与谈判技巧、公关危机处理技巧。

当公共关系进入互联网时代，我们必须要注意互联网对公共关系带来的影响，新媒体对公共关系带来的冲击，大数据时代公共关系的战略原则等。网络公关使得公共关系对象更为复杂，公众价值更为强化，互动更为紧密。网络公关的策略包括建立企业网站、使用网络新闻和电子邮件等。网络公关在实施中要注重诚信、快速行动、注意方法、隐私安全。

课堂讨论

如果你所在的企业产品质量遭到了公众的质疑，你计划采取什么样的公共关系方式和程序与公众沟通？

[案例 12-2]

一杯咖啡的互联网含量：星巴克的移动社交达人秀

移动社交营销模式灵活、精准、互动性强，使受众目标更精准，信息传递更准确，利用移动终端平台营销已成为移动互联网时代下企业营销的重要手段。但移动社交营销做得最好的不是谷歌、微软等这些 IT 品牌，而是卖咖啡的星巴克。

星巴克在“社交媒体参与度最高的 100 大品牌”的全球评选中位居第一，而全球知名品牌戴尔、亿贝（EBAY）、谷歌和微软则分别位居其后。

在三大社交网络 Facebook、Twitter 和 YouTube 联合发布的社交化程度排名中，星巴克又以 107.09 分的高分位居美国餐饮企业社交化排行榜榜首。原来，在互联网对整个世界进行洗牌的时候，星巴克早已变身科技公司。

困境逆袭，星巴克的数字营销革命

互联网时代，消费者的需求与消费习惯被悄然改变，不少传统企业在这场互联网革命中销声匿迹，如何根据新时代特性制定相应的营销方案成为每个企业迫切需要解决的问题。

2008年，全球经济状况不佳，全球最大的咖啡连锁店星巴克也遇到了发展的瓶颈期。销售额的不断下降和股价的几次大跌，让星巴克面临巨大的质疑与压力，而此时强大的竞争对手公开市场计划，让发展到一定规模的星巴克感到危机重重。情急之下，CEO霍华德·舒尔茨（Howard Schultz）不得不出山重掌帅印，并对星巴克进行了革命性的创新。在分析了星巴克的时代背景后，霍华德·舒尔茨对星巴克进行了重新定位，并对星巴克的IT基础进行了巨大投入，设立风险投资部门并任命了首席数字官，星巴克从此进入了一个全新的数字时代。

星巴克创新之举，进军社交媒介

与其他企业不同，星巴克对社交媒体的大量投入得到的不仅仅是庞大的粉丝量，随之带来的以顾客为核心的创新更具商业价值。2008 年星巴克的第一个媒体网站“我的星巴克点子”就收集到了 15 万条来自用户的建议，庞大的反馈信息为星巴克带来了创意和思路。这一举动不仅使星巴克抓住了用户的核心需求，还在很大程度上帮助传播了星巴克的品牌。之后的星巴克果断进军新兴社交媒体如：Facebook、Twitter、YouTube 等，通过社交网络围绕用户制造话题并与之进行互动增加了用户黏性，通过对公益事业的捐赠活动又大大提升了星巴克的品牌形象。星巴克在社交网络的粉丝数量及互动效果达到了前所未有的高度，成了社交网络上最受欢迎的食品公司。

疯狂手机 APP，引领移动支付王牌

目前，星巴克的移动支付被称为最成功的移动支付。2009 年星巴克发布了第一项移动软件“我的星巴克”，该移动应用最初只能提供星巴克相关信息，大部分用户关注一段时间以后就不了了之。针对这一情况星巴克对 APP 的功能开发进行了创新，随后推出了移动支付这一功能，星巴克 APP 有了支付功能后，用户活跃度与 APP 的下载量立即暴增。

为了赶上移动技术的发展速度，星巴克持续拓展移动支付功能。2012 年，星巴克宣布顾客可以通过手机支付应用软件 Square 进行支付，并为此项服务投入了 2500 万美元。同时，星巴克将支付软件 Square 与苹果的 Passport 功能相结合，用户可以很方便地通过 iPhone 手机或 iPod Touch 等便携移动设备找到兑换券、优惠券。据统计，在美国，星巴克每周 700 万笔的交易都是通过移动支付实现的，占星巴克总交易额的 16%，被称为全美最受欢迎的支付方式。

创新与众不同，星巴克卖的不只咖啡

“睡醒就想星巴克”，Early Bird 功能是星巴克 2012 年在 APP 中添加的一款闹铃叫早功能，依据都市人承受生活的重大压力，又不得不面对每天早起的烦恼，星巴克利用咖啡打折的诱惑再一次成功俘获了用户的心。在用户设定的起床闹钟响起后，根据提示点击起床按钮，相对应的就能得到星巴克 APP 奖励的一颗星，在之后的一个小时内走进任何一家星巴克店面，凭手机应用记录就能买到一杯打折咖啡，反之，迟到将作废该次打折权利。不仅如此，通过这项活动用户还可以将自己的起床信息在 Facebook、Twitter 等社交网站上与朋友们一起分享评论。

星巴克 APP 的 Early Bird 功能让人们不再感受到起床的痛苦，利用打折咖啡做诱饵，让用户每天起床便有期待，Early Bird 已经成为用户每天起床的动力。Early Bird 通过动人的服务，将星巴克品牌植入人心，使用户与星巴克品牌产生紧密的关联。这一功能吸引了众多的星巴克粉丝，是星巴克众多广告中的经典之作，成了营销界的成功典范。

星巴克在进行互联网转型的同时，也不忘线下活动布局。星巴克的免费 WIFI 众人皆知，其与 Spotify、纽约时报、Lyft 等的合作更是宣扬了一种生活态度。

星巴克社交网络营销，赢在互动

跟随着互联网的步伐，星巴克步步为营。每一次的转折与技术革新都为星巴克锦上添花。从社交网络出发，星巴克并不是急于寻找新用户，而是以朋友的身份与用户进行真实互动，在移动互联网时代一切都碎片化的世界里，星巴克成功俘获了用户的心。社交网络的兴起为企业带来新的机遇与挑战，当越来越多的企业利用社交网络进行品牌宣传，用户培养时，星巴克的不同之处在于其与用户的互动方式时刻都在创新。通过独特的创意，增加用户的真实体验，与消费者的心理和精神产生共鸣，从精神深处去影响并引导消费者。带着这种交朋友的目的与消费者真正互动，由此带来的传播效果让品牌之路更加久远。

案例来源：北大纵横

问题提示：

1. 星巴克通过新兴社交网络，如 Facebook、Twitter、YouTube 等，围绕用户制造话题并通过对公益事业的捐赠活动大大提升了用户黏性和品牌形象，这给其他想成功和消费者互动的企业带来怎样的启示？

2. 星巴克对公众宣称“卖的不是咖啡，是生活”，传达了怎样的品牌精神？星巴克又采取了哪些措施落实自己的“宣言”？

主要参考文献

[1] 白光. 品牌文化：中外品牌案例 [M]. 北京：中国时代经济出版社，2002.

[2] 车跃丽 . 论网络时代的公共关系 [J]. 江淮论坛，2002（2）.

[3] 黄寰，谢敏 . 对网络公共关系的几点思考 [J]. 商业研究，2005（18）.

[4] 卢山冰 . 公共关系理论发展百年综述 [J]. 西北大学学报（哲学社科版），2003（2）.

[5] 王晓晖 . 电子网络对公共关系实践的影响初探 [J]. 重庆商学院学报，2001（2）.

[6] 杨新生 . 关于公共关系基本概念的重新认识 [J]. 平原大学学报，2006（2）.

[7] 王梁 . 网络时代的公共关系 [J]. 现代传播，2012（7）.

[8] 杨俊 . 新媒体时代公共关系面临的新挑战及应对策略 [J]. 新媒体，2014（3）.

[9] 杨旭，褚云茂 . 大数据时代的公共关系战略 [J]. 上海管理科学，2015（2）.

[10] 谢玉华 . 管理沟通 [M] 3 版 . 大连：东北财经大学出版社，2017.

[11] 杜慕群 . 管理沟通 [M] 3 版 . 北京：清华大学出版社，2018.

[12] 康青 . 管理沟通 [M] 5 版 . 北京：中国人民大学出版社，2018.

第十三章 危机沟通

学习目标

⊙ 了解危机的概念及其特征；

⊙ 认识企业危机的基本类型；

⊙ 掌握危机沟通的战略和策略；

⊙ 了解社会网络中的危机沟通；

⊙ 应用危机沟通与管理技能处理危机事件。

关键概念

危机　危机沟通　危机管理

[案例 13–1]

一封内部信，华为精彩的危机公关

据新华社消息，2019 年 5 月 15 日，美国商务部以国家安全为由，将华为公司及其 70 家附属公司列入出口管制“实体名单”。这意味着美国将不再为华为供应电子芯片，华为生产端面临瘫痪危机。

在这一背景下，华为海思总裁何庭波 5 月 17 日凌晨发布内部公开信。信中称：公司曾经做出了极限生存的假设，预计有一天所有美国的先进芯片和技术将不可获得，而华为仍将持续为客户服务。为了这个以为永远不会发生的假设，公司打造了很多“备胎”。历史的选择，所有“备胎”一夜之间全部“转正”！“今后的路，不会再有另一个十年来打造备胎然后再换胎了，缓冲区已经消失，每一个新产品一出生，将必须同步‘科技自立’的方案。”

在华为的危机时刻，这封信读起来格外振奋人心，既能读到生死存亡的危难感，又有一种民族企业的热血燃，该内部信一公开也引起网友的广泛关注。随着舆论不断发酵，“华为海思”很快登上了各大社交网络热搜榜首，根据新浪微博旗下媒体传播大数据分析平台@微热点数据，此信内容经曝光后，“海思”热度指数飙升，3小时内热度上涨70+。此外，人民日报、央视新闻、环球时报等官微也纷纷转发为华为打气。

凭借一封内部信，华为上演了有史以来“最精彩的公关”。

节选及改编自微信公众号“蓝鲸财经记者工作平台”（微信号：Lanjing.com）——“华为最精彩的一次公关”以及“澎湃新闻·澎湃号·媒体”（网页：https：//www.thepaper.cn/newsDetail_forward_3473074）——“凌晨2点，华为海思总裁突发内部信！保险柜里的备胎”。

第一节 危机认知

一、危机的概念及其特征

尽管很多研究者给危机下过定义，但是由于危机本身是一个情境性很强的概念，因此也很难用统一的定义加以概括。学者赫尔曼（Hermann）认为，所谓危机是指决策主体的根本目标受到威胁，做出决策的反应时间很有限，事件本身也出乎决策主体的意料之外的情境状态。福斯特（Foster）概括出了危机的四个显著特征，即急需快速做出决策、严重缺乏必要的训练有素的员工、相关材料紧缺、处理时间有限。罗宾革（Otto Lerbinger）进一步提出了一个事件发展为危机必须具备三个特征：该事件对企业造成威胁；如果企业没有采取行动，局面会恶化且无法挽回；该事件具有突发性。因此，危机的明显特征包括：爆发性、公众性、危害性、紧迫性和动态性。

危机事件是指一种潜在且可能发生的重大事件，它会对组织、公司顾客、产品、服务和名誉造成诸多负面的影响。危机的发生与否同组织的规模大小并没有直接关联。跨国公司、独资企业甚至个人都可能突发危机。在信息时代，危机无处不在，对每一个人都有影响，不论是保护某个品牌形象的商业人士，还是捍卫个人名誉的公众人物，或是在老板面前维护自己形象的普通员工，都有可能遭遇危机事件。危机一旦发生，就具有较强的爆发力，而且会在很短的时间内迅速传播，对企业产生损害。从应对危机的角度来看，世界上只有两种人、两种机构、两种组织：一种能够控制灾难性局面，而另一种则不能控制这种局面。

公关专家常说："我每天都在处理危机。"当然，这是一种夸张的说辞。"危机"这个术语表达的内涵远比"问题"这个词语复杂得多。公关专家其实是处理问题的——解决问题或者避免问题的发生。就定义而言，无论如何，危机事件都会扰乱正常的商业流通秩序，所以危机不可能是正常运作的一部分。另一方面，并非每个危机事件都必然导致灾难性后果，从而使得组织无法继续正常运转。埃克森石油公司（Exxon）自1989年漏油事件以来，就不断陷入一系列危机事件中，直到如今公司还陷于形象欠佳的困境，但它依然生意兴旺。

总的来说，一次危机会导致三种可能的结果：（1）组织被迫退出某商业领域，破产，很可能遭到起诉，主管人员很可能被判入狱；（2）组织继续存在，但是在公众当中的形象和声誉受损，其财务状况也可能受到巨大影响；（3）组织在危机中苦心经营，赢得公众舆论的支持，继续受到人们的青睐，甚至比以前更受欢迎。

二、企业危机的类型

1. 人力资源危机

企业最经常面临的且会造成严重影响的首要危机为人力资源危机。例如，企业中高层管理人员的意外离职，由于其熟悉本企业的运作模式，拥有一定的客户资源，且离职后投奔的往往是原企业的竞争对手，因而会给原企业的经营和发展带来较大冲击，有时甚至会给企业带来非常直接和巨大的损失。近几年来，中国企业内部高级职业经理人集体叛逃事件层出不穷，既暴露了原企业的管理问题，也反映了同行之间的激烈竞争，同时也会使企业身陷危机。

2. 产品 / 服务危机

产品和服务是企业的灵魂。当企业出现产品 / 服务危机时，如果处理不当，往往还会引发媒体危机、客户危机以及因经济抵制、索赔、诉讼等诸多连锁性危机；如果危机处理得当，则有助于企业的技术创新、知名度和美誉度的进一步提升。而当危机来临时，企业如果选择观望不采取措施，往往会使其"兵败如山倒"，产生很大的公关问题。企业和客户之间是一种动态、多元的关系，既是共同市场的合作关系，也是局部利益的竞争关系。当企业和客户产生纠纷时，主要有三种责任形式：企业责任、客户责任、双方责任。如果是企业责任，企业必须无条件退让，以便息事宁人；如果是客户责任或双方责任，企业也需要巧妙让步。

3. 领导危机

如同产品有生命周期一样，企业领导者也有领导力的生命周期。企业领导者带领企业在市场中角逐成长，继而成熟，随之而来的便是一个衰退的过程。企业发展到一定程度，当领导者个人的能力、精力、知识结构出现不适应时，就需要吐故纳新，将接班人计划纳入企业体系中。而如果处理不好这个交替的过程，企业将会出现混乱，影响其走出困境获得再一次发展的机会，企业危机也就在这个时候产生。但是，企业的接班人计划也往往为管理层有意无意地忽视。

4. 财务危机

市场竞争是一场现代游戏，存在着相应的游戏规则，动态的市场会导致一连串的连锁反应。“微软距离破产永远只有 18 个月”，这是比尔·盖茨的危机管理原则。民营企业都存在着“原罪”的问题，经历资本原始积累的疯狂，企业也会存在或多或少的遗留问题。危机的出现，往往会引起企业的重大问题。

5. 安全事故与公共危机

安全属于人必须确保的基本需求，如果企业不小心触碰到了这条高压线，就会引发公众舆论和政府的全面介入，企业因此也会四面楚歌。安全事故主要有两类：一类是企业安全事故，一类是企业产品安全事故。这两类事故都必须想办法杜绝。

公共危机的涵盖面非常广，包括自然灾害、流行疾病、经济危机、社会暴乱、军事战争、恐怖袭击，发生任何一种公共危机都会对企业造成致命的影响，因此公共危机也是企业不得不面对的一个重要课题。很多时候，企业危机往往是不可控制的，因此企业需要有危机应变和管理能力。而这两种能力只有通过日常的管理和培训才能够获取。

第二节 危机沟通的概念和理论

一、危机沟通的概念

危机沟通（crisis commumcations）是指在危机事件的发生前期、过程中期和事态后期，实现组织和其受众群之间的沟通对话。对话需详细说明公司采取的战略和策略，从而将危机造成的损失降到最低。如果不进行及时的危机沟通，原本的危机则有可能酿成大祸，对企业造成重创，甚至使企业灭亡。危机沟通既是一门科学，也是一门艺术，它可以提取危机内涵中的机会成分，降低危机中的危险成分。

二、危机沟通理论

（一）辩解理论

当一个公司被外界指控时，它的通常反应就叫做辩解（apologia）。人们往往认为，辩解是一种捍卫声誉保护形象的尝试，但它不等同于道歉。公司首先会尝试努力与受众进行沟通，进一步采取具体的行动——或许是否认、解释或道歉。

举例来说，当一个软饮料公司被质疑在其产品中使用了劣质原材料时，公司的辩解往往可能是通过解释究竟使用了何种原料来否认质疑。这种行为的目的是化解负面的或会造成损失的控告。如果得不到全面详尽致歉的话，公众、新闻媒体、顾客、员工、核心领导层都可能表达对公司的失望之情，并期望有一个合理解释。

公司可能坚持认为这些控诉都是诬陷并全盘否定。或者，公司有可能告知消费者他们并非有意为之。这种行为被称为“重新定义原则”（redefinition）。若公司的规定方针无可挑剔，当突然发生了莫名其妙的、不可预判的事情时，公众往往会原谅公司所犯的错误。而个别人将被指责，随后可能被解雇。但是，得到公众的原谅并不意味着公司就高枕无忧了。如果公司能够展示它是如何采取措施预防错误发生和再发生，则一切过错都有可能得到宽恕。

辩解策略还包括告知公众，公司似乎犯了某种过错，但实际上并没有。这就被称为“分离原则”（dissociation），紧接着就要用事实进行解释。在上文提到的案例中，假如软饮料的颜色发生了轻微的改变，生产公司可以解释为没有变更原材料，只是食用色素不同了，所有的原材料都一如既往的纯正和完美。当面对连篇累牍的抱怨时，公司也许可以解释说其重新使用了以前的色素，这种情况可能就会用到“分离”和“解释”原则。

第三种策略或许是真正意义上的致歉：“我们是有罪的，我们非常抱歉，请原谅我们。”这被称为“安抚原则”（conciliation）。

（二）形象修复理论

形象修复理论（image restoration theory）基于辩解理论。这里的企业形象，是指消费者对企业的产品、品牌、机构以及企业的主观感受，简言之，就是企业在社会大众及企业利益相关者当中所占有的地位。决定这种主观感受和地位的因素有很多，因此要塑造良好的企业形象绝非易事，相反，要破坏它则要相对容易很多。在该理论中，公司需要找出是什么正在威胁其声誉和形象，同时也要决定对哪些公众进行沟通和说服，以便公司能够维持和重塑其良好形象。

公司通常会持有“不要带来坏消息”的态度。他们拒绝阅读或收看特定出版物上刊登的负面消息，或者他们可能对消费者或其他公众视而不见。由于拒绝人们对他们的评价，公司就不可能知道如何进行回应。其实，公司应当同收集正面新闻一样搜寻负面消息并认真阅读。

至于公众，公司必须知道哪一类公众对公司持有消极印象，以及他们对公司的了解程度，公众了解的是全部真相、部分真相、一半真相，还是根本就是谎言。公司也必须在与目标受众进行沟通前，充分了解公众所站的立场。在大多数公共关系活动中，第一步就是调查研究。同样的步骤也适用于危机沟通。

另外，公司必须确定公众是否知道一些会危及公司荣誉的事实。有时候，保持沉默更为有利。必要的时候，最好还是要将坏消息公之于众。这叫做主观判断，但这是经过持续认真的公众调研才做出的。

一个形象修复的案例，就是 2009 年沃尔玛公司意识到它陷入消极舆论的包围中。很明显，许多顾客认为这家大公司有一次严重的贪婪行为，它甚至可以为了获得利益不惜任何代价。为了重新建立消费者的信任，公司高管决定推行信息公开政策，使顾客可以从中了解超市所售的产品原产地。这个策略是公司可持续发展计划的一部分，该计划同时包括要求在英国、美国、中国的供应商遵从《环境法》，包括严格审核供应商，奖励节能高效的供应商，督促供应商供应合格产品，不予退还有缺陷商品。

第三节

危机沟通的策略

一、与新闻媒体的沟通

危机事件的信息通常是由媒体而非其他途径传达给公众。在平时，组织很难得到媒体的关注，组织的公关人员想要让媒体采用一篇新闻稿都要绞尽脑汁。然而在危机阶段，媒体则会主动联系公关人员或是公司代表以获取相关信息。

不幸的是，通常情况下坏消息才会迅速传播，吸引更多注意。“人们做了恶事，死后免不了遭人唾骂，可是他们所做的善事，往往随着他们的尸骨一齐入土。”负面新闻被认为有更高的新闻价值，在媒体眼中正面新闻只是吹捧的广告。

因此，预先建立一个预警系统，以此来监测突然爆发的危机是非常有必要的。即便你不是第一个知晓危机的，但也应成为首批了解危机的人。这些都可以通过以下措施来实现：告知公司的同事可以全天 24 小时联系你，非工作时段在你的语音信箱留言，同媒体、消防队、警察局的重要人员建立友好的关系——一旦发生能够影响你所在组织机构的危机，他们会迅速及时地通知你。

1. 新闻媒体报道危机的阶段

新闻媒体报道一次危机事件通常分为四个阶段。危机沟通者应该了解这些阶段划分，从而在各个阶段进行准确的信息发布，并做出充分的解释说明。

第一阶段是报道突发新闻，旨在造成令人震惊或深刻的影响。人们通常难以获得详细的信息，但不实信息常常会传播、发布出来。当发布了危机发生的原因和解释后，第一阶段就结束了。新闻报道将注意力集中到那些解释上，这意味着电视新闻和报纸整天都会报道这次危机，更不用说社会化媒体了，事件的影响力也可能会持续好几天。

第二阶段开始于具体的细节信息逐渐明朗之时。通常在地震灾难中，受灾情况和资金募集数量的统计成为第二阶段的标志。在枪击案中，掌握了枪击者的性格特征和生还者的相关信息后，媒体报道的第二阶段就开始了。

第三阶段通常包括分析危机及其后果。如何安置遇难者？采取了哪些措施进行补救？新闻报道谈论更多的是这些举措如何执行及其原因。

第四阶段是对危机的评估评价。在大多数自然灾害和多数其他灾难中，报道主要集中于公司、城市和国家是如何预知危机可能发生的。第四阶段通常包括周年回顾报道——最初是每年，然后可能是每 10 年、20 年、30 年不等。新闻媒体保存了备忘录文件来提醒他们去重新回顾此前发生的危机。

2. 新闻媒体想知道什么？

- 发生了什么？
- 有无伤亡情况？
- 损失的程度如何？
- 会继续造成伤害和损失吗？
- 为什么会发生？
- 谁对此负责？
- 做些什么以解决危机？
- 什么时候会结束？
- 以前发生过类似危机吗？
- 问题出现之前有什么征兆吗？

如果你的组织犯了错误，最佳的应对方式是立刻揭示错误，道歉，并做出修正。只要危机事件自身不再继续发展，媒体也会立即停止报道，而隐瞒则会使危机持续存在。无论公司是否有过错，都必须尽一切可能以最快的速度在最大程度上控制局势。主动公布坏消息有助于降低谣言、猜测、半真半假的新闻报道和失实报道产生的可能性。

如果危机和灾难已经造成了伤亡，或者对群体和个人的安全或健康产生威胁，应当立刻联系媒体，告诉对方公司已经开始调查情况，“仅仅也是五分钟前才获知消息”。公司这样做的话，媒体代表既能意识到问题的关键所在，又能体会贵公司对公众的关心和对媒体需求的理解。这项举动或许会帮公司赢得一个同盟。

如果足够确定局势不大紧急，建议去进一步调查事件，尽力去充分了解发生了什么，以便在媒体提问时做好充分准备。如果记者先联系到你，而你尚未知晓危机，不要在不知详情的情况下发表看法。你可以问一下是否可以几分钟后打电话回去，坦诚地说，“我需要知道发生了什么”。寻找事实真相，然后在约定的时间打电话给记者与他们进行沟通。记住，媒体和公众有权知道危机的真相。这个想法可以帮助媒体正确报道真相，并且尽可能最低限度地责难公司或组织。这么做的最终目的是通过媒体报道保持或获得公众对公司的信任。媒体需要你来提供信息进行相关报道，你的组织则需要媒体来和全体公众进行交流。通过保持这种协调共生的理念，公关专家在危机中会处于一个更加主动的地位，更好地掌控关于机构的不利信息。

在危机中，回应媒体提问有三种方式：

①我们已经掌握了情况，这些就是全部信息；

②现在我们并不了解事情的全部。这是目前我们所掌握的，我们会尽快调查清楚并及时通报给您；

③我们暂时还不了解情况，但是我们会尽快调查并及时发布。

让媒体得到他们所需要的资料，包括：背景信息、数据、照片、发言人。

3. 致歉

必须了解道歉和借口之间的区别。借口是将责任推给别人，而致歉则不是。当你意识到危机发生时，不要说“我们没有意识到……”这样的托词，致歉是表示你对发生的一切表示愧疚。当美国玩具盒快餐连锁店的汉堡中存在大肠杆菌，导致人们尤其是孩童生病甚至死亡时，宣称大肠杆菌感染是肉品打包人员的责任并不是一种道歉。如果你的公司已经卖出此类产品，你应当真诚对公众致歉：“我们非常抱歉。我们会尽一切努力来弥补损失。我们将承担全部医疗费用。”

4. 发言人

为贵公司任命一个首席新闻发言人。公司指派首席新闻发言人将有助于降低公司声明以及向媒体提供的解释等产生前后矛盾的可能性。相对于日常运营，公司在危机中保持一致的口径显得至关紧要。

多数公关专家认为在危机中公司首席执行官便是发言人的最好人选，特别是在有人员伤亡、公众的人身安全受到威胁或公司蒙受巨额损失的情况下。公司首席执行官通常拥有媒体和公众最多的信任，被认为是公司的真正代表，一个能够做出决断并代表公司发言的人。首席执行官是公司的“心脏”，至少这是公众的普遍理解。

在危机事件中，首席发言人因故不能出席，公司也应该挑选出备用的新闻发言人。选用某一技术领域的权威人士作为新闻发言人助理，通常也很重要。例如，如果餐厅的顾客发生食物中毒，医生有可能作为发言人助理负责向公众传达相关症状和治疗方式的信息。

5. 新闻发布会

公司应当尽快得到批准并且能迅速地组织新闻发布会，确保提供一则准备充分的声明进行发言并分发给媒体，这一举措有助于为新闻发布会的下面环节确定基调。

作为新闻发言人，无论是首席执行官、其他高级执行官、领域专家或是公关专家，都应当有发言的主题，也可以称之为重要信息和发言要点，即一到两句的总结性话语，用以提示发言人确保传递给公众的信息。这些要点能提供危机的细节信息，或是对公司有利的言论，例如公司的安全记录、安全措施、消防措施以及其他用来表明“我们非常关心，非常在意”的信息。

二、与内部人员交流

内部人员包括所有类别的员工——工人、管理层、小时工、实习生，还包括已退休人员和股东。在非营利性组织中，志愿者也属于内部人员范畴。内部人员在危机中是很重要的，因为他们是最值得信赖的发言人。由于内部人员受雇于公司或被收买的可能性较小，站在公司的立场为其说话，新闻媒体可能会寻找这部分人挖掘更多信息和评论。

在诸多行业中，例如零售商店，员工是公司和顾客之间的纽带。他们是公司的主要代表，既有能力将潜在的顾客发展成为忠诚的顾客，也可以造成忠诚的顾客的流失。

在危机发生的前、中、后期，同内部人员的交流都是至关重要的。对每个内部人员来讲，都须选择合适的媒介，并传达合适的信息。危机一旦发生，公司必须在下达通知的过程中，尽早告知其员工和其他内部人员发生了什么。尽量不要让内部人员通过新闻媒体了解危机，他们应该比外部公众更早知晓实情。如果危机发生在上班时间之外，所有接到通知的经理必须清楚他们应当通知的对象。那些从经理处了解情况的人又会将信息传递给其他人，以此类推。电话号码的树形结构图应当在危机之前就建立好，随着危机的发展，内部人员（也被称为功能公众）应当被及时通知每一步进程。组织或公司保持员工了解进展的常用方法包括：会议、闭路电视会议、邮件、公共广播系统和公告牌。

许多公司会利用其企业内部网络进行沟通，这些内网本就是为提高生产效率和加快内部信息传播而设计的。在危机发生时，内部网络会比互联网更具优势。因为它只会允许公司或组织同其内部人员之间沟通交流，而互联网上的信息则任何人都能轻易获得。

在危机中，内部人员通常都希望知道他们能做什么，或者应该做些什么。如果员工的努力对于企业的生存至关重要的话，请将这一理念传达给员工并解释原因。如果员工需要承担一些处理危机的任务，就应该对他们进行提前教育和培训。如果危机的后果可能导致公司被迫撤销某些工作岗位——撤销可能是暂时性的或是永久性的——需要慎重地告知员工什么样的选择对他们来说是可行的，以及未来的发展情况。

同传统经营模式一样，在危机当中，让员工拥有归属感是至关重要的，他们会认为自己是公司危机斗争中不可或缺的一分子。许多公司会告知员工对公司处理危机的问题要保持沉默，尤其强调对媒体保持缄默，公司会指定发言人全权代理公司发言。一般来说，这是一个合理的策略，太多的声音会使事件变得更为复杂。然而，也有一些公司或是组织并不担心这种情况会使局面失控，反而鼓励员工同媒体交流，因为他们相信员工热爱自己的工作和公司。

三、与外部人员交流

外部公众包括消费者 / 顾客、社区成员、政府官员、工会、经销商、供应商、贸易组织和其他同组织有一定关联的外部人士。同其他的交流形式一样，无论是在危机发生前，还是危机发生时，有计划地选择正确的措辞和适当的媒介来同外部公众交流是非常重要的。

组织倾向于同重要的外部团体建立同盟，这会使这些团体的成员感到自己是公司一分子。为了加强公司、组织、商界和社区之间的联系，董事会和社区顾问委员会也应运而生。

组织应当更加直接地同忠诚的客户进行沟通，而不是通过新闻媒体让他们知道危机的发生和恢复正常的过程。组织需要对众多沟通方式进行权衡，尽管社会化媒体是最受欢迎的方式，信函、实时通信工具、网页通告、电话通知等方式也是不错的选择。如果你希望客户能在危机中保持对公司的忠诚度，继续予以支持，请将危机事件的五要素全部告知他们——包括人物、事件、时间、地点、起因。

与客户一样，社区成员也需要知道公司发生了什么，事情的起因，采取了哪些措施以及危机什么时候结束等。组织或公司可以通过社区顾问委员会的领导层，与社区成员进行沟通交流，也可以在社区中发放传单，或是在公共场所和通告栏中张贴海报和公告。

危机发生后，劳工代表和政府官员理应在最先通知的人员之列，应当及时将关键信息传达给他们。因为基于危机事件的性质，新闻媒体很可能会采访这些人。

四、社交网络与危机沟通

在信息时代，危机为什么反而成了一种常态？危机成为常态的原因是：信息传播渠道的激增，信息传输速度的加快，人们对所收到的信息信任度的坍塌，个体选择性搜集、利用信息能力的增强，以及新的信息社交属性的出现。更重要的是，当今信息被创建、传输、使用的渠道与方式发生改变，使得丑闻不再是名人和世界 500 强大公司的专利，寂寂无名的小人物和街角的夫妻店同样会遇到这种麻烦——遭遇危机的时候，大家都在同一水平线上做出反应。

信息除了经过新闻媒体报道、电视频道播放，依然有大量出版物的刊登，从全国性报纸到地方报纸，再到商业杂志，几乎覆盖了所有专业领域；此外，还可以在数不胜数的网上平台上扩散，包括网站、博客、脸谱、推特等，这些网络平台给每个人提供了播报新闻的工具——这最终导致了一个无法逃避的事实：世上不再有任何真正媒体所不知道的事情。如果不希望某些言论或者某件事被发布在微博里让全世界看到，那就要注意行为言辞。在这个时代，任何一个拥有智能手机的人都可以发布新闻，专业记者可能需要花费很长时间改进他们的报道工具，通过编辑们的层层审查，但一个"公民记者"穿着睡衣在自家门廊里在博客上发布新闻要容易得多。今天的传媒世界里，每一个事件、每一条评论、每一场活动几乎都会被报道，并有很大的可能引发消极后果。

当然，也有越来越多的公司、组织和个人利用社会化媒体来检测公众情绪，预防或者解决危机，例如光纤被挖断事故中的支付宝。2015 年 5 月 27 日 18 点左右，杭州、上海、武汉等地的用户纷纷反映支付宝 PC 端和手机移动端均无法使用支付转账功能，余额宝也不能显示余额。事件发生半个小时后，支付宝在微博上回应称，事故是由杭州市萧山区某地光纤被挖断造成，运营商正在抢修，支付宝工程师正紧急将用户请求切换至其他机房，资金安全不会受到影响等。

随后的时间里，支付宝在微博上通报抢修进程。并在晚上 7:30，再次发布官方微博表示，系统恢复正常服务。事故结束后，支付宝发布官方声明，再次解释整个事件起因，对用户表示歉意，一一解答用户关心的问题，并表示会推进技术的升级改造。

阿里巴巴公司不愧是"公关大师"，整个事件支付宝处理得冷静、有序。事发后半个小时即做出回应，在 140 字的微博限制下对事故原因、修复措施、用户资金等关键问题一一回复，并在事故中持续报道，保持用户信心。事件解决后再次通过官方进行详细解释，使得危机迅速平复，遏制流言产生。

本章小结

危机事件是指一种潜在可能发生的重大事件，它会对组织、公司顾客、产品、服务和名誉造成诸多负面的影响。企业危机包括人力资源危机、产品/服务危机、领导危机、财务危机、安全事故与公共危机等主要危机类型。

危机沟通是指在危机事件的发生前期、过程中期和事态后期，实现组织和其受众群之间的沟通对话。对话需详细说明公司采取的战略和策略，从而将危机造成的损失降到最小。

形象修补理论认为，在危机沟通中，公司需要找出是什么正在威胁声誉和形象，同时也要决定对哪些公众进行沟通和说服，以便公司能够维持和重塑其良好形象。

危机沟通主要包括与媒体沟通、与外部人员沟通、与内部人员沟通，每类沟通都有不同的策略和要求。

课堂讨论

2014 年末，90 后 CEO 余佳文参加 CCTV-1《青年中国说》节目时曾放出豪言："明年我会拿出一个亿的利润分给员工，让他们开心一下"，一时间引起了巨大的争议。而随后余佳文参与《开讲啦》录制时，主持人撒贝宁重新提及此事，余佳文的回答却让人大跌眼镜，他表示，当初的计划只完成一半，还有一半没有发，"我准备今年年底在广州搞一个超大型的'余佳文认怂会'，我认怂怎么了？我就是做不到，我认怂。"

余佳文的这一态度引起了周鸿祎的不满，他表示，"这个说法是非常错误的"，周鸿祎还称，余佳文上次讲要拿出一个亿的利润分给员工时，自己就给他发短信，让余佳文挽回，他表示，"首先，不要轻率的承诺，做了承诺媒体和大家会跟你算账的。第二，我觉得说了如果做不到，特别是面对你的员工，这种失信是很大的事情。"

周鸿祎的讲话随后被余佳文打断，他表示"要批评一下周总"，他认为，"年轻人的企业就是玩出来的，不必过于认真。"

周鸿祎很快打断了余佳文的讲话，他表示，自己能够理解余佳文为什么拿不出一个亿分给员工，因为在中国任何一家公司的 CEO 都不会这么做。他同时建议余佳文拿出公司价值一个亿的股票分给员工。

对此余佳文不以为然，直接用手在头上比出"三根黑线"，他表示，生活、工作都是玩出来的，如果太较真会给自己增加太多枷锁。

这一观点引起了周鸿祎的严重不满，当场对余佳文发飙，他表示"这句话讲得很虚伪。作为老板不能忽悠员工，如果你觉得金钱一点无所谓，反正都是玩，你敢不敢把所有的股份都分给你的员工？"余佳文则再度叫板称，"我们是一帮玩出来的年轻人，员工是玩的，你老板不玩？"余佳文还直接建议周鸿祎去全国 90 后的公司实习一周，让周鸿祎觉得很无语。

余佳文 1990 年出生，毕业于广州大学华软软件学院，是"超级课程表"、广州超级周末科技有限公司创始人。此前，他曾有多番言论引起巨大争议，他曾表示"老师、校长、投资人，都被我骂过一遍！我公司全是 90 后，员工薪水自己开，我鼓励员工之间吵架，吵不了就打，住院了我出钱。明年我会拿出一个亿的利润分给员工！"

问题提示：

假如你是 90 后创业者余佳文，你会在公开场合引起这样的争议性话题来吸引眼球吗？

[案例 13–2]

川航危机公关：危机遇“英雄”救场

2018 年 5 月，四川航空股份有限公司上演了一场堪称“教科书级别”的成功危机公关。事情发生在 2018 年 5 月 14 日，川航 3U8633 航班在飞行途中突遇前挡风玻璃破裂并脱落，随时面临机毁人亡的危险，两位机长在千钧一发之际凭着过硬的专业技术和强大的心理素质操作飞机成功备降着陆，所有乘客安全落地。而川航巧妙的危机公关，不仅成功避免了全民讨伐局面，甚至还带来了正面的舆论效果。

“险情”出现后，川航官微发布通告

“本次航班型号是空客 A319，具备高海拔飞行能力，被称作‘高原雄鹰’。本次航班计划从重庆飞往拉萨，飞行途中，驾驶舱一扇挡风玻璃意外掉落，迎面吹来的大风将控制台吹得七零八落，很多设备都已经失灵，更不用提人被吹着的感受了。当时飞行高度约为 9000 米，驾驶舱处于高空低温失压的状态，气温低至 –50℃，就是在这种常人都无法生存的环境下，两位机长穿着短袖，在这种极端环境下仍然保持清醒，保持安全飞行高度，并向机场发出 7700 紧急代码，最后平安降落在成都机场，没有任何乘客受伤。”

通告内容精简，网络舆论却迅速聚焦在这个事件上。一天过后，媒体的长枪短炮在众人高涨的荷尔蒙中，沿着“知音体”越走越远，以“向英雄致敬”为主题的舆论攻势立即刷爆了各大社交平台！用“感动中国”“民族英雄”“史诗级营救”等词汇，将整场事故推向了道德高潮。关于此次飞行险情的报道也出奇一致：

“川航机长民族英雄！”
“英雄机长和妻子相拥而泣”
“英雄机长同媒体见面”
“川航，一个神奇的航空公司”
“川航处置不乱”

可见，川航事故的关注点从一开始就集中在歌颂“英雄”上，不管是热门话题，还是接受媒体采访，这次事件并没有变成大众口诛笔伐的“事故”，在舆论的狂欢之下，“机长超神”的热度盖过了飞机故障的原因和隐含的管理漏洞，反而造就了中国航空史上的奇迹，两位机长被舆论推到了人前，成了人人敬仰的英雄。人们也似乎忘记了对此次事件的“罪魁祸首”——那块脱落的挡风玻璃为何脱落的追问。而正在大家还没有回过头质疑事故原因时，后续新闻报道已经跟进，包括：“川航已对同型号飞机挡风玻璃进行排查”“省长亲自指导工作”等。网上甚至还出来了《除了牛 × 的机长，你们对川航的力量一无所知》的文章，借此把川航的美食、服务大大赞美了一番，获点赞无数，川航的品牌价值剧增。

节选及改编自微信公众号“公关狂人”（微信号：PR-MEN）文章——“如何做好危机公关？这三大刷屏级公关案例告诉你！”以及“营销界观察家”（网页：http://baijiahao.baidu.com/s?id=1601310810283751453&wfr=spider&for=pc）——“川航事故秒变催泪英雄剧，“教科书级”公关”。

问题提示：

1. 结合案例，请您简述川航的危机沟通表现。
2. 分析判断川航回应方式的优劣势，以及给品牌带来的影响。
3. 川航未来可以做些什么优化企业的形象？

复习思考题

1. 企业危机沟通有哪几种类型？
2. 媒体沟通对危机管理有何意义？
3. 如何理解与内部人员沟通在危机沟通中的作用和意义？
4. 互联网给危机沟通带来了什么影响？

主要参考文献

[1] 魏江，严进.管理沟通：成功管理的基石[M]4版.北京：机械工业出版社，2019.

[2] 陈春花，杨忠，曹洲涛，等.组织行为学[M].北京：机械工业出版社，2015.

[3] 班克斯.危机传播：基于经典案例的观点[M].上海.复旦大学出版社，2013.

[4] 勒翰.斯坦福大学危机管理课[M].北京.中国青年出版社，2015.

第十四章

网络时代的组织沟通

学习目标

⊙ 了解网络及沟通网络；

⊙ 熟悉网络时代的组织沟通网络；

⊙ 掌握网络沟通的特征、主要方式、优劣势和策略。

关键概念

网络　沟通网络　网络沟通

[案例 14-1]

互联网沟通模式下越来越火的洗车店

小李通过加盟的方式开了一间洗车店，生意非常好。在来洗车的用户群中，老客户占了 80%，不用通过让利方式也可以较好地推销洗车卡。究其原因，除了洗车店一流的汽车美容服务水平之外，小李老家的一些木耳、山菇等土特产也都成了老客户们的喜爱。可以说，现在的洗车店几乎有一大半的收入都是来源于土特产的销售。

其实，洗车店刚开业初期却是另外一番景象，当时生意十分萧条，一度到了维持不下去的地步。直到有一天，小李听人讲到可以用微信、微博等互联网形式来做客户沟通以及客户关系的维护。本着“死马当活马医”的心态，他开始行动起来，运用互联网思维的方向来改变。经过分析，他发现来洗车的客户大致分为两类，一类是住在附近的居民，还有一类是过路的司机。于是，他就带领员工微笑着喊着“哥哥”“姐姐”等类似较为亲昵的称呼来促成与他们加为微信好友。慢慢地，生意就变得日益兴隆起来。对聊得来的客户，逢年过节问候一声，店里有优惠活动，也通过微信发个通知。

随着双方互动逐渐加深，生意也得到了稳定发展。最后，通过微信群、刷朋友圈等微商、电商常用的方法，他还把家乡的土特产也顺带卖得红火起来。

通过这个简单的故事，可知小李生意获得初步成功的主要原因是他通过移动互联网实现了低成本沟通，而且是以一种便捷的方式进行。以前门店类似的活动，只能在店里张贴宣传，效果一般，而打电话告知有时又会使人产生厌烦感。但现在用微信、微博等网络社交沟通工具，在一定程度上避免了与客户沟通的诸多难题。手机阅读无效信息本来就多，客户闲暇时间看到了，如果正好需要，上下班时间就可以顺便过来洗车店购买了。而有了土特产之后，也更多地满足了客户的需要，微信订单互动也随之越来越多。

简单沟通提升客情，优惠信息零成本告知，客户新需求及时满足，小店就这样火起来了。

第一节

网络及沟通网络

各种传播和沟通交流渠道网络的集大成者——互联网来自于 1969 年初美国国防部高级研究计划管理局为准军事目的而建立的 ARPA 网，刚开始只连接了 4 台主机；到了 1972 年，ARPA 网已经连接了 50 所大学和研究机构的主机；1982 年 ARPA 网又实现了与其他多个网络的互联，形成互联网；直到 20 世纪 90 年代，整个网络才向公众开放。1994 年 4 月 20 日，中国与国际的 64K Internet 信道开通了，标志着中国正式全功能联入了国际互联网。经过 20 多年的发展，如今中国互联网已是网民人数最多，联网区域最广的全球第一大网。

随着科技的发展，互联网以及随之发展而来的移动互联网已远远超越了传统的网站和电子邮件等简单模式，即时通信、微博、网上购物、娱乐消费等已经成为越来越多人的一种生活方式；而基于 B2B、B2C、O2O 等平台的电子商务、越洋商务会谈以及电子政务为商业与政府办公创造了更安全、更快捷的环境。总之，以互联网及移动互联网为方式的网络沟通已经在社会各个层面为全人类提供便利，成为继印刷媒体、广播和电视后最大的传播网络与渠道。

沟通网络是指一群人建立和保持联系，以便相互沟通的一种形式。事实上，几乎每个人在组织中都会参与沟通网络，成为其中的一员。在组织中，沟通网络由各种互动的沟通模式组成，是企业内部规定的各种沟通渠道。建立或改进沟通网络有助于管理者获得信息，改善人际关系，也有助于分发与收集信息，协调工作流程，达成既定目标。网络核心可能是名正言顺的领导者，也可能是一些地位低而作用大的影子人物。

如今，在互联网及移动互联网的影响下，传统的沟通网络也产生了相应的变化，形成移动互联时代的全通道式沟通网络。互联网作为一种更为广阔的沟通媒介，具有其他传统沟通网络或渠道无法拥有的特点：互联网提供数据、产品和服务推广、知识和管理等各个方面的能力是巨大的，同时信息对广大用户是开放的；受众数量多，且传播范围广泛；涵盖了多种形式的沟通交流方式、沟通平台和渠道呈多元化趋势；沟通方式具有交互性，并且其信息交流沟通速度极其迅速，让网络可以达到实时更新的程度。

第二节 网络时代的组织沟通网络

一、网络对组织管理沟通的影响

作为一个处于网络时代的企业管理者，随着互联网及移动互联网技术在企业管理工作中逐渐得到充分地利用，对网络的理解和网络工具的应用已经成为必备的素质。毫无疑问，作为企业管理的重要组成部分，组织管理沟通也必须要适应这一新的变化，从而更有助于实现管理沟通各种功能。网络时代组织管理沟通的变化更多地体现在互联网及移动互联网技术对组织沟通方向、沟通方式和沟通网络等方面的影响。

1. 打破传统沟通方向的沟通界限

组织的管理沟通方向一般可分为四种，上行沟通、下行沟通、横向沟通和斜向沟通，前两者可以合称为垂直沟通。在传统技术环境中，垂直沟通特别是下行沟通是主要的沟通方式，尽管组织的层级制度得到了充分的体现，但管理沟通的渠道和进程附属于组织的层级体系也给管理沟通造成了许多障碍。

信息的提供者由于自身兴趣或知识的影响，有可能会使重要的信息流失，从而影响垂直沟通的效率，同时还有可能产生诸如官僚主义的影响。而互联网及移动互联网的使用却能有效地解决垂直沟通中存在的这些问题。互联网及移动互联网使组织界线变得越来越模糊，也使得组织管理者的身份在网络中也变得不那么重要，最高经营管理者可以虚拟普通员工的身份与各层次的员工进行沟通，从而减少信息过滤与失真，极大地提高了组织垂直沟通的效率。

2. 自由灵活地选择和组合沟通方式

人们在进行沟通前要对沟通方式进行选择，这是因为不同的沟通方式在传递信息方面的能力是不同的。一般而言，这种处理能力可以从三个方面来判断，即同一时间处理多种线索的能力、反馈速度和相互接触的程度。由于信息类型的不同，如有的是清楚明确的，有的是模棱两可的，因而在组织管理沟通中人们会采用不同的媒介和沟通方式。在传统技术环境下，组织根据信息的类型来选择具有不同的信息处理能力的沟通方式，如公告、文件、备忘录、信件、电话、面对面交谈等。上述各种沟通方式之间的界线是很明显的，任何一种方式都带有缺点，而且在沟通过程中无法根据现场需要进行临时调整。

在网络技术环境下，互联网及移动互联网为人们沟通方式的选择提供了更多的自由，沟通者可以根据需要进行图像、文字、声音、视频等信息的单个或组合传递，并且可以在沟通中根据形势的变化，随时进行新信息传递方式组合，从而使沟通方式的选择具有更强的针对性和灵活性。

3. 为沟通网络提供更好的技术平台，推动企业信息化建设

沟通网络作为信息流动的通道，正式的沟通网络有链式、轮式、环式、Y 式、全通道式等几种形式。链式严格遵循企业的正式命令系统，轮式则强调企业领导者是企业沟通的核心，环式是小规模工作群体联络与沟通，而全通道式则允许全体成员间进行积极的沟通。不同的沟通网络在不同情形中分别具有不同的效率，没有一种网络在所有情况下是最好的。

在传统技术环境下，由于链式和轮式出现的情形较多，组织的管理沟通大多采用这两种方式，但组织员工的沟通满意度相对较低。而由于技术上的限制，全通道式的作用和优势发挥也受到极大影响。互联网特别是移动互联网技术的出现为全通道式沟通创造了良好的技术平台，使这一沟通方式拥有更多的优势，使组织及其成员能更迅速、有效地发布、获取与分享信息。

二、网络时代组织沟通网络的管理

在实现网络化的扁平组织中，信息沟通的方式和途径发生了根本性改变，局域网、办公 APP、电子邮件系统、数据库等方式成为企业保持内部沟通的重要方式和工具，使得企业内部所有人员之间的沟通网络变得前所未有的高效和便捷。今天的管理已经离不开现代信息技术和网络，企业需要完善对组织沟通网络的管理。

1. 明确认识网络时代环境下，管理沟通在企业管理中的地位和作用

从管理的职能来看，每一项职能的发挥都离不开沟通；而在网络时代，沟通更是组织系统的中心，离开沟通，组织的商品生产或服务提供就不可能实现，沟通是组织的生命线，便捷的企业沟通网络一定程度上代表了组织的竞争力，传递着组织的发展方向、

期望和态度。

2. 充分利用网络工具，建立良好的组织沟通网络和渠道

首先，为了确保组织沟通高效和便捷，组织需要成立专门的部门或者设置专人负责管组织内外沟通工作。其次，利用先进的信息技术和管理技术来整合沟通渠道、沟通手段，疏通沟通网络，逐步制定和完善管理沟通的各项政策制度。这样可以提高组织沟通的一致性，减少沟通过程中的错误，从而既能提高沟通的效果，又能节约组织沟通的成本，保障沟通网络和渠道的畅通。

3. 改善沟通环境

网络时代，组织创造与时俱进的良好沟通氛围，有利于不断提高沟通效率，进而形成一个既体现现代信息技术要求又反映现代组织管理人文情怀的沟通模式，以实现组织的经营战略目标，比如建立良好的沟通网络激励机制。我们知道组织的核心资源是人，要保证人与人之间的沟通顺畅，就必须调动人员对沟通的积极性，网络时代亦是如此。因此，组织要建立良好的沟通激励机制来促进成员间沟通网络的搭建和维系，使得成员间的沟通保持畅通。

4. 合理选择信息化

网络时代的组织管理沟通需要组织信息化来支持，同时信息化管理也会提高企业经营效率，因此企业在实施信息化改造方案时，应该充分考虑企业未来的业务、机构和流程等与沟通网络相互匹配的程度，为企业的未来发展留出足够的空间，这样才能较好地推动企业信息化建设。

5. 提高管理创新能力

具有应变和创新能力的企业更有可能组成发达的交流沟通网络，因此有助于促进自由、直接、不可预知的信息交换。比如，联合办公室、无边界办公室或团队办公空间都是易于交流的空间形式。而沟通网络在这种依据等级划分的办公空间中很难建立，因为它需要自由的沟通和持续不断、顺畅的交流。

第三节

网络沟通及策略

一、网络沟通的概念及其特征

网络沟通是在计算机和因特网相继诞生的技术背景下应运而生的，顾名思义是指通过基于信息技术的计算机网络或移动互联网络实现的信息传递和沟通交流活动。

谢尔·赫尔茨（Shel Holtz）曾经在其《网络公关》一书中指出旧经济和新经济两者之间的区别：工业经济（旧经济）以生产者为主导，采取“自上而下”的传统管理结构，以生产数量为基础，追求规模效益，批量化地生产相同的产品；信息经济（新经济）是以数字化和网络化为表征，以客户为主导，以质量为基础，提供定制服务和突出个性的产品。在今天看来，对于新旧经济的理论论述可以很容易地和管理沟通的变化及特征联系起来。在工业经济背景下，企业的管理者们针对企业的内部员工和外部客户习惯采用“命令和控制”的传统管理沟通模式，到了知识经济时代，那些曾经扮演（信息）命令者和控制者角色的管理者们不得不将他们的沟通模式向“沟通和网络化连接”的新模式转变，不得不与公司内部员工和外部客户建立紧密的联系。组织的内部网、外部网、公司网站、官方微博、微信公众号等工具的普遍使用，使得传统的沟通手法逐步让位于具有扁平化、透明化、互动化和个性化等特征的网络沟通方法。

1. 沟通流程扁平化

在新经济条件下，企业内部组织结构开始发生转变，以等级为基础、命令为特征的“金字塔”式组织结构将逐渐趋于扁平化。由于传统分工协作的专业化和精密化格局的存在，致使管理环节增多、信息传递低效，而信息网络系统的出现，一方面，使得同等级别员工之间的信息交流更加快捷与准确，跨部门的移动互联通信打破了部门之间的障碍；另一方面，也使得企业上下级之间信息联络更为容易和方便，高层管理人员和基层员工可以通过电子邮件、即时通信产品进行直接沟通，促使企业减少了管理的层次，压缩了管理机构，精简了管理人员，体现了企业组织文化的平等性，为企业树立了公平民主的形象。

2. 沟通模式透明化

沟通模式的透明化主要表现在两个层面：首先是在企业内部，信息的透明性表现在组织内部工作人员和相关工作间的开放，虽然透明化的操作看起来非常机械而且带有程式化色彩，但实际上它打破了部门之间的界限，为具有多种技能的人提供了更大程度发挥自己才能的机会，并且把官僚化层级体制所带来的阻碍降低到了最小程度；其次是在外部客户、合作伙伴层面，网络化结构为组织的外部客户、合作伙伴与企业之间建立起一种“无缝连接”的关系：对外部客户而言，公司网站、微信公众号上的信息大多是完全透明公开的；对合作伙伴而言，通过相关沟通网络可以和组织机构保持实时联系。通过内部局域网、互联网和移动互联网的整合为企业内部员工和外部客户、合作伙伴提供更好的网络信息导航。

3. 沟通活动互动化

在网络时代，企业的沟通活动真正实现了双向即时互动。沟通对象作为网络用户可以随时随地从网上获取组织的信息，他们不但可以主动阅读，而且可以通过网上的电子论坛（BBS）、微博、微信、今日头条、抖音、办公 APP、电子邮件和每一篇新闻报道后的评论区自由地发表观点，做出评论，甚至提供组织的活动创意。此时的沟通对象从传统的信息被动接受者转变为主动参与者。

4. 沟通对象个性化

过去传统媒体手段，诸如广播、电视、印刷媒体等，目标受众是可以按照社会、经济、市场和兴趣等层次进行细分的一群人，但在网络下的沟通环境中，因为借助网络沟通工具，人们可以不用面对面交谈，使得交往方式具有隐蔽性、流动性，又因为移动互联网属于“拉”（pull）式传播，因而人们可以自由选择他们想要接受的信息，同时也不用顾及传统交往方式的规范、限制、禁忌，人们的情感和心灵呈现完全开放状态，兴趣和动机也要复杂得多。所以，沟通对象比以往任何时候更具有个性化的特征。提供特定话题的信息，或专门针对小众组织、小群体甚至个人提供的信息，使得每个人能够看到他想看到的所有东西。在这种情况下，有助于唤起沟通兴趣，获得更加广泛的理解。

二、网络沟通主要方式

网络沟通区别于电话、书信、面对面交流等传统沟通方式，本质上是人们通过互联网、计算机和智能终端进行沟通。在网络沟通工具之下建立的沟通方式因其使用的网络沟通工具不同，会产生相应的网络沟通方式，因而也具有不同的优缺点和适用范围，企业在决定使用之前应对其有一定了解，具体各种方式及其优缺点分别罗列在表 14–1 中。

1. 电子邮件

电子邮件（Electronic mail，简称 E–mail，标志：@），是指邮件服务商向用户提供的邮件收发电子服务，核心价值在于实现用户之间的信息传递和沟通交流，是 Internet 应用最广的服务。通过网络的电子邮件系统，用户可以以低廉的价格、快捷的方式，与世界上任何一个角落的网络用户联系，这些电子邮件可以是文字、图像、声音等各种方式，这是任何传统的方式也无法相比的。正是由于电子邮件的使用简易、投递迅速、收费低廉，易于保存、全球畅通无阻，使得电子邮件被广泛地应用，它使人们的交流方式得到了极大的改变。另外，电子邮件还可以进行一对多的邮件传递，同一封邮件可以一次发送给许多人，极大地满足了人与人之间的沟通需求。

2. 网络传真

网络传真（Internet Facsimile）也称电子传真，英文称作 Efax，它整合了电话网、智能网和互联网技术，基于 PSTN（电话交换网）和互联网络的传真存储转发。原理是通过互联网将文件传送到传真服务器上，由服务器转换成传真机接收的通用图形格式后，再通过 PSTN 发送到全球各地的普通传真机或任何的电子传真号码上。

3. 网络新闻发布

网络新闻是突破传统的新闻传播概念，在视、听、感方面给受众全新的体验。它将无序化的新闻进行有序的整合，并且大大压缩了信息的厚度，让人们在最短的时间内获得最有效的新闻信息。网络新闻的发布可省去平面媒体的印刷、出版，电子媒体的信号传输、采集声音图像等复杂步骤。

4. 网络论坛

论坛（Forum）又名网络社区，亦称电子公告板，它最主要的功能是用户可以自由发布主题和回复帖子，不限内容主题，交互性强。

5. 社交网站

社交网络服务本质是为一群拥有相同兴趣和爱好的人搭建了一个互联网社区，方便其在这个平台上进行交流沟通，以人人网（校内网）、开心网、豆瓣、百度空间、知乎、今日头条等为代表。社交网站的理论依据是哈佛大学心理学教授斯坦利·米尔格兰姆（Stanley Milgram）于 1967 年提出的六度分隔理论，即“你和任何一个陌生人之间所间隔的人不会超过六个”，也就是说会不断放大每个个体的社交圈，最后形成一个大型社会化网络。由于近年来受到即时通信应用的冲击，加之社交网站自身由于创新缓慢，运营重心偏离，未能满足社交用户的核心需求，导致其用户规模和使用率持续下滑，情况不容乐观。

6. 公司内网

公司内网在过去十多年中也得到了快速发展，不管是苹果、微软、IBM、华为这类的世界500强大公司，还是中小型企业，越来越多的公司都拥有了自己的企业内网。一些虚拟组织更是将公司内网视为组织内部沟通的根基。在企业内部网模式中建立以Web或办公软件为核心的信息资源组织管理平台，并把与过去、现在以及未来的有关数据库、多媒体、安全等各种技术纳入其中，可以实现企业从上到下的各部门（包括行政、生产、营销、技术等部门）之间及部门内部信息的开放式交流，使企业从各级领导到基层工作人员都能以特定的级别实现各类信息的查询及交流。

7. 微博

微博（Weibo）（微博客的简称），是一个基于用户关系的信息分享、传播以及获取的平台，用户可以通过 Web、Wap 以及各种客户端组建个人社区，发布文字或更新信息，并实现即时分享。

8. 即时通信——微信

微信（Wechat）是一种基于手机、平板电脑等智能终端进行的网络沟通形式。通过微信平台可以即时、快速发送语音、视频、图片和文字，也可以借助微信“公众平台”、“朋友圈”等服务插件共享流媒体信息。企业可以通过注册微信公众号，建立微信公众平台，实时对外发布信息，即时交流互动，也可以基于微信平台建立互联网营销网络或为客户提供网络即时咨询服务。由于安装便利、使用简单，特别是近年来智能手机的广泛普及，微信不仅作为个人通信、即时交流的一种便捷方式广受青睐，而且在企业管理沟通过程中也日益得到了广泛的使用。

9. 其他即时通信产品

即时通信产品（Instant Messaging Product）是指一种可以让用户借由互联网（或者移动互联网）进行文字、音频或视频实时交流的通信服务。1996 年四个以色列年轻人发明了全世界第一款即时通信软件 ICQ，这也是即时通信的雏形。随后效仿者纷起，几乎每一个国家都推出了本土的软件，腾讯 QQ 也即是中国国内最早的即时通信软件之一。我国即时通信市场竞争激烈，不仅有诸如网易、新浪、阿里巴巴及盛大等大型互联网企业进军该市场，国外即时通信软件（如 MSN、雅虎通等）也试图抢占一定的市场份额，甚至电信运营商也加入了这场争夺战。虽然移动飞信、MSN、阿里旺旺、陌陌、YY 等都先后崛起但之后也都慢慢下滑，如今微信异军突起并迅速占据了即时通信的主流，字节跳动推出的抖音发展迅猛。即时通信以其能实时交流的便捷性兼具丰富的娱乐社交功能超越以往网络沟通方式的用户使用率，成为最受用户青睐的网络沟通方式。特别是近几年的迅速发展，即时通信不再是单纯聊天工具，随着功能的日益丰富，它已发展成集交流、资讯、娱乐、搜索、电商、办公协作和企业客户服务等为一体的综合化信息平台。

表 14–1 主要网络沟通方式比较

网络沟通方式＼比较项目	主要优点	主要缺点	适用范围
全球资网页 / 万维网	信息量大、传播范围广	保密性差、无确定主体、不确定性反馈	需要公开的、大范围传播的信息
电子邮件	流向清晰、发送速度快、传达准确、保密性好	邮件接收不及时、需要反馈等待	需要向特定主体传递的或要求保密的信息

（续上表）

比较项目 / 网络沟通方式	主要优点	主要缺点	适用范围
电子公告牌	信息内容丰富发布接收信息方便、信息公开透明	保密性差、谣言或不实信息会迅速传播	需要向员工或其他相关人员公告信息和需要讨论或征集意见的问题等
网络电话、传真	沟通即时、反馈无须等待、内容清晰、成本低等	通话时间有一定限度、对沟通内容也有一定要求	紧急性的、需要当即回复的、内容简短、容易表达清楚的信息
公司内网及内部电子刊物	成本低、保留时间长、浏览方便、针对性强、更具有时效性	信息传递的确定性和范围程度难以预知	专业性、针对性、有一定隐秘性的信息
网络会议系统	召集会议方便省时、省力	互动效果相对传统会议较差、参会人员的精力投入不充分	不同地域人员参加的非大型会议或需要紧急召开的会议
微博	方便，且公开共享性高，亦能即时分享	互动性和方便性略显不足，且受文字载体的约束	需要公开的、大范围传播的信息
即时通信产品	方便、即时互动、时效性强	受沟通对象是否在线的约束	员工或领导与员工之间办公交流或工作之余的情感沟通

在信息技术突飞猛进的背景下，随着网络沟通工具的不断发展和进步，未来还会有更多、更好、更方便灵活的网络沟通方式出现。

由于信息接收者的多重性和沟通方式的多样性，单一沟通方式往往很难取得理想的沟通效果，因此企业需要考虑的是如何根据沟通需要和要求选择相应的沟通方式，很多情况下管理者需要选择两种或两种以上方式，并对其进行优化配置和组合。通过对各种沟通方式优缺点和适用范围进行分析，可以构建沟通方式选择与组合的模型框架（见图 14–1）。制定此模型框架的关键在于：①选择的网络沟通方式应该与不同沟通活动的沟通要求相匹配；②选择的网络沟通方式要与不同沟通对象的沟通习惯和实际的沟通条件相匹配。这两点必须同时满足，才能构成网络沟通方式最满意的选择。

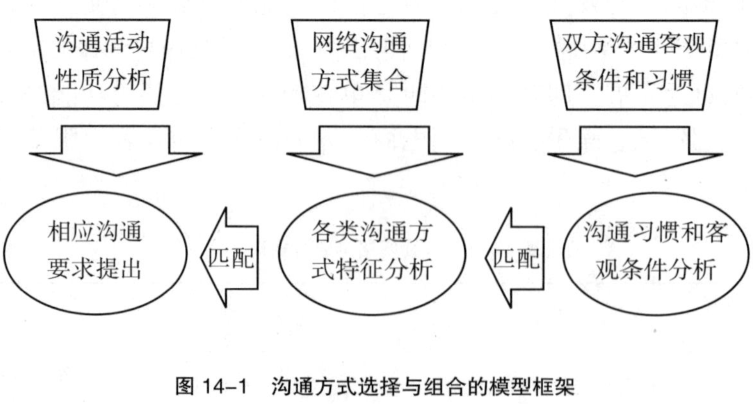

图 14–1　沟通方式选择与组合的模型框架

三、网络沟通的优劣势

信息技术的发展促进了网络沟通的飞跃，网络沟通存在大量的优点，但其本身也存在固有的劣势与不足。

1. 网络沟通的优势

沟通媒介革命波及社会每个角落，在影响个人沟通的同时也以“迅雷不及掩耳之势”改变着组织沟通。从表面上看，组织内部正式沟通渠道的物理介质发生了翻天覆地的变化，计算机、光纤传输、网络技术、智能手机为过去的电话、传真机等介质统治的沟通领域插上了腾飞的翅膀；企业外部网、移动互联网让企业飞越时空障碍，使得沟通更加畅通无阻，为企业更加高效地实现目标起到了重大作用。

（1）大大降低了沟通成本

IP 电话大大节省了跨国公司总部与分部之间的沟通交流成本。通过电子邮件、即时通信软件等，不仅可以传送文件、数据、表格，还可以为信息内容增添色彩，提升信息保密性，同时便于接收者存储修改，节约成本。

（2）使原先一对一的单调语音沟通立体直观化

一直以来电话无疑是组织沟通的主角。而如今，随着计算机、网络光纤、WIFI 技术的加盟，三维图像识别软件技术、可视电话、视频软件的诞生，使企业组织沟通更加形象逼真，更加便捷。

（3）使工作便利化

对于那些被工作地域、工作时间限制的员工来讲，网络通信的发达为他们带来了极大的便捷。SOHO（Small Office，Home Office）已经被越来越多的组织和个人所推崇，人们不在办公室工作，同样可以养家糊口。

（4）安全性较好

成熟的防火墙技术和杀毒软件可以较好地保证企业内部网的安全。

（5）有利于信息及知识的转移和共享

网络化沟通还使企业最大限度地实现了信息共享。企业内部数据库的应用大大提高了员工的信息处理与调用速度。原本可能需要花费很长时间来查找的资料，通过调用数据库的存储信息很快就能被找到。网络使企业中的各部门形成资源共享，把单个员工的知识转化为团队整体的知识，把部门的信息资源变成组织的信息资源。这种资源共享鼓励员工互相学习，相互沟通，促进了员工由单一型人才向复合型人才的转变。

（6）跨平台，容易集成

由于采用标准的 TCP/IP、HTTP 协议，它可以与企业现有网络很好地结合。同时，这些协议可以使企业内部网与外部网实现集成。网络在某种程度上使企业在更大程度上联结成一个整体，每个人可以很清楚地知道自己的位置和价值。个人既有归属感，又能感受到竞争的压力。对于管理人员而言，更能随时随地掌握员工的工作情绪和心理需求的变动。更为重要的是，网络面前人人平等。内部网络为企业管理人员和员工的对话提供了绝佳的平台，实现了管理人员和员工之间的平等沟通。在过去，基层员工或许数月才能与老板见上一面，现在通过网络员工可以随时与老板交流。这种网上角色的转变，极大地满足了员工的心理需求，在很大程度上鼓舞了员工的士气，增强了企业的凝聚力。

2. 网络沟通的劣势

网络沟通为企业内部沟通、外部沟通创造了许多鼓舞人心的利益和便捷。然而，网络沟通也随之带来了某些问题，企业在倚重网络沟通的同时，也要认识到以下方面。

（1）沟通信息呈超负荷状态

在知识经济年代，信息以前所未有的速度在组织与组织、组织与个人、个人与个人之间进行流转。组织成员利用网络沟通时会遇到大量冗余信息的现象，比如人们在消费时会受到广告等营销手段的“轰炸”。信息流速加快容易使组织中的个体所接收到的信息数量远远超过其所能承受的范围，进而出现信息的超负荷状态，致使个人无法完全吸收、处理所得到的信息。

（2）口头沟通受到较大的限制

在传统的组织沟通中，口头沟通是最主要的沟通方式。口头沟通大致历经了三个阶段：①在没有电话的时代，口头沟通仅仅是纯粹意义上的语言交流，沟通的各方在面对面的条件下，通过语言表达等进行信息交流。②电话的诞生使得口头沟通扩展至沟通双方通过电话线，进行信息交流。然而，由于彼此不能面对面，而无法原汁原味地传递交流各方的思想和感情。③进入网络时代，电话时代意义上的口头沟通进一步受到极大的限制，人们愈加青睐电子邮件和 BBS 以及即时通信工具等。这三种方式虽然有着快捷又廉价的优势，也能表达传递信息，但却无法完全替代口头沟通所能够直接表现的情感与思想。因为沟通不仅是表达事实，更主要的是传递细微差别的情感和思想。因此，口头沟通作为完成这两个沟通目的的最佳介质，在组织沟通中具有不可替代的地位。网络时代使得工作与工作场所的分离成为可能，在推崇工作自由并获得大家认可的同时，面对面口头沟通却遭受了较大的冲击。

（3）纵向沟通弱化，横向沟通扩张

当我们将人视为网络中的知识资源而不是一定范围的所有者时，沟通方式向横向沟通的转变是一种显而易见的过程。当以任务为中心的核心团队带动公司各处的知识进步时，居于主导地位的将是横向沟通形式。在网络环境中的横向沟通由于减少了官僚体制的障碍而显得更加自由、流畅。但与此同时，也增加了处理意外情况的难度。在遇到危机时，一定强度的权力集中和纵向沟通也是必需的。

（4）网络沟通存在一定的伦理道德问题

网络沟通伦理是随着技术的发展而呈现出来的，因而具有独特性。网络技术革命正在以它独有的特点为人类创造一个全新的生活环境。在这个新环境中，人们原有的道德经验与价值观念受到挑战。网络技术在沟通过程中引发了一系列伦理道德问题，比如网络化的知识产权保护问题、网络诚信问题、网络安全问题。如今一些组织甚至通过技术手段搜集详细数据以便随时掌握员工在公司内利用电脑都在做些什么事情，此种监测的类型包括摄像头监控员工、查看电子邮件、查看计算机文档及电话录音等。但如果使用不当，这极有可能侵犯员工的隐私。

四、网络沟通的策略

如何在传统的沟通方式与现代网络沟通方式之间找到一个平衡点，使我们既能利用快捷高效的网络沟通，又能保持传统沟通给人们带来的亲近与和谐，已经成为当前企业亟待解决的问题之一。管理者在使用网络沟通方面可遵循以下六大策略。

1. 适当重视面对面交流

随着互联网和电子邮件、即时通信工具的普及，管理者越来越依赖这些新技术来传递信息，然而面对面的交流仍然是最重要的管理沟通方式之一。网络沟通并不能替代上级与下属的直接交流。在直接交流中上级可以观察到下属的面部表情和肢体言语，并能够确保沟通的有效性与反馈的及时性。

2. 信息传递前，需深思熟虑

管理者与员工经常会收到各种并不适用的信息。在有效的管理沟通系统中，传递者应对其信息及其接收者进行认真考虑与筛选，为每个接收者准备个性化的信息。

3. 重视网络沟通的影响面，圈内与圈外

管理沟通就像在一个相对静止的池塘中扔一块石头，会产生连锁反应。对在公司中经常接触的人，即直接上级和下属，必须准确识别、了解并理解其沟通与交流的方式，以减少沟通障碍。同时，作为管理者还要考虑自身沟通与交流方式对企业外部人员的影响。其中最关键的是，为了使管理沟通更畅通、更有效，管理者应当将沟通对象视为合作伙伴，彼此尊重，为沟通持续顺利进行打下良好的基础。

4. 新技术新趋势，需不断调整和适应

人们面临电子通信与网络交流的到来，不少人误以为无纸化办公和电子邮件将全面取代书面交流。其实，新的通信工具并不会全面取代传统的交流工具，但它们会全面渗透、融入现有的通信设施中。我们必须不断适应全球各类合作伙伴、顾客、投资

者和支持者的不同沟通习惯与交流方式。

5. 合理管理通信费用

在企业中，管理者必须具有高度的责任感，重新审视与设计企业的管理沟通系统和通信程序，既要控制成本，又要有效达成管理沟通的目标，真正做到事半功倍。

6. 运用新技术时注意保护企业网络安全与员工合理隐私

在网络沟通环境下，企业有更多的机会获取竞争信息，同时企业自身的信息安全也将面临更大的挑战。企业在使用新技术的过程中，应该注意保护自己的网络安全。另一方面，企业也应在维护其利益的同时兼顾员工的隐私，使员工个人不会被科层制这个理性的“牢笼”控制得过于苛刻。

本章小结

网络使得管理沟通在沟通方向上打破了传统沟通界限，使沟通方式选择和组合更为自由灵活，为沟通网络提供了更好的技术平台，推动了企业信息化建设。网络沟通具有以下特征：沟通流程扁平化、沟通模式透明化、沟通活动互动化、沟通对象个性化。

构建沟通方式选择与组合模型的关键在于：选择的网络沟通方式应该与不同沟通活动的沟通要求相匹配；选择的网络沟通方式要与不同沟通对象的沟通习惯和实际的沟通条件相匹配。

网络沟通的优势：大大降低了沟通成本；使原先一对一的单调语音沟通立体直观化；使工作便利化；有利于信息及知识的转移和共享；跨平台，容易集成。网络沟通的劣势：沟通信息呈超负荷状态；口头沟通受到较大的限制；纵向沟通弱化，横向沟通扩张；网络沟通存在一定的伦理道德问题。

网络沟通的策略：适当重视面对面交流；信息传递前，需深思熟虑；重视网络沟通的影响面，圈内与圈外；新技术新趋势，需不断调整和适应；合理管理通信费用；运用新技术时注意保护企业网络安全与员工合理隐私。

课堂讨论

1. 在案例 14-1 中洗车店是如何逐步改变其沟通以及营销方式，慢慢使得生意越来越火的？

2. 请列举一些您所知道的网络技术下的沟通方式，并谈谈其在企业管理中的应用。

[案例 14–2]

互联网即时通信助力安踏，解决门店管理沟通难题

安踏（中国）有限公司是我国最大的集生产制造与营销导向于一体的综合性体育用品企业之一，在国内已拥有4000家的专卖店，建立了基本覆盖一、二、三线城市的完备市场营销网络。

可是近年来，随着企业的不断发展壮大，安踏发现以门店经营为主的营销模式遇到了沟通难的问题。首先，公司与门店，门店与门店间联络受阻。有事情沟通只能靠电话进行联络，准确性与时效性严重受损。其次，公司、门店相关的管理规章与通知，只能靠口口相传，时常出现词不达意或内容不准确的现象。最后，企业员工为了方便沟通使用QQ、微信等即时通信软件，却造成私聊严重，严重影响工作效率的问题。

为了解决公司的沟通难题，公司的IT部门，为公司启用了在业内有较高知名度的企业即时通信软件RTX。可是使用一段时间之后，发现RTX存在着“水土不服”的现象，不仅之前的沟通问题没有解决，还出现了新的问题。首先是此软件需要花钱架设VPN专线，或者把服务器放在IDC托管机房，加上此软件本身需要收费，因此消耗了较大的人力、物力和财力，无法简便、低成本地达成公司与门店，门店与门店间的互联互通。其次，还要配置专门的服务器，不仅对IT的技术要求高，还需耗费人力去定期维护。

因此，公司要求IT部门选择一款既实用又好用的企业级即时通信工具。它不仅能方便地实现公司与门店在一个统一的沟通平台上的互联互通，还必须能满足低成本的要求。

经过一番谨慎地论证并试用后，安踏公司选择了企业即时通信平台IMO，作为解决公司难题的工具。而对于为何要选择IMO，公司主要基于以下三个重要原因。

（1）全免费，简单快捷地构建企业沟通平台。IMO本身是全免费的，无须任何购买费用。IT人员从IMO官网上注册企业账号，下载客户端，为同事分配账号，几分钟即可搭建完成专属安踏的即时沟通平台。而公司员工与门店人员，只需要在电脑上下载客户端，使用分配的账号即可登录使用，整个程序操作和维护都十分方便快捷。

（2）组织结构树立体展现了公司与门店，方便企业管理，利于员工融入。IMO可视化的组织结构树与公司的行政架构保持一致，可清晰地呈现出公司部门与门店布局，且附加的员工电子名片和照片让所有人都一目了然。公司管理者通过组织结构树可以最先掌握公司目前的人员部署情况，员工也可以通过组织结构树快速认识其他同事，无论找人还是办事都很方便。

（3）无娱乐，却有强大的协同办公功能，让公司门店间沟通无障碍。IMO除了本身就具有的文字传输、文字消息、语音视频等沟通功能外，还创造性地剔除了所有娱乐功能，增加了许多符合企业需求的协同办公功能。当门店需要汇报与调货时，用IMO的群组与视频会议功就能快速实现；当公司有通知与活动安排时，用IMO电子公告，百分百即时传达到每个门店与员工，即使不在线也能通过企业短信接收；当门店

有软件问题时，IT 技术人员用远程协作功能就可异地解决；还有仿真面对面讨论的“电子白板”、互联网办公工具箱……这些创新办公功能使得企业的管理、门店员工的工作沟通变得更为灵活、轻松。

一位使用了 IMO 后的员工感慨道：“之前，公司人员沟通只能靠电话、人人电脑和手机都装 QQ 以及微信进行沟通，而零售店铺管理的各种规定只有靠口口相传。现在，有了这个新的沟通软件和平台，公司人员沟通更加方便了，零售店铺管理更加智能化。因为它的远程协助功能，我们的工作变得更加得心应手。”

安踏 IT 部某经理更是深有体会，他指出：“新的沟通平台给安踏公司带来的不仅仅是低成本的沟通顺畅，也打造出了一种全新的门店管理沟通模式。除了安踏选择 IMO 作为企业沟通平台，中国联通、中国移动、和记黄埔、方正国际、恒大地产、361° 等众多知名企业也都纷纷选择适合自己公司的互联网即时通信办公服务软件和平台。可以预见，组织未来的管理沟通将会越来越网络化。”

（根据中国服装网 www.efu.com.cn 有关报道改编整理，原作者：陈美蓉）

问题提示：

1. 结合案例，互联网时代新型沟通方式对安踏的管理沟通产生了哪些影响？具有哪些优点和缺点？

2. 发散思维，谈谈您对未来组织沟通发展趋势的想法。

复习思考题

1. 网络时代的发展对组织管理沟通有哪些影响？
2. 网络沟通有哪些特征？

主要参考文献

[1] 维尔，罗斯 .IT 治理 [M]. 杨波，译 . 商务印书馆，2005.

[2] 海因斯 . 管理沟通：策略与应用 [M].（英文第 3 版）. 北京：北京大学出版社，2005.

[3] 杜慕群，朱仁宏 . 管理沟通 [M].3 版 . 北京：清华大学出版社，2018.

[4] 董玉芳，王德应 . 基于网络技术的企业管理沟通：选择与组合 [J]. 江淮论坛，2005（5）.

[5] 史仕新，夏菁 . 企业网络公关策略 [J]. 企业改革与管理，2003（9）.

[6] 张希颖，宋琛 . 基于网络技术的主动与互动营销 [J]. 商业时代，2006（8）.

第十五章

新型组织的沟通

学习目标

- ⊙ 认识新型组织的发展趋势；
- ⊙ 了解虚拟组织的内涵、特征；
- ⊙ 识别自组织系统的内涵、特征；
- ⊙ 掌握自组织系统的沟通规则。

关键概念

新型组织　虚拟组织　自组织系统沟通

[案例 15-1]

在研发管理体系中，IPD（Integrated Product Development，集成产品开发）体系作为一种成熟的方法论为业内所广泛认可。在国际上，以IBM为代表的国际化创新型公司在引入IPD体系后，创新成果、研发效率、公司协同能力、资源整合能力和效率都得到了快速提升，并成功实现从硬件制造为核心到服务提供为核心的业务转型。在国内，以华为公司为代表的民营公司，通过导入IPD体系以及公司内部对研发业务管理体系的持续优化和创新，通过十年时间的努力，实现了从小型销售、系统集成公司到大型研发制造型公司的转变。IPD体系的价值已经通过大量公司的成功实践获得充分体现。

IPD有四大核心团队。最高层次的是投资决策委员会，由公司的高层管理团队组成，主要工作是确定更符合公司战略的研发方向，更值得投入的产品线以及每个产品线的定位是什么。比如，华为总裁任正非明确指出：“一部手机赚30元，这算什么高科技、高水平？”这就明确说明了作为华为研发的最高决策人，明确将华为定位为中高端手机公司，要有与三星、苹果竞争的能力。既然定位做高端手机，那么需要什么样的技术、人才，品牌该如何打造等一系列问题就需要靠产品组合管理和开发团队去具体落实，可以说投资决策委员会直接把握了公司整体的战略方向和研发方向。第二个层次是产品组合管理团队，每个产品线有很多产品和项目，这个团队就是要把决策委员会对产品线的定位和目标落实到具体要做哪些产品、哪些项目上。如果项目的方向与产品线的目标不匹配，那这个产品将得不到相应的资源投入。第三个层次是职能部门管理团队，这个团队不直接负责具体产品开发业务，而是要基于公司所要做产品来考虑需要配备的人员，这是一个资源管理的团队，最大价值是不断提升公司的交付能力，通过技术研发、人员培养来保证公司技术的不断进步、人员归属感的提高、团队稳定性的提升等，从而给产品开发团队提供源源不断的技术、人力、管理等资源。第四个层次就是产品开发团队，这是一个跨部门的团队，团队中实行分层分级管理，符合管理分层 7 原则（每个人最直接管理幅度为 7 人左右），核心由产品经理来统筹产品开发的整体事务，将产品组合管理委员会对产品的决策落实为具体的行动；接下来是核心组，核心组的成员来自不同部门，包括市场、制造、采购、售后、开发等，这六到七个核心组成员分别是各个职能领域中的专家性的人物，例如采购代表，他要非常了解采购领域的运作方法，同时要跟采购的部门经理有良好的沟通，进而让采购部门调动相应资源支持项目运作。所以 IPD 也是一门关系学，要围绕产品和项目来调动相关的研发资源。

资料来源：改编自于微明 . 董奎：IPD 重新定义研发管理［OL］. 道普网 .http：//www.topcio.cn/Article/157089003/

第一节

虚拟组织的沟通

一、虚拟组织的内涵

新型组织的管理沟通是指在新的组织结构、观念和技术下，通过各种形式实现组织内部及外部信息传递和交换的过程。新型组织的两大发展趋势是：第一，从传统的机械体系向更具活力的有机体系转变，这种转变基于这样一种认识，即组织的竞争优势取决于组织对知识资产或人力资本进行有效管理的能力；第二，随着跨国组织的不断膨胀，地域跨度越来越大，分支机构分布范围也越来越广。

虚拟组织的形成和发展不仅是这种趋势下的必然产物，而且将成为今后较长时间内未来组织发展的必由之路。虚拟组织与传统组织相对应，建立在网络传播技术的基础上，通过密集的信息、平等的交流，整合利用跨越组织边界人员的智慧，以实现核心组织特定目标的人才集合。

二、虚拟组织的沟通特征

虚拟组织的沟通具有以下特征。

1. 开放性

虚拟组织通过便捷的软件和共享的技术能够进入供应商、顾客、利益相关者的外部网络中，从而与供应商、顾客、利益相关者保持更紧密的联系和更开放的沟通。

2. 共享性

虚拟组织改变了计算机系统集中、通道有限的机械体系，构建了一个信息使用者可以随时从计算机网络系统中获得信息的有机体系。在这一体系中，通过授权，无论是个体还是团队，都可以进行信息传递、交流与加工，并运用知识和信息解决实际问题。

3. 时效性

虚拟组织通过利用最新的信息技术，及时捕捉在线信息，更新数据。这些信息和数据为组织决策和良好运作提供了快捷、准确的参考数据，使组织能够把握市场变化，适时作出必要的调节。

4. 全球性

虚拟组织凭借互联网强有力的通信和信息技术，可以跨越时空与全球任何地方进行全方位的沟通与合作，这是传统模式下的组织所做不到的。

5. 灵活性

虚拟组织没有固定的结构，而是倾向于分散型和自主型，推行柔性化及扁平化的管理网络结构：虚拟组织具有相当大的灵活性，一旦发现或意识到组织的战略目标、产品方向与组织利益发生冲突，便可以解散现有的虚拟组织，重新设计一个新的虚拟组织。

6. 实践性

在虚拟组织中，管理者通过改变组织结构，调整内部运作方式、工作职责及产业链来适应瞬息万变的内部条件和外部环境。管理者需要向员工清晰地描述组织目标与组织愿景，并有效授权。员工需要时刻掌握新信息、新技术和新能力，对不断变化的顾客需求作出迅速的反应。

三、虚拟组织沟通的优劣势

1. 虚拟组织沟通的优势

传统的科层组织中，往往由处于中、低层位置的管理者将信息上传到组织中心，高层做出决策后逐级传达到组织各个层级。美国经济学家阿罗（Arrow）认为，就资源特别是个体时间的耗费而言，这种将所有的信息全部传递到中心的方式比将其分别传给每个人的成本更低且效率更高，因为由权威中心制定决策有助于节约信息传递和处理的费用。因此，科层组织模式是非常适合于具有支配与从属关系的公司管理规范。然而，等级森严的科层结构虽然有助于那些需要有效信息协调和日常决策的工作，但却妨碍了那些模棱两可乃至充满复杂因素的工作。组织理论学家布劳（Blau）和斯科特（Scott）在对科层制组织传播状况进行长期研究后认为，当组织内部信息处理需求持续增长时，等级结构就会负荷过重，且边缘参与者的智力资源无法得到充分利用，就会促使更分散结构的产生。肖（Shaw）的研究结果也表明，当工作变得更加复杂或含糊时，分散网络往往优于集中的结构。也就是说，对于那些需要个体判断力、大量信息交换、模糊或极其复杂的工作而言，传统的科层制组织难以发挥作用。

虚拟组织虽然与传统的实体组织之间有千丝万缕的联系，但它所描绘的组织意象，与在实体组织的工作意象却全然不同。其赖以生成的信息网络平台，不再由科层制等级制度来定义，它消除了垂直等级结构中职能部门之间老死不相往来的界限，打破了既有的官僚层次结构。通过敏捷灵活的网络信息平台，能迅速地发现与识别部门间的不协调现象，并且快速地对虚拟组织内部一体化及多样化的竞争性提出要求以及解决途径。这充分说明，不同的传播方式导致了不同的组织模式，如果我们要改变组织的生存与发展能力，最好从改变该组织的传播模式做起。

2. 虚拟组织沟通的劣势

当然，虚拟组织在沟通方面并不是尽善尽美的。在一般规模的组织中，沟通是由一系列与计划、运行以及战略决策有关的交谈组成。对大型组织来说，沟通在整个工作流程中是规范化或格式化的。虽然直到今天，人们还是假设大多数小型团体之间的沟通是面对面进行的，但事实上，跨时间、跨边界的虚拟组织的沟通交流问题，无法用传统的面对面形式来实现。尤其对于那些最典型的虚拟组织而言，因为是跨地域工作，其成员之间永远无法见面。此外，共享时间的同步沟通对于大多数虚拟组织来说，也是一种罕见的资源。凡此种种，说明虚拟组织在沟通方面存在着许多困难。这一问题促进了美国组织传播学界一批研究成果的出现。约翰逊（Johonsson）、科瑞普顿（Crampton）等人的多项研究共同印证了在虚拟的组织环境下，缺少共同语言、信息反馈迟滞、文本理解差异、非语言沟通缺失等因素，是导致沟通问题的主要原因。迪桑提斯（Desanctis）和蒙基（Monge）提出在虚拟组织成立之时，就要注意从沟通效率等方面进行组织设计，因为沟通是虚拟组织的基本问题。

针对虚拟组织存在的沟通问题，美国学者利普纳克（Lipnack）等人曾经对一些成功的虚拟组织进行过访谈调查。他们发现，大多数虚拟组织基本上采取视听会议和电子邮件的方式进行沟通。安永（Ernst&Young）公司的国际 CIO 组织，就是通过召开视听会议，让分别派驻在纽约的各个成员，以及伦敦的 5 位成员召开周例会。当然，这种例会可以在世界上任何一个地方进行，从而最大限度地发挥虚拟组织中所有成员及时掌握工作技术和经验的能力。通过计算机系统将聊天与共享的软件结合在一起的宽带网络，也促成了实时沟通乃至延时沟通的实现。英特尔（Intel）计算机公司是虚拟组织中利用桌面视听会议的先锋企业，他们开发的小型即时“面对面”数字化沟通技术，为虚拟组织的沟通与信息共享提供了全新的选择。总之，虽然虚拟组织是依托于网络空间连接起来的，但由于虚拟组织具有相对层级少、结构更加扁平、权力更加平等的先天优势，加之不断更新的计算机同步软件为其建立跨组织的联系路径扫清了障碍。因此，奇丹巴瑞姆（Chidambaram）发现，尽管虚拟组织成员需要时间适应新技术和新团队形式，但是他们普遍对沟通交流表现得很满意。更多研究证明有效沟通能使团队成员适应新的团队结构；虚拟团队成员为了与技术、愿景相适应，展现自身价值，也会主动地改善沟通方式。当虚拟组织具有较现实沟通更为清晰的目标、个人的全身心投入以及信息开放、通畅且完整的信息和通讯环境的时候，就可以造就组织内部融洽的关系和共享知识从容地应对跨界虚拟工作的挑战。

第二节

自组织系统的沟通

许多人都喜欢《帝企鹅日记》这部电影，观众会发现企鹅没有领导人。但这样的话，企鹅怎么知道自己要往哪里走呢？这正是人类团队和自然界团队之间的本质区别。答案是：没有哪一只企鹅知道要往哪里去，但当它们作为群体一起前进时，就知道要往哪里去了。这就是团队智慧，这也是生物团队的一个重要特征。实际上，自组织现象广泛存在于自然界和人类社会中，它着重强调了在一定条件下，组成系统的各个元素，不需要外界特定的干预，便能够自发组织起来，相互协同，最终使系统在宏观上表现出一种有序的状态。那么，组织应该如何通过学习，变得像这些生物团队一样“自组织”呢？

一、自组织系统的内涵

自组织理论（Self-organization Theory）兴起于20世纪70年代，由普里戈金（I.

UyaPrigogine）、哈肯（Haken）等人创建，是研究自组织现象和规律的一个全新的理论体系。自组织理论发展至今，已经形成了一个理论群[①]，主要包括耗散结构理论（Dissipative Structure Theory）、协同学（Synergetic）、突变论（Catastrophe Theory）、超循环论（Hypercycle Theory）。这四个理论分别从不同的角度阐释了自组织的形成和发展过程[②]。其中，耗散结构理论主要从自组织的外部与内部条件进行分析；超循环理论主要从自组织进化的形式考虑；协同学主要从系统内部子系统的竞争、合作产生的协同效应以及随之产生的根本动力角度考虑；突变理论主要解释了自组织形成的方式和途径，以及演化的可能性结果。因此，自组织并不是一个新概念。

所谓自组织，是指特定的组织、企业、个人，以特定的目的、兴趣、利益等自发聚集形成团体、组织的现象。自组织没有严格的管理规则，成员没有明确的边界和严格的归属。在互联网背景下，自组织具有快速发展、无边界复制的特性，其骨干成员忠诚度较高。从治理机制角度出发，自组织是一个系统内部从无序到有序的过程，这一过程形成的新治理模式，有别于基于交易关系上的市场治理，以及基于自上而下、来自外部权力关系的层级治理，它是一种建立在包括情感性、认同性关系以及共同事业基础上的治理模式。自组织是建立在因情感、认同、共同事业、共同兴趣而形成的信任关系上[③]的组织形态。

二、自组织系统的特征

由于自组织是一群人基于关系与自愿原则主动结合在一起的组织形态，它有以下特性：一群人基于关系与信任而自愿地结合在一起；结合的群体产生集体行动的需要；为了管理集体行动而自定规则、自我治理[④]。具体而言，自组织的特征体现在以下四个方面[⑤]。

1. 结构特征：扁平化、无边界

自组织的结构特征之一是扁平化。扁平化是为了对抗多层级导致的信息衰减与扭曲。另一个特征是无边界。在自组织当中通过运用诸如跨层级团队和参与式决策等结构性手段，逐步消融组织的纵向垂直边界，从而使层级结构扁平化。同时，通过跨职能团队以及围绕工作流程而不是行政部门组织相关的工作活动等方式，消融组织的横向边界。另外，通过与供应商建立战略联盟，或者与用户通过基于互联网的互动等方式削弱或取消组织

---

① 吴彤.自组织方法论研究［M］.北京：清华大学出版社，2001.

② PETER L，MICCHAEL L.Relative absorptive capacity and inter-organizational learning［J］.Strategic Management Journal.1998，（19）：461-477.

③ Granovetter M.Economic action and social structure: the problem of embededness［J］.American Journal of Sociology，1985，91（3）：481-510.

④ 李智超，罗家德.透过社会网观点看本土管理理论［J］.管理学报，2011，8（12）：1737-1747.

⑤ 马春荃.自组织能力：传统企业的组织进化愿景［J］.清华管理评论，2015-2-4.

的外部边界。其中，具有代表性的企业是小米公司，这种组织结构设计是雷军管理理念的集中体现。小米的自组织方式，从内部管理一直延伸到与客户的互动，市场、产品也以自组织的方式迭代进化。

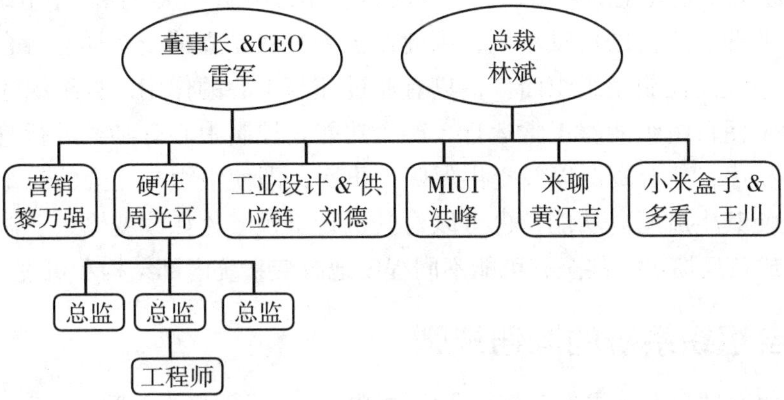

图 15–1　小米公司的组织结构图

2. 流程特征：去中心化

传统企业的他组织形式采用集权命令链方式，各项决策的源头均来自顶层管理者，当管理者处理的决策信息量增大或者专业度不足时，就可能导致决策的延缓或错误。与传统企业不同，自组织采用的是去中心化形式。去中心化是将决策权下放，让组织内部的末级拥有更多的决策权。去中心化趋势的最终目标是个体的自我决策，以及个体与个体间的协同共建，成为组织扁平化的推动力量。

3. 奖惩特征：去 KPI 化和利益分配透明化

KPI 承载了奖金、晋升等多种职责，驱使员工为了上级制定的指标服务，而不是为了解决客户需求服务。在传统的治理结构下，公司老板和员工是雇佣关系，老板希望以更低的成本获得更高的回报。对于企业的利润，更多地认为属于股东价值回报。自组织采用公开和透明的奖金机制，带来的是员工的公平感。但这种透明的机制也给予领导者极大的压力，因为必须保持公平的考核管理。

4. 人员特征：甄选

甄选是组织在明确目标下，识别并招募那些有足够能力匹配和价值观认同的人，同时识别和淘汰不符合能力和价值观要求的人。甄选的出发点是基于明确目标与价值观的吸引聚合，而不是过多地寄希望于后期的灌输、改造。在甄选的标准中，除了硬性的技能要求外，员工的自我驱动和管理能力也是一个非常重要的指标。如果简单地找来只有技能但毫无动力的人，或者是不具备创新精神的人，那么这种团队就无法运行自组织模式。另外，甄选的理念与方法不仅要贯穿于入职招募过程中，也要时时刻刻贯穿于人才的使用和考核当中。

不过，需要注意的是，尽管自组织是在无外力和中心控制的前提下实现有序状态，但对于企业而言，内部依然需要设计机制，原因在于企业组织存在独特的自组织特点。首先，企业组织不是完全的自组织，它同时具有非自组织（纵向控制型组织）的属性，只是不同企业两者所占的比重不同，因此，控制方式是立体、多样、融合的。其次，对于原本属于纵向控制型组织而言，只有通过控制中心的作用，自组织才有可能导入和嵌入。为了使自组织能够正常运行、产生功能，控制中心有必要进行管理，如制定规则、维护秩序、整合资源以及提供保障。再次，即使组织是完全的自组织，为了特定的目的或使其生成所需功能，也可以对其进行干预。比如改变输入、调整反馈（改变或增减正或负反馈），甚至有可能不同程度地改变系统内部结构和机理。

三、自组织系统的沟通规则

组织如何通过学习，成为企鹅等“生物团队”一样的自组织呢?

1. 由命令控制式结构转变成分布式领导结构

生物团队不使用冗长或复杂的信息进行交流，而是使用简短的信息。比如，蚂蚁使用化学信息（信息素），蜜蜂使用舞蹈。然而，我们在团队中采用的典型方式是：由领导主导、纷繁的电子邮件和附件，如果没有得到团队成员的回复，行动就要推迟。这种倾向极大地降低了团队的生产力和响应能力。与昆虫和动物王国相比，这种广泛的“领导人智慧”让我们忘记了自然界的“通信本能”而习惯了“文件本能”。因此，团队成员之间的通信火花需要被重新点燃，用它来取代电子邮件和文件。换句话说，要放弃“文件—评论—交谈”的方式，改为“通信—交谈—文件”的方式，让文件更简短一些，让成员行动的权力更大一些。

2. 成员及时发出信息，而不是团队发出命令

自然界中的团队传递出“信息位”，希望收到的队员们及时采取适当行动。自然界关键的信息位有两种类型：机会信息位和危险信息位。蜜蜂发现了一个非常好的蜜源，就用跳舞的方式来告诉其他蜜蜂蜜源的位置，这是机会信息位。蚂蚁发现了抢它们食物的蚂蚁，会很快通知蚁群内其他蚂蚁采取适当的进攻或者防御信息，这是危险信息位。机会信息位和危险信息位都具有紧迫性。如果蜜蜂不赶快开采刚发现的蜜源，其他蜜蜂就会去蜜源采蜜；如果蚂蚁不很快对敌情做出反应，它们将会面临一场袭击。在这些情况下，自然界中的团队采用了一种简单的交流紧急信息的方式：广泛、快速地发出及时信息，让其他团队成员独立采取行动。

那为什么团队不发出指令呢? 因为指令比一般信息具有更高的“信息复杂性”，更难快速地向队员们进行广播，而且指令常常更容易包含错误的信息，导致误解。对于企业组织来说，生物团队的这一“经验”意味着，必须培训队员接受信息而不是接受命令的能力，并且让他们快速地对信息作出响应。在一个完美运转的生物团队里，

不存在发出命令的领导者，每个生物都会及时向其他成员广播相关信息，透明和清晰是这一切产生的前提条件。

3. 每个人都需要广播

自然界的团队不发出命令，而是为团队成员提供及时信息。这些信息并不是由蚁后，而是由其他成员提供。在蚁群中，蚁后的工作是繁殖，而不是去控制其他蚂蚁。一些蚁群的个体数量能超过3亿，而蚁后并不知道每只蚂蚁在某个时间里都在做什么事情。人类的生物团队需要效仿自然界的团队，让每一个团队成员都知道，作为团队的成员，他们需要仔细留意那些及时的、对团队而言重要的信息。

那么，如何确保团队成员准确地判断应该传递什么信息？如何防止他们被一些无关紧要的、琐碎的信息所骚扰？生物团队需要设计一个团队“重要征兆”的图表，借鉴医学上对紧急情况的分析，我们可以区分哪些征兆是重要的，哪些是紧急的，哪些是两者兼备的。比如说，当心跳不规则的时候，胆固醇高是重要的，但不是紧急的。最简单的方法是让每个成员都辨别出哪些是需要注意的情况，换句话说，需要经常监控那些关键部门的状态变化。

4. 单向通讯

当一只蚂蚁向另一只蚂蚁传递信息时，它不需要等待回应。如果要等待回应，可能自己已经被吃掉了，自然界中的团队是交流信息而不是命令，由此可以得知，它们的交流是一种广播式的而不是对话式的方式。这些信息不需要回应——它们是单向的，这带来了非常快速的团队反应。

而自组织团队中，人们总是希望得到广泛认同，等待别人的回应。这种工作方式彻底妨碍了团队速度、灵活性和响应能力的发挥。这就意味着，如果有人没回应，或是有人没收到电子邮件，一切工作只能停止。在当今组织团队中，加快速度和提高响应能力常常是首要挑战。采取单向通讯是一个很好的战略：要鼓励团队希望获得信息而不是命令，双向通讯只有在管理者需要明确回应，或者事情确实很复杂，或是需要一个特殊的信息时，才能被使用。

5. 许可授权

为了降低个体决定对团队产生重大影响的风险，组织团队经常使用一种叫做“许可结构”的方法，用来调节“没有更高级的批准就不能采取行动”的问题。自然界中的团队会根据它们遗传的惯例来采取行动，行动之前不会去寻求更高级负责人的许可。而且，这些团队（通常是上千个体的团队）即使出现大量的个体错误，对最终结果的影响也不大。但在人类团队中，个人所犯错误的影响可能会比较严重。比如，公司里面有一个品行较差的药品推销员，或是医生队伍有一个医德较低的脑外科医生，对整个组织的影响会很大。一个有效的团队应该不断挑战自己现有的“许可结构”，并且还需要比较控制成本与未经许可就采取行动的潜在风险。

本章小结

新型组织的管理沟通是指在新的组织结构、观念和技术下，通过各种形式实现组织内部及组织外部信息传递和交换的过程。新型组织的两大发展趋势是：第一，从传统的机械体系向更具活力的有机体系转变。第二，地域跨度越来越大，分支机构分布范围越来越广。

虚拟组织是建立在网络传播技术的基础上，通过密集的信息、平等的交流，整合利用跨越组织边界人员的智慧，以实现核心组织特定目标的人才的集合。虚拟组织的沟通具有开放性、共享性、时效性、全球性、灵活性和实践性六个基本特征。

自组织是指特定的组织、企业、个人，以特定的目的、兴趣、利益等自发聚集形成团体、组织的现象。自组织的特征体现在以下四个方面：①结构特征：扁平化、无边界；②流程特征：去中心化；③奖惩特征：去KPI化和利益分配透明化；④人员特征：甄选。而自组织系统的沟通规则又包括以下五个方面：①由命令控制式结构转变成分布式领导结构；②成员及时发出信息，而不是团队发出命令；③每个人都需要广播；④单向通讯；⑤许可授权。

课堂讨论

1. 谈谈您对虚拟组织中管理沟通的理解。

2. 您所知道的还有哪些新型组织，这些组织的管理沟通呈现出哪些特征？

[案例15-2]

从工具到管理思想平台，钉钉用“协同”卡位未来组织

以移动互联网、人工智能、云计算、大数据等新一代的信息技术正在加速产业之间的相互融合，催生新的“生产要素”（新经济、新业态、新模式），带动人类社会在经历蒸汽时代、电气时代之后，迈入新的数字化时代。

在这个时代下，面对数字化的新机遇，几乎所有的企业都在加紧布局。这是因为数字化转型将重构企业的商业流程与模式、重构沟通协同方式、重构用户体验、重构产品和服务，可以说数字化转型已经成为企业唯一的生存法则。

这两年，业内公认的是企业级互联网服务的春天来了。套用著名小说《等待戈多》中的句式，这个万亿级的企业级互联网市场，需要一个强入口来撬动。作为企业数字化转型的赋能者和承载者，钉钉打造的“大中台＋小前端”正在成为传统组织架构演变的新路径，也是帮助企业迈向未来智能组织的新窗口。

一、数字化转型的新帮手，钉钉以“协同”成功卡位

数字经济时代下的企业，不管是在组织结构还是管理方式都是企业基因的重构和再造，这也是企业数字化必经之路。在数字化技术和共创文化的驱动下，传统价值链导向的商业模式逐渐向平台化的模式迁移，数字化时代的竞争方式与过去相比，发生了根本性的变化。其中之一就是管理思想的变化。

为了帮助企业快速应对这一变化，钉钉利用内部协同和生态协同的双重做法帮助实现企业管理“人、财、物、事”的全面数字化。实际上，对于钉钉来说，工具属性只是载体，而真正能产生重要影响的，是钉钉通过日志周报、已读回执、DING 一下等功能体现出的管理思想——对工作效率的尊重。

内部协同方面，钉钉的“群体创造”“在线交互”和“智能驱动”的管理理念，坚持平台化价值创造的原则，打破烟囱式的企业组织结构，打造共享、透明、共创的数据环境，给予组织里的每一个人强有力的技术支撑，完成组织在线、沟通在线、协同在线、业务在线、生态在线的全方面进化。

生态协同方面，To B 是阿里的基因。面对万亿级的 To B 市场，在经历了 20 多年的发展后，阿里巴巴内部容纳了多元的商业场景，有包括钉钉、阿里云、高德等的基础服务，也有电商平台、健康文娱，尽管我们无法说阿里已经完全深度融合，搭建完成了它所设想的“生态体”，但毫无疑问，它已然成为智能组织进化之路上的先行者。而钉钉，也凭借着双重协同成功占领 To B 市场的重要位置。

二、从工具向平台再向管理思想转型，钉钉凭什么？

互联网产品发展路线一般是：工具型—平台型—生态型。而占领了管理思想高地后的钉钉，也正在从工具向管理思想平台转型。

相比美国发达成熟的企业级服务，中国在此方面还存在缺陷，也并不好做，要死磕、要耐得住寂寞。在某种程度上说，钉钉实现了技术创新上、中、下游的对接与耦合，基于用户的数量和数据将技术与组织创新传递至经济社会，提高全要素生产率，打造出多元智能的商业生态体系。具体包括以下方面：

1. 用户基数方面

五年来的积累，让钉钉在相关领域的活跃用户数排名第一，超过第二至第十名活跃用户数总和。截至 2019 年 6 月 30 日，钉钉用户数突破两亿，企业组织数突破 1000 万个，据中国信息通信研究院发布的《钉钉商业生态系统及经济社会价值报告》显示，截至 2019 年 6 月 30 日，钉钉企业组织数已超过 1000 万个，超过 2 亿人在钉钉上工作，平均每 4 家企业组织中就有一家正在使用钉钉，平均每 6 人中就有 1 人使用钉钉。可以说，强大用户基础（2 亿人）和数据沉淀（1000 万企业组织）让钉钉向管理思想转型具备了基石条件。

2. 钉钉的创新能力

钉钉由过去单纯的产品创新转向至产品+服务创新。比如智能无人前台 M2S、联合罗技视频会议主机，软硬结合地以 B 端产品的 C 端化运营方案，让钉钉不仅仅是一种工作方式，更多的是数字经济时代下的企业操作系统。而根据毕马威的报告显示，钉钉为组织赋能，催化固有组织中的“螺丝钉”转化为小太阳，将固态组织变为“液态化”“细胞式”“原子化”的新型组织。

3. 共创客户的背书

以嘀嘀出行为例，钉钉将嘀嘀出行的市场、销售、技术、运营、客服整体价值链“在线化”，大大减少了员工的重复劳动。而通过钉钉沉淀的海量管理数据则帮助管理者了解企业运营状况，以及每个人的价值点，让员工聚焦于思想的开发与碰撞，营造宽松的工作环境。

4. 钉钉的愿景

秉承着“让天下没有难做的生意”这一原则，阿里巴巴商业操作系统搭建了企业数字化转型从消费端通向供给端的桥梁，而钉钉作为最重要的组织管理平台，理应有承担这个任务的使命。钉钉要做的是整套的商业操作系统，而不仅仅是简单的管理工具，更是一个管理思想的跳板，能够被更多人接受和认可。

三、智能组织 4.0 的身影浮现，钉钉或成关键抓手

达尔文进化论告诉我们，能够存活下来的物种，不在于它是最强壮的，也不是最聪明的，而是适应能力最强的。而随着外部环境的不断变化，组织的形态也在不断演进，未来组织的方向是什么？当信息技术将人—设备—业务—系统—组织—企业连接成一个网络，传统的业务系统从一个简单的机械系统演变成一个复杂的生态系统，一个组织究竟该如何面对复杂生态系统的不确定性需求？

2019 年 8 月 27 日，钉钉未来组织大会正式召开。在全球数字化经济浪潮汹涌的当下，传统的业务系统正在从一个简单的机械系统变成一个复杂的生态系统，钉钉在其中不仅是企业数字化转型的赋能者，更是创新的技术和管理理念的践行者，从宏观层、增值层、延伸层、核心层、基座层五个层面，全面优化数字经济社会环境，助力数字中国。

未来已经来临，只是尚未流行。通过剖析数字化时代新型业务模式的关键驱动要素，并结合钉钉对相关智能化组织的观察，钉钉认为未来的组织将以客户为中心，在客户体验、在线交互、群体创造、接口透明、智能驱动、网络协同这 6 个维度上，实现智能化。

推进智能组织 4.0 时代的到来没有步骤可以省略，只有将组织边界从封闭走向开放，让组织方式从他组织到自组织，让组织合作从串联走向并联，让组织架构变成小前台+大中台，才能重建组织生命周期，打通“人、财、物、事”四大场景，构建出一个互相协作的网络生态。

未来之路，道阻且长。在企业进行智能化的道路上，不仅需要因地制宜地探索和循序渐进，更需要用更全面更前瞻的视角审视自身组织，完成数字化转型的最后一块拼图。

问题提示：

1. 数字化转型中，组织内部沟通方式发生了哪些转变？
2. 钉钉作为组织沟通平台，其优、缺点分别是什么？
3. 您还了解哪些其他的新型组织沟通平台或方式？

复习思考题

1. 新型组织的两大发展趋势是什么？
2. 虚拟组织的沟通存在哪些特征？
3. 自组织系统沟通存在哪些特征？
4. 自组织系统沟通的规则是什么？

主要参考文献

[1] 康青，管理沟通［M］.5 版，北京：中国人民大学出版社，2018.

[2] 刑永杰 . 虚拟组织［M］. 上海：复旦大学出版社，2008.

[3]［美］杰西卡 · 利普耐克，杰弗里 · 斯坦普斯 . 虚拟团队理论与案例［M］. 何瑛，译，北京：经济管理出版社，2005.

[4] 胡昭阳 . 虚拟组织概念及沟通问题探讨［J］. 新闻与传播研究，2015（4）：110–117.

[5] 闵庆飞，国书珊，谢波 . 中国虚拟团队研究元分析：2000：2008［J］. 科技与管理，2010（1）：76–80.